ライブラリ 経営学コア・テキスト=15

コア・テキスト
経営情報論

生稲史彦・高井文子・野島美保

新 世 社

編者のことば

　経営学は常識の学問である。経営学はいまや現代人にとっての基本的な
リテラシーの一部である。最新ニュースのほとんどに企業や組織がからみ，
この世のほとんどすべての問題は，経営の問題として読み解くことができ
る。経営学はまさに現代社会の常識なのである。

　経営学は常識の学問である。経営学は科学であり，個々の理論やモデル
が正しいかどうかはデータと事実が決める。しかもその検証作業は，一部
の研究者たちだけの占有ではない。広く一般の人々も日々の実践の中で検
証を繰り返し，その結果生き残った経営理論だけが，常識として広く世の
中に定着していく。

　経営学は常識の学問である。経営学は常識にもかかわらず，学問として
の体系をもっている。そこが普通の常識とは異なる。体系的に学び，体得
することができる。実際，現代ほど学問として体系的な経営学の教科書が
渇望されている時代はない。高校生から定年退職者に至るまで，実に多く
の人から「経営学の良い教科書はどれか」と質問される。

　それでは，良い教科書の条件とは何か。第一に，本当に教科書であるこ
と。予備知識のない普通の人が，順を追って読み進めば，体系的に理解可
能な本であること。第二に，学問的に確からしいことだけが書かれている
こと。もちろん学問には進歩があり，それまで正しいとされていたものが
否定されたり，新しい理論が登場したりすることはある。しかし，ただ目
新しくて流行っているというだけで根拠もなく取り上げるビジネス書とは
一線を画する。そして第三に，読者がさらに学習を進めるための「次」を
展望できること。すなわち，単体として良い本であるだけではなく，次の
一冊が体系的に紹介され，あるいは用意されていることが望ましい。

　そのために，このライブラリ「経営学コア・テキスト」が企画された。
経営学の「核となる知」を正しく容易に理解できるような「良い教科書」
群を体系的に集大成する試み。そのチャレンジに，いま 21 世紀を担う新
世代の経営学者たちが集う。

高橋　伸夫

はしがき

　本書は，近年，学術的にも実務的にもインパクトを持つようになった経営情報論についての入門的なテキストである。

　1950年代頃から企業と情報技術との関わりが始まって以降，企業の業務の効率化や戦略実行を情報システムが中核として支えるようになり，そして近年ではインターネットやAIといったICTが様々な業界や企業経営に極めて大きな影響を与えている。

　こうした変化に対応して，現在では多くの大学において，経営情報論，情報経営，ICTマネジメントといった科目が開講されるようになったものの，他の経営学関連科目とは異なり，それらの内容は完全に体系化されている訳ではなく，また，取り扱われる内容が，必ずしも学習者の目的に沿ったものではなかった。本書は，経営情報論を学ぶ人に対して，オーソドックスな経営情報論の内容をおさえつつ，経営学の他の領域との接点や融合を持ちながら，様々なニーズに対応できるテキストを目指して執筆を行った。

　今後，いかなる職種，業種で働くにおいても，情報技術を全く利活用しないことはほとんど考えられないため，経営情報論の基本的な内容は，どのビジネスパーソンでも知っておくべきリテラシーと言える。また，ITコンサルタント，システムエンジニア，コンテンツ制作といった，いわゆるIT関連企業・関連業種で働くには，技術的な専門知識はもちろんのこと，ビジネスとして成功させる切り口として，経営学のバックグラウンドを持つことが強みになる。また，企業経営の中枢に立つには，他社との競争に勝つために，ICTの力をいかに利用し，味方につけるかという経営学の切り口や事例の引き出しを多く持っていることが成功の一つの条件となろう。

　変化のスピードが極めて速く，グローバルでの競争が必須な時代をビジネスパーソンとして生き抜くためには，個々の専門力を深めることも重要だが，専門力だけではない様々な視点から考えられる総合力が必要となる。経営情報学

は，まさにそのような性質を持った学問分野である。そこで，本書は，「情報技術と経営との関わり」の基本的な内容について，経営学の既存の理論との接点や融合といった学術面を意識しながらも，できるだけ事例を多く用いて，実務にもつながるような内容とした。

本書の構成

　本書は，三部構成となっている（詳しい構成は，第1章の1.3節をご覧いただきたい）。「Ⅰ．導入編」では，経営情報論の全体を概観する。Ⅰでは，あえて通常のテキストとは全く異なり，初習者にとって情報と経営の関わりとして関心を持ちやすいインターネットやモバイルについての議論について採り上げている。

　次の「Ⅱ．基礎編」では，各論として，章ごとに少し詳しい内容を見ていく。その意味では，これまでのオーソドックスな経営情報論に関するテキストの内容や構成に近いものと言えるだろう。

　最後の「Ⅲ．発展編」は，これからのICTと経営の関わりを語る上で重要な視点について，経営学との関係を意識しつつ，新しい内容を踏まえて記述している。近年，卒業論文や修士論文で，ICT業界に関わる研究をしたいという人も多いのだが，既存研究との関係についてなかなか糸口が見つけられないという悩みを聞くことも少なくなかった。Ⅲでは，古典的な経営学の研究との関連や考え方を重視しながら，新しいトピックにも触れている。

本書の対象読者と利用方法

　本書は，経営学や商学，あるいは経済学を修める学部ではもちろんのこと，いわゆる理系の学生や，関連する分野について論文を執筆する大学院生や社会人まで，経営情報論を学ぶ方を広く対象と考えている。

　しかし，本書はかなり幅広い内容からなるため，バックグラウンドや目的によってはすべてを読みすすめることは容易ではなく，また有益でないかもしれない。もちろん読破していただいても結構だが，以下に，本書の利用案の一つを提示する。

　学部前期課程でオーソドックスな経営情報論を学ぶ学生には，まずⅠとⅡを

中心に読むことを薦める。経営学，商学を専門とする学部後期課程の学生など，経営学関連科目で基礎知識を持っている方は，Ⅰ，Ⅱに加えて，Ⅲの興味がある章も含めて読み進めてみると良いだろう。一方，情報系の知識を持っている学生は，Ⅱの既知の内容がある章は省き，ⅠならびにⅢの興味がわく章を中心に取り組むことを薦める。

　また，ビジネススクールの大学院生や社会人の方は，Ⅲを中心に読み進め，ⅠならびにⅡで研究や仕事に関係する章を参照されると良いだろう。

本書の特徴

　本書はまず，できるだけ多くの研究や事例を盛り込むことを意識した。特に，学生の皆さんにとっては生まれる前となる，古典的な研究や事例もあえて含んでいる。これには2つの理由がある。一つは，現在の企業を支える情報システムや，様々な製品・サービスがどのようにして生まれてきたのかという歴史そのものを知ってもらうためである。皆さんが手にしている製品やサービスが生まれる経緯，すなわち，どのような要素技術が生まれたことにより，あるいは，どのような制約のもとで，新たな製品やサービスが誕生したのかを知る機会は実はあまりないのではないだろうか。それらが誕生に至る経緯や紆余曲折を知り，様々な考えを巡らすことは新しいビジネスを生み出し，携わっていく皆さんにとって糧となろう。もう一つは，過去の製品やサービスの盛衰の理由を経営学的，なかでも経営戦略的に考える視点を養ってもらうためである。確実に新たな製品やサービスが生き残るためには，製品やサービスそのものの「良さ」だけでは，ほぼ不可能である。本書は，時代にとらわれず，後に参考になるであろう様々な事例をピックアップした。これらの製品や企業にまつわる競争について，経営学的な切り口とともに学ぶことは，大きなプラスになると考える。

　次に，読者のさらなる学習を手助けするため，参考文献リストを充実させることを意識した。その上で，大学や自治体の図書館でも手に取りやすい，日本語で読める書籍や論文をできるだけ優先的に採り上げた。興味を持った部分や，研究を深めたい内容については，是非それらの文献もあたるなど，本書をもとに発展的な学びにつなげていただきたい。

　そして，各章の最後には演習問題を提示した。学生の皆さんがそれぞれ，授

業後に復習として取り組むのも良いし，授業やゼミナール担当の先生より事前課題として指定され，授業で学生同士がディスカッションをしたり，提出された内容に対して先生がコメントをされるという授業素材として使っていただいても良いだろう。演習問題は，各章に関連する内容だが，必ずしもテキストに答えや考え方が明示されているようなものではない。自分で調べたり考えたりすることを通じて，内容の理解を深めていったり，自分なりの問題意識を高めていってもらうきっかけとしてもらえれば幸甚である。

　本書は，野島美保先生が，亡くなる直前まで精力的に執筆されていた原稿をもとに，大学院時代からの友人である2人によって再構成をし，加筆したものである。ご逝去から数年後，ご主人の神谷健様から執筆中だったという原稿の話を伺って拝読したところ，執筆中どころか，完成間近な壮大な原稿で大変驚いた。ご逝去間近の最終保存の日付を見ると，最初はなかなか手を加えることが出来なかったが，今なら野島先生はこのように考えるだろう，3人の共著として書くのであれば，このような分担になるはずだったろう，と2人で議論を重ねて執筆を進めていった。

　東京大学経済学部梅沢豊先生のゼミナールから一緒だった野島先生とは，大学院時代は研究室の机を2人でシェアして使い，苦楽をともにした。当時は，インターネットビジネスの黎明期で，それらの研究を行おうとする私たちは，先行研究やデータの蓄積が少なく大変苦労し，ともに励まし合って研究したものである。まだインターネットで文献の検索を行うことはできなかったため，大学図書館の端末で論文のキーワード検索を行い，論文執筆や学会発表前などに他大学の図書館や国立国会図書館にコピーをとるために奔走したことが，先日のように思い出される。本書には，野島先生の大学院時代の意欲的なご研究や丁寧なサーベイの成果も多く含まれている。

　長年，学生時代をともに研究した私も，ゲームに関する研究など共同研究を重ねた生稲も，野島先生との共著はなかった。このような形だが，共著を出すことができて，大変嬉しく思う。この素晴らしい機会をいただき，さらに共著という形での出版をお許しいただいた東京大学の高橋伸夫先生に，心より感謝を申し上げる。また，新世社の御園生晴彦様には，2人の思い出話や雑談のよ

うな出版会議に長時間お付き合いいただき，執筆が遅れがちになる筆者たちを励まし，大変有益なコメントやサポートをいただいた。御園生様には，お詫びとともに厚く御礼を申し上げる。そして，野島先生のご研究や本書に託す思いとともに，自らが携っておられるインターネットビジネスの最前線の興味深いお話をいただいた神谷健様に，心からの感謝を申し上げる。

　本書は，野島美保先生，そして私たちに原稿を託してくださった神谷健様に捧げたい。

　　　2021 年春

高井　文子

目　次

第8章　生産を高度化する情報システム　145

第9章　経営資源としての情報システム　169

Ⅲ　発　展　編　187

第10章　ICT とイノベーションの創出　189

目
次

本文イラスト・写真　PIXTA

本書に記載している製品名は各社の登録商標または商標です。
本書では®と™は明記しておりません。

I

導 入 編

第 **1** 章

現代の情報システムと企業経営

　現在の社会は情報通信技術 (ICT)[1(次頁)] が広く利用されている社会である。企業経営もその例外ではない。われわれが暮らし，あるいは働くときに接する企業で，コンピュータやネットワーク，各種のソフトウェアが稼働している。

　ICT の利用は企業経営にどのような影響を与えているのだろうか。ICT を巧みに使いこなすことは，企業経営の可能性をどのように広げてくれるのだろうか。そこで働くみなさんは，いかにして ICT を利用した企業の経営に関わっていくのだろうか。

　本書全体でこれらの疑問に答えていきたいと思う。この章では全体のラフなスケッチを提示するので，ICT と企業経営の関係を大きな枠組みで理解して欲しい。そして，企業経営と ICT 活用の関係——経営情報論を学ぶ意義を感じ取って欲しい。

○*KEY WORDS*○

情報システム，データ，

基幹系システム，情報系システム，

情報的経営資源

1.1　現代企業を支える情報システム

○　コンビニエンスストアの情報システム

「あ，あれ買い忘れたな」と思い出して，コンビニエンスストアで買い物を
することはよくある。そうした日常の中に，情報システムに支えられた企業経
営がある。

　コンビニエンスストアの業務を支える情報システムとは，具体的にどのよう
なものだろうか。一般に，情報システムは「情報の収集(a)，蓄積(b)，処理(c)，
伝達(d)，利用(e)に関わる仕組み」として定義されている。そこで，われわれ
が店頭でものを買ったことがどのように情報システムで扱われるのかを考えて
みよう。(矢作，1994；矢作，1996；川邉，2003)

　まず，情報を収集する仕組み(a)の例として POS（Point Of Sales）レジが挙
げられる。POS とは販売時点での情報管理を意味している。POS レジで購入
商品のバーコードをスキャンすることにより，どの店舗で，いつ，どの商品が，
いくつ，どの商品と一緒に購入されたのかという購買に関するデータが集めら
れる。同時に，顧客の年代と性別といったデータも，店員が POS レジに入力
することにより集められる。

　最近は，ポイントカードなどと連携した ID-POS と呼ばれる仕組みを用い
る場合もある。ポイントカードには，一人ひとりの顧客に対して固有の番号で
ある ID が付され，さらにその ID に紐づける形で，顧客の氏名，性別，生年
月日，住所などのデータが登録されている。われわれがポイントカードを作る
ときに，氏名や性別などを申込書に記入するのは，こうしたデータを蓄積する
ためなのだ。このように既に ID と氏名などのデータが結びついた顧客データ
が作られ，企業の中で蓄積されているため，ポイントカードと ID-POS を組

---

1 情報通信技術，IT（Information Technology），ICT（Information Communication Technology）
という3つの用語は，分野や使用場面で使い分けることがある。しかしながら，本書では文脈
に応じて使い分けるものの，ほぼ同じ意味で3つの言葉を使っていると考えて欲しい。

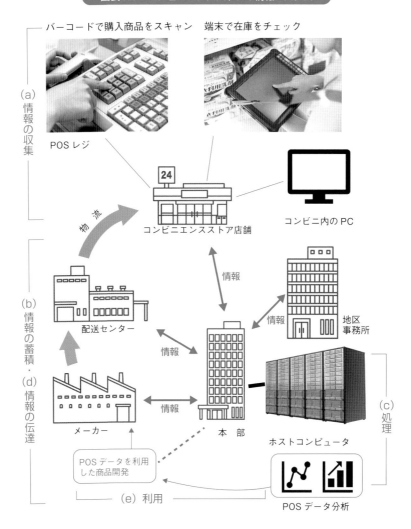

図表1.1　コンビニエンスストアの情報システム

バーコードで購入商品をスキャン　端末で在庫をチェック

POS レジ

（a）情報の収集

24

コンビニエンスストア店舗

物流

コンビニ内の PC

情報

情報

地区事務所

（b）情報の蓄積・（d）情報の伝達

配送センター

情報

情報

本 部

ホストコンピュータ

（c）処理

メーカー

POS データを利用した商品開発

（e）利用

POS データ分析

（出所）　株式会社セブン-イレブン・ジャパン WEB サイト「情報システム～第 6 次情報システム～」（https://www.sej.co.jp/company/aboutsej/info_01.html　2020 年 12 月 29 日確認）を参考に本文解説にあわせて作成

み合わせれば，顧客データと購買のデータが結びつけられ，より詳細に，誰がいつ何を買ったかが記録されることになる。さらには，どの店員が対応したのかというデータも同時に収集される。

　このようにして集められた購買データと顧客データは，データベースに蓄積(b)される。商品や顧客などマスター・データと呼ばれる基礎データに加え，購買などの出来事のたびに生じるトランザクション・データがデータベースに蓄積される。データベースとは様々な目的を考慮して整理されたデータの集まりを意味し，情報を蓄積して処理するために設計されたコンピュータとソフトウェアによって実現されている。

　蓄積された購買データは様々な方法で処理(c)される。店舗別・日別売上高として集計したり，商品別の販売量や在庫量を計算したり，これらの情報を受発注のデータと関連付けたり，といったように，処理の方法は多様である。くわえて，店舗で収集したデータはネットワークを経由して本部や本社へと伝達(d)され，意思決定に役立てられる。その後，商品を製造するメーカーや，商品を運ぶ配送センターへと必要な情報が届けられる。

　蓄積された情報は，店舗に置く商品を決めたり，新商品を開発したり，顧客の特性に応じたサービスを提供したりするときの根拠として活用(e)される。データの活用にも様々な手法があり，しかも次々に新しい手法が考案されて，品揃えや新商品，顧客へのサービス提供を変えている。結果として，コンビニエンスストアは少しずつ変化し，狭い店舗面積でも効率よく売上を上げることが可能になった。

　このように，身近な存在であるコンビニエンスストアを見てみるだけでも，情報システムが役立てられていることがわかる。われわれが日常的に顧客として接している向こう側には，それを支える企業経営があり，いまやそれは情報システムなくしては成り立たないことが多い。

コラム　　データ，情報，知識

　ICTと経営を考えるときには，データ，情報，知識，という3つの言葉が良く使われる。これらは相互に関連があるが，異なる意味を持つ。類似した3つの言葉（概念）について，ここで整理しておこう。

まず，データとは単純な世界の状態の観察の結果を意味する。すなわち，経済社会の中で起こる様々な現象を，われわれが分かるように数字や文字，画像や音声で表現したものである。企業の売上を示す数字，企画書などの文書，製品のデザインなどが含まれる。このように，多種多様，大量のデータが企業の内外には溢れている。

　つぎに，情報とは，データについて文脈的意味を持って解釈，評価されたメッセージを意味する。この情報が判断や行為に影響を与えると考えられている。たとえば，企業の売上を読み取ってそれが高いのか低いのか，なぜそのような売上が実現できたのか，どうすればより高い売上が達成できるのかを人が考えた結果を表現したものが，情報だと呼べる。ただし，データをどんなに集めてもそれだけでは情報にはならない。あくまで，人が，あるいは組織としての活動でデータを活用（処理，利用）することで，情報が創り出される。

　最後に，知識とは，情報の中で一般性，普遍性があると評価されたものであり，ルーティンやプログラムなどがその代表である。データから生み出された情報に，さらに人や組織が働きかけることによって，一般性，普遍性が高められ，知識が創り出されると考えられている。

○ 情報システムの種類

　一口に情報システムといっても，基幹系システムと情報系システムに大別される。基幹系システムはビジネスの根幹をなす業務の実行を支援するシステムを指す。たとえば，生産管理，販売管理，購買管理，在庫管理，会計，人事給与などの業務を支えるシステムが含まれる。基幹系システムを導入する目的は，ビジネスの根幹をなす業務を，確実に，速く，低いコストで実行することにある。また，社員が共通の基幹系システムを利用することによって，業務の標準化を図ることもできる。

　基幹系システムとして，ERP（Enterprise Resource Planning）システムやSCM（Supply Chain Management）システムを挙げることができる。ERP とは「経営資源の統合管理」を意味する略語である。生産や販売などの業務で利用する経営資源を個別に管理するのではなく，企業全体，基幹業務全体で包括的かつ効率的に管理，利用することを目指す。他方，SCM はサプライチェーン（供給連鎖）の包括的管理にあたる略語で，原材料や部品の調達から製品の出荷に至るまでの複数企業にまたがる一連のプロセスを意味する。そうしたサ

プライチェーン全体を最適化することでコストの低減を図ることが，SCM シ
ステムの目標だとされている。

　他方，情報系システムは社員同士のコミュニケーションや企業内での情報共
有を支援したり，意思決定を支援したりするシステムである。経営学では，組
織として行われる意思決定に着目する。意思決定とは，行為に先立って何をす
るのかを決めることである。製品の生産量や新しい製品サービスの内容など，
企業の中では毎日たくさんの意思決定が行われている。われわれ一人ひとりが
そうであるように，組織もまた，意思決定をするために情報を必要とする。組
織において，人が意思決定を行う，あるいはより良い意思決定をするために，
データや情報を提供することが情報系システムの目的である。

　情報系システムには，メール，グループウェア，ナレッジ・マネジメントの
ツール，データマイニングのツールや，ビジネス・インテリジェンス（BI：
Business Intelligence）システムなどがある。このうち，たとえば，データマ
イニングのためのシステムは，データを分析して情報や知識を取り出すための
システムをさす。データを分析して「この商品とあの商品が一緒に購入される
ことが多い」などといった有益な法則（ルール）を抽出できれば，店頭の品揃
えを考える際に役立つ。また，ビジネス・インテリジェンスのシステムはより
広いビジネスに関わる意思決定を支援することを目指し，意思決定者が自分で
設定した切り口で情報を自在に取り出せるようにするシステムとして提唱され
ている。

　意思決定を支援する情報系システムの中でも用途が明確なものとして，
CRM（Customer Relationship Management）システム，SFA（Sales Force
Automation）システムが挙げられる。CRM は顧客関係管理を意味する略語で
ある。CRM システムでは，顧客の属性や要望などを記録し，そうしたデータ
を分析することで顧客一人ひとりに応じた情報発信やサービス提供を行うこと
可能にする。それによって，顧客との良好な関係を維持し，顧客満足の向上を
図っている。

　SFA とは営業支援システムを意味する。SFA が提唱された当初は営業プロ
セスの自動化に主眼が置かれていたが，その後，営業パーソンが顧客と行う商
談の記録などを部門内で共有し，部門全体での顧客対応を支援するシステムに

変化してきた。それによって，商談の成功率を高めることを目指している。なお，今日では CRM と SFA を統合することもあるが，それは両システムがともに顧客との関係性を考えることをサポートするシステムだからだろう。

　情報システムのタイプの違いは，その役割以外のところにもある。基幹系システムが止まってしまうと業務が止まってしまうため，基幹系システムには高い信頼性が求められる。他方，情報系システムには電話などの代替手段が用意されていることが多く，意思決定のためのシステムであっても常に必要なわけではない。そのため，情報系システムは基幹系システムほどの高い信頼性を必要としないと考えられている[2]。

○ 情報システムを考える，とは

　ERP や CRM などの情報システムは，いずれもコンピュータのハードウェアとソフトウェアによって実現される。他方，既に述べたように，情報システムは「情報の収集・蓄積・処理・伝達・利用に関わる仕組み」と定義されていて，ハードウェアやソフトウェアによって実現されたものに限定していない。情報システムは「情報」のシステムであるから，ハードウェアやソフトウェアに加えて，人と人との関わりによって生み出される情報を扱う仕組み，組織を構成する人間，業務プロセス，規約などが含まれる。情報システムの定義に基づけば，ハードウェアやソフトウェアといった機械的機構は情報システムの一部に過ぎないともいえる。

　このことは，情報システムという言葉が指し示す内容には広い意味（広義）と狭い意味（狭義）があるといっても良いだろう。通常，「情報システム」と聞くとメインフレーム・コンピュータやパソコン（パーソナル・コンピュータ：PC），ネットワークシステムなどの機械的機構のみをイメージする人も多いと思う。だが，それは狭義の意味内容である。広義にはそれを動かす組織体制やサポート人員などの人的機構を含む。広義の情報システムといった場合には，

---

2 ただし，情報系システムの重要性は企業によって異なる。データマイニングがビジネスの重要な役割を果たしている企業であれば，情報系システムのダウンは大きな損害につながるため，信頼性を高めていると考えられる。

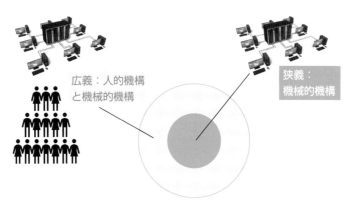

図表1.2　広義と狭義の情報システム

広義：人的機構
と機械的機構

狭義：
機械的機構

〈広義：人的機構と機械的機構　　狭義：機械的機構〉
・人的機構：組織体および社会の仕組み。その組織体または社会を構成する人
　間および実施手順，規則，制度，法律など
・機械的機構：コンピュータのハードウェア，ソフトウェア，データベース，
　通信・伝送装置，保管・蓄積装置，記録媒体など

企業の内外で繰り広げられる経営行動（人の振る舞い）を支える経営的情報資
源の収集・蓄積・処理・伝達・利用が指し示されていると考えて良い。

　だから，われわれが企業経営に役立つ情報システムを考える場合には，技術
的な事柄やソフトウェアによる仕組みだけを考えていては不十分なのだ。むし
ろ，企業や社会，その他の人の集団の中で，その組織体の目的に即した情報の
流れをいかに描き，実現し，運用するのかを捉える広い視野を持つことが重要
である。言い換えれば，技術的なことに加え，企業をはじめとする組織体の目
的に即した広義の情報システムを視野に入れ，戦略的に考える必要がある。こ
れこそが「情報システムを考える」ことの本当の意味だろう。

1.2　企業の競争優位をもたらす情報システム

○　経営情報システムの役割

　では，こうした情報システムが企業経営にとって持つ意味とは何だろうか。なぜ，情報システムを活用することが，現代の企業にとって重要なのだろうか。つぎに，このことを考えていこう。

〈1〉従来の業務，事業の見直し

　まず，情報システムを上手く活用することによって，企業が行ってきた従来のプロセス（ビジネス・プロセス）を見直すことが可能になる。たとえば，冒頭で挙げたコンビニエンスストアは，ものを売るビジネス（物販）において，POS（Point of Sales）のシステムを導入し，高度化して，「どこで，いつ，どのようなお客様がなにを買ったのか」を把握できるようにした。こうしたデータを持ち，それを分析して情報を汲み取ったからこそ，売れる可能性が高い商品，「売れ筋」を中心に店舗に在庫を置くことができた。それによって，狭い店舗にも関わらず，売れる商品のみを置き，かつ，商品が足りない欠品の状態や，売れ残る状態を避けることができた。そのため，効率良くものを売ることができるようになった。これが，日本のコンビニエンスストアが，百貨店やスーパーなどの既存の小売の業態を押しのけて成長した一因であった。言い換えれば，ICTを使って，工場から店舗，店舗から顧客までのモノの流れを効率化し，それによって競争優位を実現した事例がコンビニエンスストアという業態の革新だった。

　もちろん，データを集めて情報を創り出し，それによって物や人の流れを効率化するビジネスの変化は，コンビニエンスストア以外の企業にも見られる。モノを造る製造業での原材料や部品の調達，生産管理として有名なトヨタ生産システム（TPS）は，やはりICTによって効率性が高まり，現在に至っている。また，物ではなく，人の流れや動きを効率化するICTの仕組みも，既存のビ

ジネスの効率性向上をもたらした。

〈2〉新しい価値の提供

　つぎに，ICTを利用することで製品サービスに新しい価値（付加価値）を付け加えることも可能になった。たとえば，iPhoneをはじめとするスマートフォンは，単体ではあまり役に立たない。ネット（インターネット）に接続し，様々なアプリやコンテンツ，ネット経由で提供されるサービスを利用できることによって，多くの人が「便利だ」「お金を払う価値がある」と考えるようになった。これはスマートフォンというハードウェアが，ICTベースのサービスと結びつくことで付加価値を増大させた典型的な例だろう。あるいは，ネット上のサービスと，リアルなサービスを連携させることで，口コミ情報やクーポンを提供し，店舗へ案内するO2O（Online to Offline）という取り組みは，価格.com，ぐるなびや食べログ，Hot pepperなど数多く提供されている。これらは，家電製品やPCの販売に関する情報，飲食店が提供するサービスに関する情報が価値を持ち，それを提供する新しいビジネスの形（ビジネスモデル）が現れた代表的な事例だろう。

> **コラム**　RFM（Recency, Frequency, Monetary）
>
> 　購買情報に基づいて顧客を分類するための分析手法の一つである。最新購入日（Recency），ある期間の購入頻度（Frequency），ある期間の累積購入金額（Monetary）をもとに，優良顧客かどうかを判別し，その組合せに応じて顧客を分類（セグメント化）する。顧客のセグメンテーションが行われることによって，顧客が欲しいと思うクーポン券を提供したり，効率良くDMを送付したりすることが可能になる。

　こうした新しい価値のあり方，新しいビジネスモデルが創り出されることで，収益の上げかた（収益モデル）を柔軟にすることができるようになる。それまで別々だった製品やサービスを連携させることで，一つひとつの製品やサービスで別々に収益を上げるというビジネスの考え方に必ずしも縛られる必要がなくなるからだ。

　いままで，多くの場合，消費者が利用したいと思い，それゆえに購入しなければならないときに企業に対価を支払っていた。先ほどの例でいえば，スマー

トフォンを販売したり，家電製品や PC の情報を提供したり，サービスを提供する店舗の情報や店舗が，個別に消費者から製品サービスの対価を得ることが当たり前だった。しかしながら，スマートフォンが典型的に示しているように，製品を割安にしてそれを利用し続ける中で使うサービスから対価を得たり，広告収入を得たり，あるいは連携する別のサービスから収入を得たりすることが可能になった。こうした柔軟な収益モデルの実現もまた，ICT がもたらした変化だといえる[3]（服部・國領，2002）。

コラム　情報のビジネス化

　現代の社会では，データ，情報，知識そのものがビジネスになっていることがある。たとえば，アンケートを行って，多くの消費者の動向を把握することは，まさにデータを収集すること自体がビジネスになっている例だ。あるいは，映画や音楽，ゲームといったデジタルデータを提供することもビジネスになっている。

　さらに，情報もしくは知識をビジネスにすることも広く見られる。コンサルティングやソリューション提供は，利用者（クライアント）に関するデータに基づいて，彼らが抱える課題や可能性を解釈し，評価し，それを踏まえて解決策を提示する企業活動である。これは，データに基づいて，情報を産み出し，知識を提供するビジネスであると見なせる。

○ 情報的経営資源と競争優位

　ICT がもたらしたこうした変化を受けて，あるいは先取りして，企業経営を行うための経営資源の一つに，情報的経営資源があるという認識が広まってきた。ヒト，モノ，カネといった物的資源に加え，現代企業が経営を行い，他社とは違う「何か」を提供するためには情報が必要だという見方である（網倉・新宅，2011；本書第 9 章）。

　大まかにいえば，ヒト，モノ，カネという物的資源は，企業の特定の行動（競争行動）を実現できるか否かを決める。これらは，企業が独自の行動を実現す

---

3 柔軟な収益モデルについては，プラットフォームという概念と関連づけて第 12 章で詳しく考えていく。

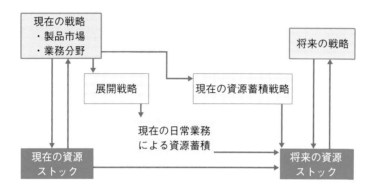

（出所）　伊丹敬之（2012）『経営戦略の論理　第4版：ダイナミック適合と不均衡ダイナミズム』
日本経済新聞出版社，p. 306 図 8.1 ならびに網倉久永・新宅純二郎（2011）『経営戦略
入門』日本経済新聞出版社，p. 334　図 10-3 を元に作成

るための前提だが，保有して活用できるからといって，必ずしも独自の企業行
動ができるわけではない。同じ額の資金や同じ設備を持っていても使い方次第，
ということだ。

　他方，その使い方を左右するのが「見えざる資産」とも呼ばれる情報的資源
である（伊丹，2012）。情報的経営資源を活用することで，ヒト，モノ，カネ
といった他の経営資源の活用方法が決定されるため，企業が特定の行動を実現
しようとしたときの効率性や効果が変わる。先に挙げたコンビニエンスストア
の事例が示しているのは，POS などの情報システムを活用して商品の売れ行
きを把握し，モノの動きのムダを少なくし，顧客から見て「欲しいものがある」
という状況をより多く実現したという変化だ。コンビニエンスストア間の優劣，
コンビニエンスストアと他の小売業態との違いを生み出しているのは，商品や
店舗といったモノではなく，それをいつ，どのように，どこに配置するのかと
いう情報に基づく意思決定なのである。

言い換えれば，「同じ」企業行動（競争行動）を実現しようとしたときに，より少ない物的資源で，より価値が高い状態を実現できるか否かを決定するのが情報的経営資源である。特に現代の企業経営において，物的資源の活用を左右する情報的経営資源，そしてそれを支える情報システムは企業の優劣を左右するといえる。

○ 情報的経営資源はいかに生じるのか

情報的経営資源が重要であるとして，それはいかにして創り出されるのだろうか。実は，企業が日々その活動を継続していく中で，情報的経営資源が創り出され，蓄積されていく。

製品の開発や製造，サービスの開発や提供，製品やサービスの販売といった場所（現場）で働く人は「こうすればもっと顧客が喜ぶ製品サービスを提供できるのではないか」ということに気づく。また，総務や人事，経理といった企業の中での仕事を通じても，働く人は「こうすれば我が社の活動は良くなるのではないか」という気づきを得る。こうした気づきが集まり，気づきに触発された考えが進み，より良い方法が案出される。より良い方法が選び取られ，蓄積されることこそが，情報的経営資源を創り出すことなのだ。そうやって創られ，蓄積された情報的経営資源を活かすことで，企業はより良い製品やサービスを提供できるようになる。

さらに，各々の企業は異なる活動をするため，蓄積される情報的経営資源も異なる。一つひとつの企業の過去の行動は異なり，それゆえに保有する経営資源が異なるために，総体としての経営資源（経営資源の束）も異なる。そのために，たとえ「同じような」ビジネスとそのプロセスを実施しても，その効率性，有効性が異なってくる。結果として，企業が利益を獲得する力にも違いが現れる。

言い換えれば，われわれ人間と同じように，違う活動や経験の積み重ねが異なる情報的経営資源の形成につながり，それが企業の独自性（uniqueness）を生じさせる。その独自性を評価して，顧客が製品サービスを購入することが増えるので，企業が利益を獲得しやすい状況，競争優位と呼ばれる状況が生じる。

したがって，他社が保有しない情報的経営資源を自社が持ち，活用することで，競争優位を構築できるようになる。

　このように企業の活動を捉えると，情報システムが競争優位の構築を促進する論理も見えてくる。情報システムは，企業の中で働く人々が，気づき，考え，情報や知識を創り出して，より良い製品，より良いサービスを提供することを可能にする。それゆえにこそ，情報システムは競争優位の構築に貢献する。

1.3　本書での学びのために

○ 本 書 の 構 成

　経営と情報システムの関係を理解し，考えを深めるために，本書ではこの章を含めて3つの部，15の章を用意した。「Ⅰ．導入編」の3つの章は，企業経営と情報通信技術の関係を概観し，全体像をイメージすることを目指す。企業経営と情報システムの関係を概観した本章に続いて，第2章では，インターネットを取り上げ，それが企業経営に及ぼした影響を見ていく。情報通信技術は過去60年以上に渡って企業経営に影響を及ぼしてきたが，過去25年に限れば，インターネットが最も大きな影響を及ぼしたといえる。インターネットはどのように企業の経営環境を変えたのか，インターネットを企業経営に活用するとはどのようなことかを考える。続く第3章では，近年急速にビジネスの可能性を広げている携帯情報端末を活用したビジネス，モバイル・ビジネスを取り上げる。スマートフォンなど，小型の端末を常時人々が持ち歩くようになったことが，どのようにビジネスに結び付き，企業と経済社会を変えているのかを見ていこう。

　Ⅰの概論を踏まえ，Ⅱではより詳しく，企業経営と情報システムの関係を考えていく。6つの章を通じて，両者の関係を捉えるための基礎的な知識や枠組みを身につけることが目的である。

　Ⅱの冒頭の2つの章では，主に戦略論の観点で情報システムの利点や課題を

考える。第4章では経営戦略の立案と実行が情報システムの利用によっていかに変わったのかを考えていく。経営戦略の基本的な議論を紹介したのち，SIS（Strategic Information System：戦略的情報システム）などを取り上げ，情報システムの存在を前提にして経営戦略立案を考えるとはいかなることかを考えていく。

　続く第5章では，より時間軸を長くとって，企業経営と情報システムの関係を見ていく。コンピュータがビジネスで利用されるようになってから，70年ほどの年月が経った。その間，企業の経営環境も，情報通信技術も変わり続けてきた。経営のための情報システムが作り出された発端から現在までを追うことで，企業経営の中で生じるニーズと，ICTが可能にするシーズの接合の中で情報システムが高度化し，現在に至ったことが理解できるだろう。また，MIS（Management Information System）やDSS（Decision Support System）など，過去に提唱された情報システムの理念と実装を理解できるのも，この章の特徴である。

　第6章では，複数のコンピュータを連携させて業務に役立てるアプローチ——オンラインシステム——という角度から，第4章と第5章で説明する企業経営と情報システムの関係を捉え直す。コンピュータやシステムが単独で利用されていては，その効果が大きいとはいえない。コンピュータを含む情報システムが通信によって複数接続されること，すなわち，オンライン化が重要である。オンライン化は，技術的にも，マネジメントの上でも新しい可能性をもたらすが，課題も生じさせる。それを，企業経営の観点でいかに考えるのかが，この章の論点である。

　歴史的，俯瞰的な3つの章に続き，第7章と第8章では，より具体的にマネジメントで使われている情報システムとはどのようなものかを見ていく。まず，第7章は企業経営の基本的な活動であるものやサービスの売り買い，すなわち，流通という活動を取り上げる。企業がものやサービスを売り買いすることに伴い，モノを移動させる物流と，売買に関する情報をやり取りする商流が発生する。この両者は，情報システムによって効率化，高度化できる。たとえば，現在ではSCM（Supply Chain Management）と呼ばれる高度な管理システムが構築されている。流通と情報システムの関係をたどることで，情報シ

17

ステムが企業経営を効率化していくメカニズムを具体的に理解しよう。

続く第8章では，主に生産現場での情報システム活用を取り上げる。われ
われが普段目にすることのない，工場などの生産現場でも，多くの人とものが
行き交っている。そうした人とものの動き，それらを支える情報の流れを管理
するために生産現場で使われる情報システムを見ていく。昨今話題となってい
る IoT（Internet of Things）や Industry 5.0 は，これまでの生産管理システム
の延長線上にも位置づけられることから，生産管理とそのシステムの基本を理
解することは，今後の生産現場の情報化を理解し，見通すことにもつながるだ
ろう。

Ⅱの最後の第9章では，経営学の理論に立ち戻り，企業経営と情報システ
ムの関係を考える。企業の独自性と競争優位がなぜ，いかにして生じるのかを
考え，その中で情報システムが果たす役割を考える。Ⅱの各章で具体的に，
様々な角度から紹介し，その影響が議論されてきた情報システムが，なぜ，い
かにして企業経営の「役に立つ」のかを，経営学の一貫した視点で捉え直すの
が，この章の目的である。同時に，情報システムが経営の有り様を変える論理
を理解することで，それが影響を及ぼし得ない領域，情報システムのみでは実
現されない企業経営の要素も示されるだろう。

企業経営と情報システムを理解するための基本的な枠組みを提示したⅠ，企
業経営と情報システムの具体的な関係を説明したⅡに対し，Ⅲは，現在の企業
経営と ICT の関係を考える上で，重要な論点を取り上げる。Ⅰの概論，Ⅱの
基礎を踏まえた発展編に位置づけられるのが，Ⅲである。ここで取り上げる論
点は，イノベーション，新しい産業の創造，プラットフォーム，コンテンツの
ビジネス化と情報流，そして利用者（ユーザ）の役割である。

Ⅲの最初の第10章では，ICT が可能にするイノベーションの可能性を考え
ていく。イノベーションは，経済発展においても，企業の成長においても，重
要な影響を及ぼす変革である（Schumpeter, 1934；近能・高井，2010；一橋大
学イノベーション研究センター，2001；2017）。その重要性は ICT 化が進んで
も変わらない。この章を通じて，イノベーションとはなにかを理解し，ICT 化
の進行の中でイノベーションがどのように進むのかを考えていこう。加えて，
ICT 化と共にイノベーションが企業経営に与える影響がどのように変わってい

くのかも考えてみよう。

第11章では、新産業の創出に着目する。ICTは技術であるから、新しい可能性を打ち開く。技術によって可能になる新しい製品やサービスは、新しい産業すら作り出す。ゲームのビジネスや、オンライン証券のビジネスなど、過去に日本で新しく生まれた産業も少なくない。しかしながら、技術の新しさ、製品やサービスの新しさだけでは、新しい産業とは見なされない。産業ができるプロセスでは何が生じるのか、その中でICTはどのような役割を果たすのかが、この章で説明される。そこで見えてくるのは、ICTを含む技術の先進性だけで企業の競争優位が変わるわけではなく、それを経営に活かそうとする経営者、実際に業務で利用する人の行為や意図、思考法こそが、企業経営の巧拙を分けることである。

第12章と第13章では、ICTによって可能になった製品サービスの構成の変化が、企業経営に及ぼす影響を考えていく。ICTは、製品サービスの構成要素を分離したり、結合したりすることを容易にした。この利点を最大限活かし、新興企業の成立や新しいビジネスを可能にし、独自な競争状態を作り出している背景には、プラットフォームがある。第12章ではプラットフォームという提供形態がどのような点で新しいのか、それを企業がいかに自社の戦略に取り込んでいくべきなのかを考えていこう。

他方、プラットフォームの成立を前提に、それから切り離された要素がコンテンツであり、そのビジネスである。第13章では、コンテンツのビジネスに焦点を当て、それが企業経営とわれわれの日常生活をいかに変えてきたのかを考えよう。第12章と第13章で紹介するプラットフォームとコンテンツという枠組みを理解することで、近年の急速なビジネス環境の変化が理解しやすくなるはずである。

ICTを活かしたイノベーション、新しい産業の成立、プラットフォームやコンテンツのビジネスの成長によって、企業経営もわれわれの日常も変わった。本書の最後の2つの章では、そうした変化を、情報流とユーザという2つの切り口で考える。

第14章では、情報流に焦点を当てて、近年の変化を捉える。具体的には、検索サービス、広告、ソーシャル・ネットワーキング・サービスを取り上げる。

これらはいずれも，われわれの興味や関心の向かう方向を変え，時間の使い方を変えて，インターネットなどを通じて流れる情報の向きや量，内容を変えている。そうした情報流の変化が，企業経営にどのような影響を与えているのかが，この章で考えるテーマである。

　本書の最後の第15章は，企業が提供する製品サービス，ICTを活用する利用者（ユーザ）の役割に焦点を当てる。ICTはC，コミュニケーションを変化させる汎用的技術であるから，企業の内部はもちろん，企業の外部にいるユーザを巻き込み，企業内外の人のデータや情報，知識のやり取りであるコミュニケーションを変化させる。とくに，企業の外で，企業とは直接コミュニケーションをしにくかったユーザと呼ばれる人達が，ICT化の進展と共に，活発なコミュニケーションを繰り広げ，行動を起こし，企業経営に影響を及ぼす現象が増えてきている。こうしたユーザが関与する領域で企業はいかに振る舞うことが可能なのか，ユーザの動向を企業経営に活かすことで企業経営はどのように変わり得るのかを考えるのが最終章の目的である。企業経営とICTの関係の変化は，企業経営に携わる「中のヒト」の課題に留まるものではなく，企業の外部で生活し，消費するわれわれが直接的，間接的に関わるものである。それゆえにこそ，経営者や企業で働く人以外も，企業経営とICT化の関係を考える経営情報論を理解する意義が高まっている。

○ 終わりに──なぜ情報に着目するのか

　本書では，情報システムを中心に，情報通信技術（ICT）を企業経営に活用して，効果的な活動を行うための知識と考え方を学んでいく。この背景には，社会の変化がある。近年はコンピュータの性能が急速に向上し，企業はもちろんのこと，社会の至る所でコンピュータが利用されている。さらに，1990年代からはインターネットの利用が広まり，われわれが「ネット」に接続して，仕事や勉強，趣味の時間を過ごすことが多くなった。いわゆる，情報通信技術の進歩と普及（ICT化）が進んだ。

　このような時代に，企業の経営も変わらざるを得ない。ただし，他の社会現象と同じく，企業経営もICT化によって変わる部分と変わらない部分がある。

たとえば，ICT 化がいかに進んでも，企業経営の根幹をなすのは人の力であることには変わりがない。ただし，その人の仕事の仕方（ワークスタイル）や，その結果として成し遂げられる成果は，ICT 化によって変わる部分もある。ほんの 30 年ほど前であれば，オフィスの机の上にコンピュータが置かれている光景は珍しいものだったし，ノート PC やスマートフォンを使っていつでもどこでも仕事ができる状況はなかった。

　他方，経営学は，企業が他社との違いを生み出せる——製品やサービスを差別化する，より低いコスト，価格で製品やサービスを提供できる——のはなぜか，という問題に取り組んできた。数ある企業と製品やサービスの中からある特定の一つが，顧客によって選ばれるのはなぜかという問いに対する答えを探してきたともいえる。この問いに答えようとする中で，情報の重要性が着目されるようになった。目に見えるヒトやモノ，カネといった経営資源だけでは，企業間の違い，企業の独自性を説明しきることはできないと考えられたからだ。そこで，企業毎の違い，企業の独自性を創り出す要因として，情報的経営資源に焦点をあてるようになった。ヒト，モノ，カネの動きを支え，これらの経営資源を利用して企業の独自性を産み出すものとは何かを突き詰めようとしたときに，情報もしくは知識が重要だとする捉え方が提示されたとも言える。こうした研究の結果，現代の経営学では，情報を処理する仕組みとしての組織，情報を解釈する活動としての組織プロセス，企業を変化させるエンジンとしての知識，知識を産み出す知識創造の理論について議論が積み重ねられている。これらはいずれも，経営学が用意した，情報や知識に着目して企業と社会を読み解くメガネなのだ。

　ICT 化によって変わる企業経営と経済社会を，安定した視点を持つ経営学によって見通していく。変わらないメガネを掛けて，変わりゆく企業と社会を見ることで，何が表面的な変化で，何が本質的な変革なのかを見定めることができるだろう。そうした視点と知識を有することで，現在の，そしてこれからの ICT 化の進展の中で，ヒト，モノ，カネ，情報という経営資源を効果的かつ効率的に活用して，よりよい企業経営，より良い経済社会はどのようにすれば実現できるのかを考えることができるようになるだろう。

1.1　情報システムを活用することで競争優位を実現している，身近なビジネスはなんだろうか。コンビニエンスストアの事例を参考にし，情報の収集，蓄積，処理，伝達，利用に関わる仕組みに着目して，分析してみよう。

1

現代の情報システムと企業経営

第 2 章

インターネットと
企業経営

　企業経営と情報通信技術との関わりについて考えていく上で，インターネット・ビジネスの発展は極めて大きな意味を持つ。今日では，あらゆる業界や様々な規模の企業がインターネットを利用しており，皆さんも日頃からインターネット・ビジネスについて知ったり，考えたりする機会も多いだろう。本章では，インターネット・ビジネスの発展や特徴について，また，その問題点について概観し，経営情報論を考えていく上で重要な糸口を探っていく。

○KEY WORDS○
インターネット，
インターネット・ビジネス，インターネットマーケティング，
情報セキュリティ

2.1 インターネット・ビジネスの誕生

○ インターネット・ビジネスの現状

インターネットの利用は，1980年代では一部の研究機関や大学に限られていたが，アップルやマイクロソフトがパソコン向けOS（Operation Sysytem：基本ソフト）をインターネット接続可能な仕様にした1990年代中頃から急速に利用が進み，わずか5年ほどで普及率50％に達する異例のスピードで一般の個人に広がった。2019年現在，人口普及率は89.8％に達している（図表2.1）。近年，特に60歳代以上の高齢者において，利用が伸びていることが特徴である。

インターネット誕生によって，短期間で公共的な通信網ができあがり，また，誰もが自由に参加して取引を行う電子市場が生まれたが，この企業経営に与え

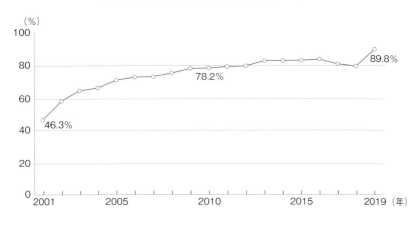

図表2.1　インターネットの利用状況の推移

（出所）　総務省（2019）『通信利用動向調査（世帯編）』

るインパクトは，手紙や電信，電話といった通信手段の誕生時と比べて劇的に大きい。つまり，インターネットの普及に伴ってインターネット・ビジネスという新たなカテゴリが誕生し，世界中で急速に発展している影響は，いまだにどれ程なのか図り知れないのである。

　コンピュータ・ネットワークを使った商取引のことを電子商取引（EC：Electronic Commerce）といい，現代においては，その多くがインターネットを介している。代表的なインターネット・ビジネスである「電子商取引」では，インターネットを使って物品の通信販売やソフトのダウンロード販売など，様々な形態の商品が取引されるようになっている。その他，インターネット・ビジネスは，コンテンツの提供やポータルサイトの運営，オークションやフリーマーケット・サイト，金融商品取引など，その普及と発展により広がりをみせている。

コラム　インターネットの誕生

　現在のインターネット（Internet）のもとになったのは，米国防総省の高等研究計画局（ARPA：Advanced Research Projects Agency）のコンピュータ・ネットワーク，アーパネット（ARPANET）である。

　このアーパネットは，もともとは軍事的，経済的な理由によってアメリカで1969年に作られた通信網である。冷戦時代の1961年，ソ連が有人宇宙飛行に成功したことは，アメリカにとって宇宙からの核攻撃という新たな脅威が生まれた瞬間だった。ちょうど同じ頃に起きたユタの電話中継局の爆破事件で，アメリカ国防総省の電話回線が不通になるという事態に陥ったこともあったため，当局の危機感はとても大きかったのである。

　そこで，アメリカ空軍は，「核攻撃にも耐える通信網」の研究をランド研究所に依頼した。それに応えたランド研究所のポール・バラン（Paul Baran）は，1964年分散型通信システムのコンセプトを開発した（Baran, 1964）。「既存の電話網」では，すべての通話を交換機が集中管理するため，交換機が破壊されると通信網全体に被害が広がってしまう。そこで，バランは安全性の観点から，分散的に処理する前世代の電信の仕組みに立ち戻って考えたのだった。

　ここでいう「前世代の電信の仕組み」とは，次のようなものである。まず，各電信局は入電された電報をモールス機で受け，それを穿孔紙テープに記録する。そのテープを行き先別に振り分け，目的地に近い電信局に送る。このプロセスを，それぞれの電信局がこの繰り返しを行うことで，リレーのようにして目的地まで届けるというのである。

このように，目的地に直接に情報を送ることのできない電信の仕組みは，最短ルートではないという観点で非効率といえる。しかし，分散型通信システムには，不通の電信局があればそこを迂回して届けることができるという柔軟性がある。この仕組みを電子化したものがインターネットなのである（Baran, 1964）。

　1983年には，アーパネットは軍事目的から切り離され，学術研究用のネットワークとして全米の大学をつなぐようになった。アーパネットの外でも同様のネットワークが複数作られ，それらが一つに集まり，世界中のコンピュータが一つにつながるインターネットに発展していったのだ（Campbell-Kelly & Aspray, 1996；相田・矢吹，1997；Hafner & Lyon, 1996）。

○　インターネット・ビジネスへの期待

　インターネット・ビジネスの黎明期にあたる1990年代，アメリカのIT企業が次々に飛躍的な成長を遂げると，製造業中心の「オールドエコノミー」とは異なる論理の「ニューエコノミー」が誕生したと大きな話題になった。当時のアメリカは，インターネット・ビジネスの成長によって株価が上昇しつづけていた。こうした空前の好景気が続いているのを見て，ITによって産業構造が抜本的に変わり，景気の波が消滅し，ずっと成長し続けるようになったのではないかといわれた議論が，「ニューエコノミー論」である。ところが，2000年にアメリカでITバブルがはじけると，こうした楽観論は消えていった。

　ニューエコノミー論はいきすぎた期待であったとはいえ，インターネットが産業構造を抜本的に変化させる大きな影響力を持ったことは言うまでもない。その影響力を分析する視点として，一つ目はインターネット・ビジネスという新規産業そのもののパワーを説明する枠組み，そして二つ目は既存産業への影響を論じる枠組みという，2つが考えられる。

　一つ目の枠組みは，インターネット・ビジネスそのものに焦点をあて，物理的制約から解放されたバーチャル空間の持つ影響力を議論するものである。つまり，インターネットを用いることによって，遠隔地の取引相手との取引が可能になり，しかも相手とリアルタイムに情報交換することができる，すなわち既存産業で大きな障害だった空間的制約や時間的制約がなくなることで，新しいビジネス・チャンスが生まれるというメリットを議論しようとするのである。

　通常，街に実在する店舗には商圏（Trading Area）がある。たとえばコンビ

ニなら半径 500 メートル圏内というように，地理的条件によって顧客の範囲が決まっている。商圏内では売上が頭打ちになる商品であっても，インターネットで全国から顧客を得ることで，売上を増加させることができる。地方特産品のインターネット通販が人気を呼んでいるのも，こうした理由からである。ただし，商圏の消滅はチャンスだけでなく，全国のライバルと競争しなければならないという脅威をも生むことにもなる。

このような物理的制約からの解放は，受発注の情報伝達に限らない。取引対象の商品そのものがモノではなくなるという，究極のケースが生まれることになった。たとえば，音楽 CD を買う代わりに配信サイトでダウンロードをする，パッケージソフトを買う代わりにオンラインゲームを利用するといったことである。つまり，コンテンツ・ビジネスは，物的媒体なしに情報の中身（コンテンツ）のみを消費者に届けるという，物理的制約から解放されたビジネスといえる（第 13 章参照）。

一方，二つ目の枠組みとは，既存の産業の構造を変革するという，インターネット・ビジネス以外への波及の影響力を議論するものである。エバンス（Philip B. Evans）とウールスター（Thomas S. Wurster）や，クリステンセン（Clayton M. Christensen）は，インターネット・ビジネスには，既存事業の伝統的価値を崩壊させてバリューチェーンを再構築する力があると述べている（Evans & Wurster, 1997；Christensen, 1997）。

少しわかりづらいので，ここでは百科事典の例を考えてみよう。分厚い冊子の「紙媒体時代」には，一冊 1,500〜2,200 ドルという価格帯で販売され，自宅書斎に高価な百科事典を並べることがステータスと考えられていた。この時代においては，個人宅への訪問販売が直接的に売上を向上させることから，世界の有名ブランドのブリタニカ百科事典は強力な営業部隊を持つことで大きなマーケットシェアを獲得していた。

百科事典のバリューチェーンとは，専門家による執筆から編集作業，印刷・製本の製造工程を経て，営業部隊が個別販売で顧客へ届けるというものだったが，そのうち原稿の編集コストは全体のわずか 5% 位しかかからず，最もコストが割かれたのが営業部隊であったという。しかし，その後，50 ドル前後の CD-ROM 版事典マイクロソフト「エンカルタ」が発売されると，当然であるが，

非常に高額で場所をとる紙媒体の市場は奪われていった。しかしエンカルタの登場の後も，ブリタニカは営業部隊が戦略的要因である従来のバリューチェーンがもはや崩れていることに気づかず，いままで通り営業中心の経営を続け，市場の劇的な変化に対応できなかったといわれている（Evans & Wurster, 1997）。ご存じのとおり，今日では，ユーザー編集の無料サイトであるウィキペディア（Wikipedia）が市民権を得ており，百科事典作成のバリューチェーンがさらに変化していることがわかるだろう。

コラム　ワールド・ワイド・ウェブ

　クリック一つでウェブサイトからウェブサイトへと飛び移る，いわゆるネット・サーフィンが可能になるためには，インターネットで文書を表示する技術が必要であった。その原型は，スイスにあるセルン高エネルギー物理研究所（CERN）の英国人研究者ティム・バーナーズ゠リー（Timothy J. Berners-Lee）によって考え出された（Berners-Lee & Fischetti, 1999）。

　セルンには世界中から物理学者が集まっていたが，それぞれが互換性のないコンピュータを持ち込んでおり，共同研究を行うにあたっては障害になっていた。というのも，彼らのコンピュータはインターネットにつながっていたものの，互換性のないコンピュータ間では互いの論文を参照することができなかったからである。ここで論文を共有しようとするのであれば，文書を表示する共通のソフトウェアと，必要なファイルの場所を示す仕組みが必要であった。

　そこで作られたソフトウェアが，ワールド・ワイド・ウェブ（WWW）である。「ウェブ（Web）」とは，世界中のコンピュータを結びつける蜘蛛の巣を意味する。ワールド・ワイド・ウェブでは，テキストの書式システムである HTML 言語，データやり取りのための標準プロトコル，ウェブサイトを特定する URL アドレスを定義した。このソフトウェアの上では，すべての文書はハイパーリンク構造を持ち，関連文書の情報を埋め込んだ部分にはアンダーラインが記され，そこをクリックすると関連文書が表示される。その結果，リンクをたどることを繰り返すと自分の求める文書にたどりつくことができるという訳である。このワールド・ワイド・ウェブは，セルンで用いられただけではなく，インターネット上で無料公開されたため，誰でもそれを自分のコンピュータ機種に合うように改良して使うことができた。

　ワールド・ワイド・ウェブは，ウェブページを表示するソフトウェアであることから閲覧ソフト（＝ブラウザー）と呼ばれた。その後ブラウザーは改良が重ねられ，1993 年に米イリノイ大学学生のマーク・アンドリーセン（Marc Andreessen）がモザイク（Mosaic）を開発したことによって，インターネットが普及していくきっかけとなった。このモザイクは，文書のみを表示するワールド・ワイド・ウェブにグラフィック表示機能が加わったものであったため，一般の人がより直感的に利用できるよう

になっていた。当初イリノイ大学はその開発費用を負担してモザイクを世界に発信していたが，翌年，開発者の学生たちがスピンアウトして新会社ネットスケープ・コミュニケーションズ（Netscape Commnications）を設立し，ブラウザソフトのネットスケープ（Netscape）をリリースしたのである。彼らは 20 億円の巨費を投じて開発したこのソフトをインターネットで無料配布したことからあっという間に世界中に広まり，2 か月後には市場シェアの 60％を獲得し大きな成功を収めることとなった。その後，ビジネス向けのライセンス収入を手にしたネットスケープ社は，当時，最も成功したドットコム企業と言われるまでになったのである（相田・矢吹，1997；Cusumano & Yoffie, 1998）。

2.2　インターネット・ビジネスの分類

　インターネット・ビジネスは，取引主体の区別によって大きく 3 つに分けられる。企業対企業の取引である B to B（Business to Business）と，売り手が企業で買い手が消費者となる B to C（Business to Consumer），そして，インターネット・オークションやフリマアプリなど一般消費者が売り手および買い手になる場合の C to C（Consumer to Consumer）である。

　以下では，3 つのインターネット・ビジネスの形態において，どのような取引が行われているのか，そして，それぞれの市場規模の広がりなどについて確認していこう。

⬭ B to B

　B to B とは，Business-to-Business，すなわち企業間取引のことであり，製造業者（メーカー）と卸売間，または卸売と小売間，あるいは企業と金融機関など，あらゆる企業の間での商取引のことを指す。具体的な事例としては，事務用品通販のアスクルや，小売店にインターネット上の市場を提供する楽天市場などが当てはまる。

　図表 2.2 は，日本の B to B の電子商取引の市場の推移である。この資料では，「建設・不動産業」，「製造業（6 業種に分類）」，「情報通信業」，「運輸業」，

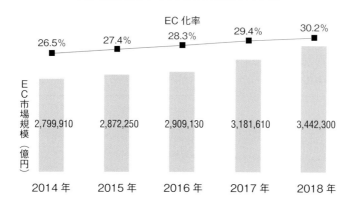

図表 2.2　B to B-EC 市場規模の推移

（出所）　経済産業省『平成 30 年度我が国におけるデータ駆動型社会に係る基盤整備（電子商取引に関する市場調査）報告書

「卸売業」，「小売業（6 業種に分類）」，「金融業」，「広告・物品賃貸業」，「旅行・宿泊業，飲食業」，「娯楽業」の 20 業種が対象業種となっているため，必ずしもすべての電子商取引を網羅できているわけではないものの，市場取引の約 3 割，そして約 350 兆円という極めて大きな取引がインターネット上で行われていることがわかる。

　電子商取引市場のうち，最も規模が大きいのは，この B to B である。ビジネスを行う上でのインフラであり土台ともなる B to B 市場をいかに成長させていくかが，日本経済にとって極めて重要な側面を持つのである。

○　B to C

　B to C とは，Business-to-Consumer，すなわち企業と個人（消費者）間の商取引，あるいは，企業が個人向けに行う事業のことであり，一般消費者向けの製品の製造・販売，消費者向けサービスの提供，個人と金融機関の取引などを指す。具体的な事例としては，インターネット証券の松井証券や，アマゾンやヨドバ

図表 2.3　B to C-EC市場規模および各分野の構成比率

	2017 年	2018 年	伸び率
A. 物販系分野	8 兆 6,008 億円 （EC 化率　5.79%）	9 兆 2,992 億円（51.7%） （EC 化率　6.22%）	8.12%
B. サービス系分野	5 兆 9,568 億円	6 兆 6,471 億円　（37.0%）	11.59%
C. デジタル系分野	1 兆 9,478 億円	2 兆 382 億円　（11.3%）	4.64%
総　計	16 兆 5,054 億円	17 兆 9,845 億円　（100%）	8.96%

（出所）　経済産業省『平成 30 年度我が国におけるデータ駆動型社会に係る基盤整備（電子商取引に関する市場調査）報告書

シドットコムなど，多くの消費者向けインターネット・ビジネスがあてはまる。

　私たち消費者にとって日常的に接するインターネット取引は B to C であるため，インパクトがとても大きく感じられるが，2018 年の推定規模は前項の B to B の 5% 程度である 18 兆円と，金額の規模としてはかなり小さくなる（図表 2.3）。一方で，B to C の市場のうち物販系分野の約 6% が電子商取引市場へと移行したことになり，しかもインターネットの誕生から継続して伸び続けていることから，今後も私たちの生活に大きな影響を与え続けるカテゴリであると考えられる。

○　C to C

　C to C とは，Consumer-to-Consumer のことであり，個人間で物品の売買やサービス提供を行う取引や，その仲介や紹介などを行う取引のことを指す。具体的には，ヤフー（Yahoo!）オークションなどのネットオークションや，近年急速に普及しているメルカリなどフリマ（フリーマーケット）アプリでの個人間取引などが当てはまる（図表 2.4）。

　B to C と比べて小さい市場であるものの，気軽に利用できるサービスとして人気を集めて伸びているカテゴリであり，匿名配送の物流システムなどの付随サービスも整うなど，今後も一層の利用が見込まれる電子商取引の一つである。

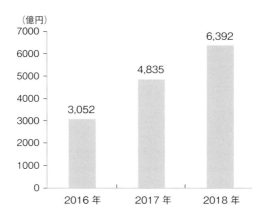

図表 2.4　フリマアプリの推定市場規模

（億円）

6,392

4,835

3,052

2016 年　　　　2017 年　　　　2018 年

（出所）　経済産業省『平成 30 年度我が国におけるデータ駆動型社
会に係る基盤整備（電子商取引に関する市場調査）報告書

2.3　インターネット・ビジネスが生んだ競争

○　クリック＆モルタル

　今日では，図表 2.3 にあるとおり，B to C 市場のインターネット取引への
移行は進んでいる。しかし，インターネット・ビジネス黎明期には，インター
ネット・ビジネスが持つ可能性について懐疑的な見方もあったため，既存ビジ
ネスとの「併用」が強く主張された。インターネット・ビジネスに特化したイ
ンターネット専業に対して，リアルとインターネットとの兼業を行うことを
「クリック＆モルタル（Clicks & Mortar）」と呼ぶ。クリックとはコンピュー
タを示し，モルタルとは実店舗を表す（Pottruck & Pearce, 2000）。
　専業か兼業かという違いは，インターネット・ビジネスの成果をどのように

2

インターネットと企業経営

測るか，という経営判断に依るものである。まず，専業ではインターネット・ビジネス「単体」の黒字化が求められるが，一方の兼業では既存ビジネスへの効果や企業ブランドの向上など包括的な視点から判断される。つまり，当時の経営者は，インターネット・ビジネスの将来性が不透明であったため，既存店舗とのシナジー効果を狙うことで新ビジネスのリスクを回避しようと，クリック＆モルタルを志向したのである。

　このような意味では，現在の多くの企業でもクリック＆モルタルを行っているといえる。飲食店がウェブサイトでクーポンを発行して既存店舗への客足を増加させる，メーカーが生産工程のコントロールや販売後の製品メンテナンスをインターネット上で行う，衣料品店がインターネットを見てから店舗に来店する顧客に向けて個別のマーケティング活動を行うなど，様々な事例でインターネットを既存のモルタル事業に活用しているのである。

◯ 激しい企業間の競争

　前項では，クリックとモルタルとを併用して行うというビジネス形態の議論を見たが，インターネットが普及し，インターネット・ビジネスが急速に成長するに伴って，「クリック vs.モルタル」という戦いの構図として多くの業界で両者がとりあげられることになった。

　製品・サービスが誕生すると，次々と同じ製品・サービスを提供する企業が参入し，新しい市場が立ち上がる。これまでに，自動車やラジオ，携帯型ラジカセ，デジタルカメラなど様々な市場において，誕生後まもなく多くの企業が参入し，激しい競争が繰り広げられた。その中でも，インターネット・ビジネスは，極めて市場の立ち上がりが速く，競争が過酷であることが多い。たとえば，インターネット書店は，アマゾンによるサービスの開始後，日本でも大手の書店や書籍卸などが参入して，同様のビジネスが数年のうちにいくつも開始した。配送料無料などを軸として激しい競争が数年続いたが，やがてインターネット・ビジネスの新規参入企業であったアマゾンがほぼ市場を支配することになり，その結果，多くのモルタル企業として参入した既存書店は厳しい状況に押しやられてしまったのである。

その後も，アパレルや，動画の配信，スマートフォンのゲームなど多くの市場で，同様に，「クリック vs. モルタル」という構図の激しい企業間競争が繰り広げられた。というのも，このようなインターネット・ビジネスは，競合企業の商品やサービス体系を容易に見ることができ，実店舗や工場設備など初期投資が大きい固定資産などを使わないことが多く，比較的参入や模倣が容易であることが多い。そのため，従来のモルタル型企業は，少なからず厳しい状況に追いやられてしまったのである。

2.4　インターネットマーケティング

○　マーケティングの流れ

マーケティングは，時代の流れとともにその目的や役割，そして手法が大きく変わってきた。言うまでもなく，マーケティング発展の歴史において，インターネットが果たした役割は非常に大きい。この節ではマーケティングの大家であるフィリップ・コトラー（Philip Kotler）の議論に沿ってその変遷を見ていこう（Kotler, Kartajaya & Setiawan, 2010）。

最初の段階である，マーケティング 1.0 とは，製品中心の工業化時代のマーケティングモデルである。これは，産業革命後の大量生産時代に見合った手法であり，フォードのモデル T に代表されるような一方的な情報の提供が主であった。しかしやがて，同じものだけでは顧客は満足しない時代となり，他社よりも良いものを提供し顧客を満足させること，すなわち差別化戦略に即したマーケティングの段階に移っていく。

次のマーケティング 2.0 は，差別化戦略，特に次項で詳しく取り上げる「One to One」というキーワードに代表されるアプローチをするために，「情報技術」が活用されるようになった。この段階以降は，マーケティングには情報技術，中でもインターネットをいかに活用するかということが極めて重要な視点となっていく。

続くマーケティング3.0は，顧客を単に目の前の消費者としてではなく「マインドとハートと精神を持つ全人的存在」として捉えるべきであり，その全人的存在である顧客に対してアプローチすることが重要であるとされた。この解決策として，企業にSNS（ソーシャル・ネットワーキング・サービス）を活用して多数対多数，すなわち企業対多くの顧客，あるいは顧客と顧客との協働による交流が促された。

　そして，2016年に提唱されたマーケティング4.0では，マーケティングの究極の目標として，「顧客を感動させて忠実な推奨者にすること」が提唱され，極めて強いロイヤリティをもとに，インターネットを通じて他の人に薦めること，すなわちデジタル・マーケティングの重要性が説かれる（Kotler, Kartajaya & Setiawan, 2016）。

○　インターネットマーケティングができること

　前項でも述べたように，顧客毎にカスタマイズした製品やサービスを提供することは，インターネット・ビジネスの一つの強みである。顧客をひとかたまり（マス）でとらえるのではなく，一人ひとりのニーズに対応することを，ワン・トゥー・ワン・マーケティング（One to One Marketing）という（Peppers & Rogers, 1993）。

　既に述べたマーケティング1.0のように，企業としては一律に大量販売する方が効率的である。しかし，顧客は画一的なものでは満足せず，企業は個人のニーズに対応しなければならない時代へと変わった。ただし，実際には顧客一人ひとりに別の製品・サービスを提供するには費用がかかりすぎ，文字通りに実行することは難しい。なぜなら，カスタマイズのための追加費用だけでなく，一人ひとりの顧客のオーダーをとる事務処理も煩雑になるからである。

　ところがインターネットの登場により，カスタマイズのための事務処理コストが大幅に引き下げられた。まず，インターネット通販では，顧客が自ら注文画面に入力をしたデータは，入力作業を介さずにそのままデータベースとして活用できる。さらに，注文情報が自動的に集計できるようにもなった。この結果，それまで理念として考えられてきたOne to Oneが実現可能になったので

ある。第4章で述べる，デル・コンピュータの事例は，One to One で製品カスタマイズを行う事例ともいえる。

　One to One で顧客一人ひとりに違う広告を出すことを，行動ターゲティング（Behavioral Targeting）という。ユーザの行動履歴を分析し，消費者の属性や購買履歴に合った形で広告を出すことで，高い効果が期待できるのである。

　アマゾンによる差別化は，One to One のレコメンド・システムにある。レコメンド・システムとは，オンラインショップなどで，利用者の好みにあった物品やサービスを推薦（recommend）する手法のことであり，具体的には「この商品を買った人はこんな商品も買っています」と紹介する広告を，顧客一人ひとりに合わせて出すことである。つまり，購買履歴を分析することによって，あるいは他の顧客の併買情報を分析することによって，買われる商品を候補として紹介できるのである。

　このレコメンド・システムを支えるのが，消費者の行動履歴を分析する「データマイニング」と呼ばれる技術である。データマイニング（Data Mining）とは，大量のデータを統計学・人工知能などの解析技術を用いて分析し，そこから新たな知識や価値を見つけ出すことをいう。1980年初頭，POS システムが流通業に普及した際に，そのデータを明細レシートレベルで詳細に分析し，活用するというニーズが生まれたものの，当時はコンピュータのスペックが足りず，実現しなかった。つまり，POS データは顧客の嗜好の詰まった宝の山ということは理解されていたが，当時では多くの場合，簡単な分析をした後は放置されていた。やがて1990年代になると，巨大なデータベース（データウェアハウス）の登場とコンピュータの高速演算により，POS データや購買履歴データを一日・一人といった明細単位で保存し利用できるようになった。

　米国の大手スーパーマーケットのウォルマートでは，レシートの明細レベルで，同時に購買される商品を見つけ出す併買分析を行った結果，金曜日の夕方におむつとビールが同時に売れることを発見した。そこでさらなる分析してみたところ，若い男性が週末におむつと一緒にビールを購入した，ということが明らかになった。これをもとに店頭の陳列でおむつとビールを隣合わせに置いたところ，売上を増加させたという。このような，「おむつとビール」のように事前に予測できないルールが発見されることから，データマイニングは仮説

発見的手法といわれる。つまり，予め仮説を立てて検証する通常のデータ分析とは，アプローチが異なる。仮説発見的手法を可能にするには，鉱山から宝石を発掘（マイニング）するがごとく，大量のデータをふるいにかける高度な解析プログラムが必要なのである（池尾・井上，2008）。

2.5　インターネット・ビジネスを阻害するもの

　ここまで述べてきたとおり，インターネット・ビジネスの革新性には目を見張るものがあるものの，その一方で，セキュリティや詐欺など新しい問題が生じている。

○ 消費者の不安：知覚リスク

　インターネット通販を利用しない人がその理由としてあげるのが，個人情報の漏洩やウイルス感染などのセキュリティに関する不安，そして，商品の現物確認ができないことや，そもそもオンラインショップが信頼できないといった買い物に関する不安である。インターネット・ビジネス黎明期において，B to C市場が予測したよりも伸び悩んだ理由は，こうした消費者の不安にあるといわれた。

　買い物に対する消費者の不安を，知覚リスク（Perceived Risk）という（Bauer, 1960）。インターネット通販に限らずカタログ通販にも共通することだが，多くの知覚リスクは相対取引が行われないことに由来する。つまり，実店舗のようにレジを介して商品と代金の受け渡しを同時にすることができないため，商品を先に送ったが代金が振り込まれない，といった事態への不安が生じるのである。また，コンピュータ画面上に商品情報をすべて示すには限界があるので，商品の仕様や品質について買い手と売り手とで齟齬が生じる危険もある。さらには，配送・代金決済に関わる個人情報（住所・クレジットカード番号等）を提示しなければならないが，中にはそれを悪用するオンラインショ

ップもあることへの疑念もある。

　知覚リスクへの対処として，少なくとも二通りのアプローチがある。一つは，最低限の安全を確保するための社会的な仕組みを作ること，もう一つは，一度起こってしまった詐欺や事故を繰り返さないための仕組みを作ることである。

　第一のアプローチは，互いに深く知らない同士であっても，売買取引という一定のルールに従って取引が完了できるような，技術的・社会的仕組みを作ることである。不特定多数の取引相手と面識のないまま売買をすることが，インターネットの利点であることから，お互いを深く知ることを前提とした仕組みは使えない。

　これまでのビジネスでは，相手が安全に取引できる対象であるかどうか，という与信調査を行い，初回には巨額取引を避けるなど，各企業で取引ルールが決められていた。長期にわたって取引を行い，相手企業の能力や誠実性を判断した上で，重要で巨額な案件を任せるのである。すなわち，ビジネスにおいて信頼とは，長期の継続的な取引において醸成されるものと考えられていた。この長期の信頼は企業間取引だけではなく，一般消費者向けでもブランドと評判は長年の積み重ねが必要であった。

　しかし，インターネットでは，取引ができるか否かを，初回の時点で判断しなければならない。商品やサービスの質を語る前に，最低限，商品カタログと同じ商品がきちんと配送され，代金決済が行われなければならない。長年の積み重ねで得られた信用や評判とは違い，最低限の取引ができるかが問題となる。そういう意味でハードルは低いものの，初回で形成されなければならないという迅速性が求められる。そこで，これまでの信頼概念とは異なる E-Trust という概念が導入された（Hoffman, Novak & Peralta, 1998）。E-Trust を社会的制度として取り入れたのが，プライバシーマークや E-Trust などの認証機関による審査制度である。あるいはショッピングモールにおいても，傘下の電子商店について独自の審査や監視が行われる。第三者の審査や情報提供が一種のプラットフォームとして提供されることで，インターネット・ビジネスの健全な成長が促進された。

　近年では，様々な技術や取り組みにより，この点は克服されつつある。たとえば，ヤフーオークションでは，取引者，特に出品者には厳格な本人確認シス

テムを導入したり，受け取り確認後に決済手続が行われたりといったシステムを導入している。また，アマゾンでは，靴や鞄，洋服といったファッションカテゴリーにおいて，返品無料とする取り組みが行われている。

　第二の視点は，一度起きたことを繰り返さない仕組みを作ることである。審査機能があっても，初回の詐欺や取引事故については予見できず防ぎきれない。そのため，一度起きたことを繰り返さないための次善の策がとられる。たとえば，サイトにBBSやコメント欄を設け，消費者による商品やショップの評価情報を入力してもらうことが広く行われている。これが誠実な電子商店を見極めるための情報として機能し，詐欺的行為を行った者が衆目に晒されることで牽制される。またインターネット・オークションでは，出品者に対して入札者の過去の取引情報が開示される仕組みが導入されており，取引事故のある相手かどうかを知ることができるようになっている（Arndt, 1967；Kollock, 1999）。

○ 情報セキュリティの問題

　これらに加えて，情報漏洩やウイルスというインターネット特有の技術リスクは，インターネット・ビジネスにおける問題をより大きくする。なぜなら，インターネット上では漏洩した情報が瞬時に拡散されるため，問題が起こったときの被害が大きくなりがちだからである。以下に，項目別にまとめてみよう（総務省，2013）。

〈1〉コンピュータ・ウイルス

　コンピュータ・ウイルスとは，電子メールやホームページ閲覧などによってコンピュータに侵入する特殊なプログラムのことであり，マルウェア（Malicious Software：悪意のあるソフトウェア）とも呼ばれることがある。

　主な感染経路は，数年前までは，記憶媒体を介しての感染が多かったが，近年は，電子メールのプレビューやホームページの閲覧で感染することが多くなっている。いったんウイルスに感染してしまうと，メッセージや画像が表示されるといった症状から，勝手にファイルを消去してしまったり，パスワードやメールを外部に自動送信してしまうといった極めて重大な被害が起きることが

ある。したがって，インターネットに接続する機器には，必ずウイルス対策ソフトを導入することはもちろんのこと，企業や学校などの組織においては，専門家による診断を受けたり，従業員に定期的な教育や情報の周知を図るなどの対策を取ることが必須である。

〈2〉不正アクセス

不正アクセスとは，本来アクセス権限を持たない者が，サーバや情報システムの内部へ侵入を行う行為のことである。これによって，サーバや情報システムが停止してしまったり，重要情報が漏洩してしまったりと，企業や組織の業務やブランド・イメージなどに大きな影響を及ぼすものである。

日本では1999年に，「不正アクセス行為の禁止等に関する法律」が施行され，不正アクセスは法的に禁じられている。2013年の改正で，不正アクセスに使う目的で他人のIDやパスワードを取得，保管する行為をも禁じられるようになっている。

〈3〉事故・障害

実は，既に述べたような外部の攻撃者の「意図的な行為」だけが，インターネットを使う上での脅威ではない。意図しない人為的なミスや，自然災害なども想定した対応をとることも必要になってくる。

① 人による意図的では無い行為：操作ミス，設定ミス，紛失

電子メールの送り先を間違えたり，書類や記憶媒体の廃棄の方法を誤る，携帯やスマートフォンを紛失するといったことは誰にでも起き得るリスクである。これは完全に防げないものとして，ミスを想定した対応を事前に策定しておくべきである。重要なメールの送付の際には，必ずパスワードをかける，携帯やスマートフォンにもパスワードをかけたり，バックアップを適宜とるような対策を行っておくことが必要である。

② 組織の内部犯行

アカウント管理やデータのアクセス権限を持っている内部関係者が，不正行為を働くこともあり得る。このようなことが，経営に多大な影響を与えた事例として，ベネッセコーポレーションでの大量顧客情報の流出事件があげられる。

2014 年，顧客データベースの保守管理をしていたベネッセコーポレーションの外部業者のシステムエンジニア（SE）が，不正競争防止法違反（営業秘密の複製）容疑で逮捕された。この SE は，アクセス権限を利用して繰り返し顧客情報をダウンロードし，名簿業者に約 15 回にわたって売却していたという。しかし，ベネッセ側はこれに 1 年間も気付かず，流出させてしまった顧客情報はのべ 3,500 万件以上にも上った。この際に SE が顧客データの見返りに受け取った報酬は数百万円程度と見られるものの，ベネッセは顧客全員に 500 円の金券を支払った結果，総額 175 億円の損害にもなった。それ以上に，会社が失った信用は大きく，顧客の退会が相次ぐなど，大きな影響を与えることになってしまったのである。

③　システムの障害や自然災害

2011 年の東日本大震災では，情報システムそのものの被害はもちろんのこと，電力などのライフラインの復旧に数週間を要した。日本では地震だけでなく，さまざまな災害が頻繁に起き得るため，事前に BCP（Business continuity planning：事業継続計画）を立てておくことが重要である。

つまり，災害が起きたときに重要業務が中断しないようにすること，また万が一事業活動が中断した場合にも，目標復旧時間内に重要な機能を再開させ，業務中断に伴う顧客取引の競合他社への流出やマーケットシェアの低下，企業評価の低下などから企業を守る手立てを事前に考えて準備しておく必要がある。具体的には，バックアップシステムの整備，バックアップオフィスの確保，安否確認の迅速化，要員の確保，生産設備の代替などの対策をたてておくべきである（内閣官房情報セキュリティセンター，2012）。

演 習 問 題

2.1　インターネット・ビジネスで成功している企業について，その発展の歴史を調べてみよう。その上で，その企業を取り巻く競争や課題について検討しよう。

第3章

モバイルのビジネスの特性と可能性

　ICT の分野における近年の変化として，携帯可能な情報端末，モバイル端末の普及と高性能化がある。かつては，職場や自宅など，限られた場所でしか使えなかったコンピュータとネットワークが，どこにいても使えるようになった変化である。

　いつでもどこでもネットにつながって物品を購入したり，サービスを受けたりできるという状況は，どのように実現したのだろうか。本章では，モバイル端末を活用することで可能になったビジネスと，その発展過程を概観していく。

○KEY WORDS○

移動体通信，携帯電話，

ユーザ・インターフェイス（UI：User Interface），

プラットフォーム，アプリ

3.1　モバイルの特性

　インターネットの登場と並ぶ近年の大きな変化は，携帯可能な情報端末が登場し，そのビジネス利用が始まったこと，すなわち，モバイル化の進展である。モバイルを利用するビジネス——モバイル・ビジネス——は始まってから日が浅く，その研究も途上にある。だが，少なくとも現時点で，パソコンなどのコンピュータと比較したモバイルの特性，それを活用したビジネスの可能性を，3つの点から特徴付けることができる。3つの特徴とは，第1は小型であること，第2は利用の即時性があること，第3は移動して利用することを前提にした機能が備わっていることである。

　第1に，モバイル端末はPCに比べて小型である。そのため，入出力の操作が難しい。出力は小さな画面であるし，入力はタッチパッドや少数のキーになってしまい，多くのキーやマウスを使えるパソコンのような操作は難しい。ただし，こうした入出力の難しさ，入力効率の悪さといった短所はビジネスを行う上で大きな問題になるのかといえば，必ずしもそうとはいえない。たとえば，日本で1999年に始まった携帯電話向けサービスのiモード（i-mode：アイモード）は，携帯電話の小さな画面に対応した専用の記述言語が作られ，携帯電話の画面に合うサイトが作られた。それにより，携帯電話向けサイトでショッピングを楽しんだり音楽をダウンロードしたりする人が増えた。iモードは日本中心のサービスに留まったが，2007年にスマートフォンが登場すると，モバイル・ビジネスの世界市場が成長を始めた。

　第2に，モバイルという名の通り，人々が肌身離さず持ち運ぶ情報端末であり，使いたいと思ったときに使える可能性が高い。個々人が持ち運ぶ携帯電話などの情報端末は，24時間アクセス可能で即時性があるメディア，チャネルである。たとえば，電車の中吊り広告に印刷されたQRコードに携帯電話をかざせば，該当のサイトにすぐにアクセスすることができ，そこからクリックすれば広告の商品をそのまま買うこともできる。自宅やオフィスなど，決められた場所にいなくても，インターネットに接続してサービスを利用できる。欲し

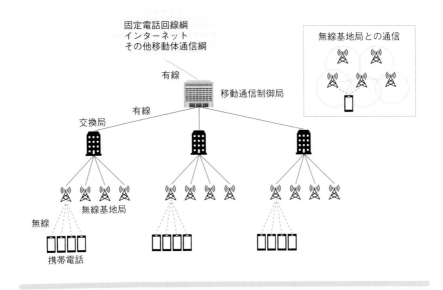

図表 3.1　移動体通信の仕組み

固定電話回線網
インターネット
その他移動体通信網

無線基地局との通信

有線

移動通信制御局

有線

交換局

無線基地局

無線

携帯電話

いと思ったとき，関心を寄せたときに，すぐその場で物品を買ったり，デジタルコンテンツ購入をしたり，情報にアクセスできる（宮澤他，2006）。

　第3に，移動体通信の特性を生かした新技術，新機能が取り入れられ，ビジネスの可能性を広げている。最近の新機能の例は，携帯電話の所有者の現在位置を捕捉する GPS 機能や，携帯電話の動きを感知する加速度センサーである。絶えず移動する携帯電話では，パソコンや固定電話のように事前に決めた経路で通信回線につなげることができない。そこで，携帯電話は絶えず微弱な電波を出して，自分のいる位置をビルの屋上などに設置された基地局に知らせている。基地局では，個々の携帯電話を区別する機体番号と位置情報をデータベースとして管理し，大容量の通信回線につながった交換局と情報端末の通信を実現する。無線でつながる範囲は数キロメートルなので，利用者が移動すると電波の届く範囲を出てしまうが，その度に隣の基地局に切り替え，基地局を通じて通信回線に常時つながっている状態を作り出す。すべてのエリアをカバーで

きるように全国に数万という基地局が建てられている（図表 3.1）。

　情報端末とその所有者に位置情報を利用したサービスは，携帯電話の基地局との通信と GPS（Global Positioning System：全地球測位システム）を組み合わせて実現されている。GPS は，アメリカ合衆国が軍事用に打ち上げた衛星からの信号を受信して，現在位置を知るシステムである。航空機，船舶，測量機器などに利用されてきたが，近年ではカーナビや携帯電話など消費者向けサービスが広まっている。携帯電話の基地局網と GPS を組み合わせた位置情報を使うことで，紛失した携帯電話や子供の場所を確認するサービスの他，利用者が目的地にたどりつけるようにするナビゲーションのサービス，さらには近隣の店舗の紹介やゲームなどのコンテンツの提供にも活用されている。

3.2　日本の i モード

　世界に先駆けてモバイル・ビジネス市場が生まれたのが日本である。他国は音声通話や文字のみのショートメッセージが主だった時代に，日本の携帯電話は液晶ディスプレイをカラーに変え，絵文字の入ったリッチなメールを送れるようにし，着メロや着うたといったコンテンツ提供を開始し，カメラ機能を付けた。毎年発表された携帯電話の新機種には，次々と新しい機能が追加され，インターネットに接続したり，ゲームや音楽を楽しんだり，さらには，おサイフや定期券の代わりになる IC カード機能も搭載されるといった独自の進化を遂げた。

　図表 3.2 は，2000 年からの日本のモバイル・コンテンツ市場の規模を示している。スマートフォンと明記していないグラフはすべてフィーチャーフォンでのコンテンツ利用を示している。2019 年には 2 兆 3378 億円にまで市場が拡大している。

　世界に先駆けて日本でモバイル・ビジネスが開始されたのは，NTT ドコモが 1999 年 2 月にデータ通信サービスの i モードを提供し始めたことによる。i モードの開始と共に発売された 501i シリーズには，インターネットのコンテ

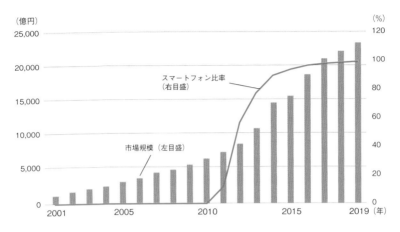

図表 3.2　モバイル・コンテンツの市場規模

（億円）

25,000

20,000

スマートフォン比率
（右目盛）

15,000

市場規模（左目盛）

10,000

5,000

0

2001　　　　2005　　　　　2010　　　　　2015　　　　2019（年）

（%）

120

100

80

60

40

20

0

（出典）　一般社団法人モバイル・コンテンツ・フォーラム「統計・ガイドライン」
（2005〜2012）を元に作成。（https://www.mcf.or.jp/statistics_guideline）

ンツを閲覧できるブラウザーが携帯電話では初めて搭載された。iモード対応
端末のブラウザーは，インターネット標準の記述ルールである HTML のサブ
セット版に対応するようになっていた。NTT ドコモが HTML のサブセット版
を策定したことにより，コンテンツを制作する会社が，携帯電話向けコンテン
ツをパソコン向けとはほぼ同じ記述方法で素早く用意することができた。その
ことが，iモードという新しい市場を立ち上げ，そのサービスが多様化し，充
実することにつながった。

　図表 3.3 は，iモードに接続すると最初に表示されていたトップページ（i
メニュー（iMenu））である。ドコモの審査を経てiモードの公式サイトに認
定されたサイトは，iメニューにリンクが貼られるため，多くの集客を期待で
きた。そのため，当時のコンテンツ制作会社の多くは通信キャリアの公式サイ
トになることをめざした。その後，携帯電話に検索エンジンが搭載されるよう
になると，公式ではない「勝手サイト」と呼ばれるサイトも増えた。公式サイ
トと勝手サイトが競い合っていく中で，携帯電話向けのコンテンツは量と質と

図表 3.3　NTT ドコモの iMenu

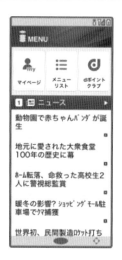

（出典）　NTT ドコモ WEB ページ（https://www.nttdocomo.co.jp/service/imenu/）

もに充実していった。

　日本のモバイル・ビジネスに多くの企業が参入し，多様なコンテンツが提供されたもう一つの理由は，通信キャリアによる決済サービスの提供にあった。利用者からコンテンツ提供会社が個別に利用料を集めるのではなく，NTT ドコモなどの通信キャリアが通話料や通信料と一緒にコンテンツの利用料金を請求し，徴収した。通信キャリアが料金計算と徴収を一括して行うことは，支払をしなければならないユーザの利便性を高めただけではなく，コンテンツを提供する企業にもメリットをもたらした。コンテンツ販売では数百円や数十円の単価が小さいものが多く，決済という手間のかかる事務作業を各企業が行うと事務処理コストが嵩んでしまい，収益性が悪化するという少額決済の問題が生じやすかったからである。通信キャリアがこうした料金計算と徴収をまとめて行うことで，少額決済の問題が解決され，規模の小さな企業でも i モードのビジネスに参入でき，成長を狙うことができた。決済サービスの重要性は，同時

期のパソコン向けのコンテンツ・ビジネスでは，少額決済の手段が限られていたためにビジネスを拡大できる企業が限られてしまい，コンテンツ販売の足かせとなったことと対比するとわかりやすい。日本の場合，パソコンなど固定網の大容量回線を利用したコンテンツ提供よりも，モバイルの方がかえってコンテンツ・ビジネスを展開しやすい状況が生じたのである。

　iモードの成功を受け，NTTドコモ以外の通信キャリアも同様のデータ通信サービスを開始し，独自のサービス，コンテンツ提供を作り出していった。たとえば，KDDIの携帯電話向けサービスauは2002年に「着うた」を開始した。これは，携帯電話で音楽を聴くユーザを増やしたが，アメリカやヨーロッパでは2007年のiPhone登場まで，携帯電話で音楽を聴くことは定着しなかった事実と対照的である。また，2000年12月にJ-Phone（現　ソフトバンク）がスタートさせた「写メール」は，カメラ付き携帯電話の利用を一気に広めた。国内3社の通信キャリアが中心となり，コンテンツやサービスを提供する企業が多数参入して，それぞれが独自色を出そうと競い合う中から，世界に類を見ないモバイル・コンテンツのビジネスが生まれ，成長を遂げた。

　これだけ高度に進化した日本のモバイル・ビジネスだが，その発展は国内市場中心であり，のちのスマートフォンのように世界的な成功を収めることはできなかった。スマートフォンの登場以降，日本の携帯電話はフィーチャーフォンと呼ばれるようになったが，端末もそれに対応したサービスも日本国内でしか通用しなかったことを揶揄して「ガラパゴスケータイ」と呼ばれることすらある。

　先進性があり，優れた点を多数持っていた日本の携帯電話向けサービス，モバイル・ビジネスが世界展開できなかったのはなぜだろうか。その原因はいくつか考えられるが，日本では通信キャリア主導の産業構造を持っていたことと，海外進出が高リスクであると考えられたことなどがあるだろう。

　日本では通信キャリアがハードウェアである携帯電話端末の開発においても主導権を握っていた。各通信キャリアが自社専用の端末をエレクトロニクス企業に開発，製造させ，比較的安い価格でユーザに提供した。携帯電話端末を安くすることでユーザを獲得し，ユーザから徴収する通信料などの収入で携帯電話端末などのコストを補うビジネスモデルを作り，実現した。携帯電話端末の

価格引き下げの原資は，通信キャリアが携帯電話の販売店に支払う販売奨励金によって賄われ，端末価格はユーザにとって非常に安く感じられるようになっていた。そのため，ユーザは積極的に新しい機能を備えた端末を購入するようになり，高機能な携帯電話端末が急速に普及することになった。だが，反面，海外と比べて通信料や通話料が高くならざるを得なかった。こうしたビジネスモデルは，通信キャリアの企業規模が大きく，通信通話サービス提供と端末開発販売の両方に関わっていることが前提になっていた。だが，海外では法制度の規制などの関係もあり，同様のビジネスモデルをそのまま展開はできなかった。さらに，モバイル・ビジネスが立ち上がり，大きな成功を通信キャリアや携帯電話端末メーカーにもたらしたことにより，リスクを取って海外進出をする必要性を感じにくかったともいわれている（夏野，2011）。

3.3　アップル再生とスマートフォン

　世界全体でモバイル・コンテンツのビジネスが生まれるには，スマートフォンの登場をまたねばならなかった。アップル（Apple）が 2007 年に iPhone を発売し，スマートフォンが普及したことで，スマートフォンと組み合わせて利用するアプリという新しいコンテンツの市場が作られた。

　アップルはパソコン市場を開拓したコンピューター・メーカーであった（Levy, 1994；Wozniak & Smith, 2006）。2000 年代に入ってから携帯電話とモバイル・コンテンツという新しい事業に多角化した。その先駆けとなったのが，携帯音楽プレイヤーの開発とデジタル音楽ビジネスへの参入である。

　アップルの創業者スティーブ・ジョブズ（Steve Jobs）は，1985 年に現経営陣から会社を追われたが，1996 年 12 月に復帰した。ジョブズがいない 11 年間，アップルは低迷し取締役会が廃業を検討するほどの状況だった。復帰したジョブズは 50 あった研究プロジェクトを 10 にまで減らし，経営資源を集中させ，独創的な製品の開発に力を注いだ。

　ジョブズはナップスター[1]の一連の訴訟を見て，インターネットを使った音

楽ビジネスの変化がおきると考えた。そこで，パソコン上の音楽ファイルの管理し，聞くためのソフトウェアとして iTunes（アイチューンズ）を開発し2001 年 1 月に発表した。このソフトはインターネット上で無料ダウンロードして使うことができた。

　それと同時に iTunes をインストールしたパソコンの周辺機器として，携帯音楽プレイヤーを開発した。2000 年代初頭の携帯型音楽プレイヤーはミニディスクなどを使うものの他，音楽をデジタルデータとして圧縮して小さな記憶容量のハードウェアでも扱えるようにした MP3 プレイヤーが登場し始めていた。だが，携帯音楽プレイヤーの中心はミニディスクや CD の再生装置であり，MP3 プレイヤーはニッチな製品に過ぎなかった。そうした状況の中で，アップルは iTunes と連動するプレイヤー iPod（アイポッド）を開発し，発売した。初代 iPod は 2001 年 11 月に発売され 7,000 万台の売上をあげた。iTunes もiPod も独特な使い勝手を持つ洗練された製品であり，それが消費者の心をつかんだ。オンオフのスイッチがない，1000 曲の中から聞きたい曲を選ぶまでのクリック数が少ないといったわかりやすい操作性により，厚い取扱説明書がなくても直感的に操作ができることも魅力だった。さらに，先行した iTunesとのシームレスな統合が，MP3 プレイヤーのハードウェアのみを販売していた他社と決定的に違う点であった。パソコンに CD を入れれば自動的にiTunes が楽曲を管理し，さらに，パソコンと iPod を USB ケーブルでつなげば iTunes で管理している楽曲を iPod に入れて持ち出せる，という手軽さが多くのユーザをひきつけた。さらに，アップルが提供したシームレスな音楽経験は，インターネットとも連動していた。iTunes が楽曲のデータをインターネットから取得するだけではなく，音楽販売ストアの iTunes Music Store（iTMS）[2]とも連動したからである。

　iTMS で，アップルはデジタル音楽の販売方法についても独自のルールを作

---

1 ナップスターは，1990 年代後半に音楽ファイルの「共有」を可能にしたインターネット・サービスである。ユーザーが手軽に，安く（無料で）音楽ファイルを手に入れられたため，アメリカを中心に急速に利用者が増えた。しかし，著作権を侵害しているとレコード会社に訴えられ，敗訴して，サービス停止に追い込まれた。詳しくは第 13 章を参照されたい。
2 iTMS は，その後，後述するアプリの市場と統合され，音楽以外のデジタルコンテンツを販売するプラットフォームとなった。現在は，iTunes Store になっている。

った。ナップスターの利用者獲得と敗訴を見て，多くの企業は違法コピーを防ぎながら音楽をインターネットで配信するビジネスを始めていたが，使い勝手や料金制度，配信している楽曲のレパートリーなどにおいてユーザが満足できるとは言い難く，各社の配信ビジネスは伸び悩んでいた。それに対し，アップルは，購入した曲の分だけ課金をし，一曲毎99セント（日本では150円）でバラ売りをすることにした。それまでの音楽ビジネスでは，アルバム単位での販売が慣例となっていたため，楽曲のバラ売りに対してアーティストやレコードレーベルから反対があったが，細かく権利交渉をし，楽曲を取りそろえた。2003年4月，5大レーベル20万曲を取りそろえた iTMS が始まった。それと同時にウィンドウズ搭載機に互換性を持たせた iPod の第三世代を発表した。これらの取組により，iPod と iTunes は急速に普及し始め，音楽ビジネスはデジタル化し，インターネット配信中心へと変わっていった。2005年の iPod の売上は前年比4倍の2000万台に達し，アップル全体の売上の45%を占める主力製品となった。

　しかし，デジタルカメラという単機能の製品がカメラ付き携帯電話によって代替されたように，携帯音楽プレイヤーもまた，携帯電話に代替される可能性があるとアップルは考えた。そこで，iPod を改良し，音楽再生機能を備えた新しい携帯電話を作ろうとした。当時，社内で進められていたタブレット・コンピューターのための技術を利用し，直接指で触れて操作するスクリーン（タッチスクリーン）を採用した携帯電話の開発を進めた。

　アップルが多機能な携帯電話の開発を進めていた当時，既に多機能な携帯電話は発売されていた。ブラックベリーが代表的な機種であったが，小さなハードウェア・キーボードを備えて PC と同じような機能を目指した携帯電話では，多くのユーザを獲得するには至っていなかった。それに対し，アップルはハードウェア・キーボードを搭載することをやめ，タッチスクリーンを中心にして，直感的なインターフェイスによって多機能な携帯電話をユーザが操作できるようにした。すなわち，スクリーンの表示を切り替え，電話をかけたいときには数字のパッド，文字を入力したいときはタイプライターのようなキーボード，別のときには必要なボタンが表示されるようにし，柔軟性のあるユーザ・インターフェイス（UI：User Interface）を提案した。さらに，ガラスのスクリー

［米アップル提供］
（写真提供）　時事通信フォト

ンのディスプレイが縁ぎりぎりまで広がるように，ステンレススチールの細い
枠で支える，独特のデザインの携帯電話が誕生した（図表 3.4）。iPhone は，
大画面のタッチスクリーンという入力デバイスで多数の高度な機能を利用でき
る携帯端末として登場した。直接画面を触れることで直感的な操作ができ，大
きめの画面で表現できるコンテンツはよりリッチになった。内部のメカニズム
も，OS とブラウザーが搭載されることで，パソコンとほぼ同じようにインタ
ーネットのウェブサイトが閲覧できるようになった。

　iPhone の発表は 2007 年 1 月，同年 6 月末の発売であった。iPhone は多く
のユーザをもひきつけ，2010 年末までに累計 9000 万台売れ，世界の携帯電話
市場の半分以上を占めた（Discovery Channel 2007；Isaacson, 2011）。

　iPhone の登場以降，通話と音楽再生，カメラ機能，メールやウェブブラウ
ザーなどの多くの機能を有する携帯電話はスマートフォン（Smartphone）と

呼ばれるようになった。スマートフォンの登場によって，携帯電話もコンピュータに類似したOSを持つようになった。このことは，OSを更新するだけで本体の機能を改善できるようになり，さらに，プログラム（アプリ）を追加することで機能を随時追加できるようになった。

3.4　グーグルのアンドロイド

　アップルのiPhoneの成功を受け，グーグル（Google）がスマートフォンのビジネスに参入した。アップルがアイフォンを発表した2007年の11月に，グーグルはT-Mobile，HTC，クアルコム，モトローラ，サムスンなど大手通信キャリアやメーカー，チップセットベンダーら34社で提携し，携帯電話向けOS，アンドロイド（Android）を発表した。アップルは独自のOSを持ち，自社のみで携帯電話の端末事業を進めたが，グーグルは世界の主要企業と提携して事業展開することを選んだ。しかも，アンドロイドはグーグルが占有せず，オープンソース[3]として開発され，無料で提供された。オープンソースのOSであるアンドロイドを使えば，他企業は自社でOSを開発すること必要はなく，あとは半導体チップを買い入れ，組み立てればスマートフォンを発売できるようになった。そのため，端末を開発製造するメーカーや通信キャリアなど，世界中の多くの企業がアンドロイドを採用したスマートフォンを開発，発売して市場に参入した。

　スマートフォンのOSに関するアップルとグーグルの違いは，両者の戦略，とくにビジネスモデルの違いを反映しているといえる。アップルは，ハードウェアからiOSやサービスまで独自仕様で作り上げ，スマートフォン関連のビジネス全体をコントロールし，収益を上げようとしている。アップルにとって，iOSは自社のスマートフォンのビジネス全体を支える柱であり，それを中心とした垂直統合を進め，ハードとソフトウェア，サービスといった要素を全て自

---

3 オープンソースとは，ソースコードと呼ばれるソフトウェアの要素が広く公開されている状態を指す。詳しくは第15章を参照されたい。

図表 3.5　アップルとグーグルのビジネスの比較

	通信キャリア（ドコモ等）	ハードメーカー	グーグル	アップル
サービス＆コンテンツ			■	■
ポータル＆課金システム	■			■
通信ネットワーク	■			
OS			■	■
デバイス		■		■

（出典）　夏野（2011）を元に加筆

社で囲い込むことで収益を上げようとしている。

　他方，グーグルは検索を中心に，Gmail や Google Maps，検索エンジンなどのサービスを展開し，そうしたサービスから得られる広告収入が収益の源泉である。そのため，こうしたサービスの入り口となるハードウェアや OS は多くの企業に採用してもらい，他企業の力も借り，彼らに広めてもらうほうが望ましい。複数の事業を組み合わせてビジネスを展開するグーグルにとって，OS は自社のサービスを展開する上での基盤に過ぎず，OS 自体を独占し，抱え込む必要性は低い。むしろ，OS をオープン化して多くの企業に採用してもらい，自社の検索を含むサービスの入り口を，パソコン・インターネットからモバイル・インターネットへと広げることで，情報流を太くし，広告ビジネスを拡大したいのである（図表 3.5）[4]。

---

4 これは，1980 年代のパソコン用 OS に関するアップルとマイクロソフトの競争と酷似している。アップルは垂直統合しつつ自社パソコン事業を展開し，OS を他社にライセンスしなかった。それに対し，マイクロソフトはさまざまなハードメーカーに OS をライセンス提供し，Office のような一部のアプリケーションを主たる収益源とした。結果，1990 年代にはマイクロソフトがパソコン向け OS 市場をほぼ独占し，大きな収益を獲得した（Cusumano & Selby,

3.5　アプリのビジネスとその拡大

　アップルとグーグルの間には，戦略，とくにビジネスモデルの違いはあるが，スマートフォンとそれを支える技術には重要な共通点がある。それは，携帯電話が通話の道具ではなく，パソコンと同様にプラットフォームになり得るようにOSが作られ，それを基盤とした新しい市場が立ち上げられたことである。

　スマートフォン以前の携帯電話は，たとえば，NTTドコモが採用したSymbian，auが採用したBREW，WILLCOMなどが採用したWindows MobileなどのOSがあった。だが，これらを利用するにはライセンス料が必要であった。さらに，仕様が完全には開示されておらず，ハードメーカーが何か新しい機能を実装しようとしてもOS提供側と連携しなければ実現できなかった。さらに，OSのバージョンやハードウェアに依存する要素があり，アプリの開発や実装も完全に自由とはいえなかった。これらの結果，iモードを含むモバイル・ビジネスに対応する携帯電話を開発，発売する企業は限られ，コンテンツやサービスを提供する企業も制限を受けることが多かった。

　それに対し，スマートフォンではハードウェアの性能が向上したことと，iOSやアンドロイドといったOSの仕様，そしてアップルやグーグルの戦略があり，アプリを自由に開発できるオープンな環境が作られた。アップルやグーグルが提供するアプリだけではなく，サードパーティと呼ばれる他企業もアプリを開発して提供できるようになった。ユーザは好きなアプリをダウンロードして利用する。そのアプリは，スマートフォンの機能を追加するものや，サービスへの入り口，さらにはマンガや音楽などのコンテンツを楽しむ機能を果たすものもあった。多くの企業が提供する多種多様なアプリによって，それまではバラバラだったコンテンツのビジネスが，スマートフォンを基盤とした一つの市場に統合された。結果，モバイルのビジネスも，コンテンツのビジネスも拡大したのである。たとえば，2019年における全世界のモバイルアプリの売

1995）。

上高は 730.6 億ドル，国内のモバイルアプリ売上高は，129.8 億ドルに達している（総務省『平成 30 年版　情報通信白書』）。スマートフォンを最初に発売したアップルが先行者優位を持っていたため，2012 年までは iOS が優勢であったが，その後はアンドロイド向けのアプリ・ビジネスが伸び，両者の市場規模が堅調に推移して現在に至っている[5]。

　こうしたコンテンツを含むモバイルの市場の基盤，いわゆるプラットフォームを提供したのがアップルとグーグルだったのである。アップルの場合，アプリケーションを配布するためのプラットフォームとして，アップストア（App Store）を 2008 年に開始した。iPod 向けに iTunes Music Store という音楽配信サービスをつくった後を受け，iPhone 向けにアプリケーションを配布するためにスタートしたサービスである。App Store は，スマートフォンの他，パソコンやタブレットの iPad などからアクセスできる。アンドロイド向けの同様のサービスが，グーグルが開設している Google Play だった。どちらのサービスとも，アップルやグーグルが提供するアプリの他，サードパーティが開発したアプリケーション，音楽やゲーム，映画などのコンテンツも提供している。アップルやグーグルは，OS の提供のみならず，こうしたアプリやコンテンツを配信するサービスを提供し，さらには集客と決済を担うことによって，プラットフォームとなり，市場全体に及ぶ影響力と大きな収益を獲得したのである。

　多種多様なアプリやコンテンツの市場が成立したことに加え，ビジネスのグローバル化が進んだことも大きな変化である。スマートフォン，アップルやグーグルのアプリ・マーケットが登場する以前は，海外の携帯電話にコンテンツを提供する場合，それぞれのキャリアの仕様に合わせねばならず，交渉も必要だった。だが，アップルやグーグルが管理する市場では，そうした必要がなく，これら 2 社と交渉し，技術の互換性を維持すれば，どの国や地域の企業でも参入できる。結果，アプリやコンテンツを提供する企業は，世界中に散らばっている。さらに，アップルやグーグルが，集客や決済やデジタル著作権管理（DRM：Digital Rights Management）に関わる業務を処理するため，コンテンツやアプリを提供する企業は，開発だけに専念することができる。極端にいえ

---

5 App Annie によるデータ提供。http://www.appannie.com/

ば，アプリケーションを書けるエンジニアが一人でもいれば，世界を相手にしたビジネスを立ち上げることも，大きな収益を得ることも可能になった。

　こうした世界中のコンテンツ提供企業を集めることは，アップルやグーグルにとってもメリットが大きい。スマートフォン・ユーザの多様なニーズに対して，多様なアプリの提供で応えられる。自前で作るアプリの数には限界があるが，世界中の企業がiOSやアンドロイド向けに開発をすれば，提供されるアプリやコンテンツは限界がなくなる。これが，スマートフォン向けアプリの市場が急速に成長した一因であった。さらに，アプリやコンテンツの価格は提供企業が独自に設定でき，無料で配布しても良いが，有料の場合には価格の一定比率をアップルやグーグルが受け取ることになっている。アップルとグーグルというプラットフォーム企業からすれば，サードパーティが開発したアプリの売上の一部が収入になることは，大きな利益をもたらす。スマートフォン用のOSを提供し，アプリの市場を立ち上げた2社は，新しい市場を作りあげるとともに，大きな利益と成長可能性を手にすることになったのである。

> **コラム　ゲーム・ビジネスの変化**
>
> 　携帯電話に提供されるアプリには，有料，無料のものがあるが，有料のアプリの中で人気があるジャンルがゲームである。ゲームはユーザが支払をすることが多いため，収益性が高く，ゲーム・ビジネスのプラットフォームになることを巡り，企業間の激しい競争が繰り広げられてきた。
>
> 　インターネットが登場する前の家庭用ゲーム時代には，プラットフォーム企業はゲーム機のハードウェア・メーカーだった。任天堂は1983年にファミリーコンピュータを発売し，その翌年にはサードパーティがゲームソフトの供給を始めた。任天堂自身もゲームソフトをつくったが，サードパーティによってゲームソフトのラインナップが広がり，ゲーム機の魅力が増した。その後，日本のセガ（現在は撤退）とソニー・コンピュータエンタテインメント（現 ソニー・インタラクティブエンタテインメント）が参入し，2002年にはマイクロソフトが参入し，ゲーム機のシェア争いが行われた。ゲームソフトの売れ行きはハードウェアのゲーム機の普及台数によるため，サードパーティは人気のあるゲーム機に対応したゲームソフトを開発しようとする。プラットフォーム企業は，サードパーティがゲームソフトを発売するときにライセンス料を課すことで収益を得た。そこで，できるだけサードパーティをひきつけることがプラットフォーム企業の課題となった。このように，売れるハードにサードパーティが集まり，良いソフトを開発するサードパーティを抱えたハード（ゲーム機）はさらに発展するという「ハードとソフトの好循環」を生み出すことが，プラットフォーム

競争において重要だった（淺羽，1995）。

　しかし1990年代末になると，パソコンをつかってゲームをプレイするオンラインゲームが生まれ，異なるプラットフォーム企業間の競争が始まった。汎用のハードウェアであるパソコンと，インターネットを組み合わせることで，ゲーム専用のハードウェアは必須ではなくなり，ハードウェアを提供する企業からインターネット上の集客と決済を提供する企業へとプラットフォームの担い手が変わった。

　数十に及ぶオンラインゲームを集めたゲーム専用のサイトをゲームポータルと呼ぶ。ゲームポータルは2000年前半にスタートした。ゲームポータルは，ゲームを提供するだけではなく，日記やブログ，メッセージやSNSなど，ゲームを通じて知り合った友達との交流のための機能を備えていた。ゲームポータル企業は，自らゲームを開発して配信するだけでなく，サードパーティを集めて数多くのゲームのラインアップを揃えた。サードパーティから見ると，ゲームポータルに手数料を支払うことで集客と決済を行ってくれるので，ゲームを提供する上で有用であった。

　パソコン向けのゲームポータルと同時期に，iモードのサービスが始まり，携帯電話向けのゲーム・ビジネスも立ち上がった。フィーチャーフォンの時代，最初にプラットフォームの機能を果たしたのは，NTTドコモなどのキャリアが運営する公式メニューだった。キャリアは集客と決済サービスを行い，10%程度の手数料を得ていた。公式メニューは携帯電話を開いて最初に表れるトップページだったので，コンテンツ・プロバイダーの顧客獲得を容易にした。ゲームのアプリの代金を集めることは手間が掛かる小口決済であったがキャリアが担ってくれれば業務負担が減った。

　キャリアの公式メニューに載ることは，集客と決済の面でメリットが大きかったが，同時に，キャリアの審査を受けなければいけないという課題もあった。他方，勝手サイトと呼ばれた公式ではないものは，自前で広告宣伝をして集客をし，ユーザからの料金徴収も自らが手掛ける必要があったが，キャリアの審査を受けなくてもアプリを提供し，サービスを開始できるメリットがあった。こうした状況の中で，勝手サイトとして携帯電話向けのゲームポータルを提供し，急成長したのがディーエヌエー（DeNA）とグリー（GREE）であった。

　ディーエヌエーはモバゲー・タウン（後，Mobage）というサイトを運営し，広告を積極的に打って「無料でゲームができる」ことをアピールし，集客に成功した。さらに，モバゲー・タウンは勝手サイトであることを活かし，公式サイトでは認められない広告バナーをゲームポータル内に設置することで広告収入を獲得し，それを原資に無料ゲームを提供した。その後，独自の決済システムを導入し，ユーザへの課金を行う有料ゲームのビジネスモデルも取り込んだ。2009年には自社開発のゲームだけでなくサードパーティからのゲームを募集し，本格的なゲームのプラットフォームとなった。パソコンのSNSを運営していたグリーも同様のビジネスモデルで携帯電話向けゲームポータルのビジネスに参入し，2つの企業の競争の中で，日本の携帯電話向けゲームのビジネスが成長していった。ディーエヌエーとグリーの強みは，プラットフォーム企業としてコンテンツ・プロバイダーから一定比率の手数料収入を得る他，

自社でゲーム開発を行っていたことだった。

　ただし，ディーエヌエーとグリーの成功は，日本のフィーチャーフォン向けゲームに限られていた。スマートフォンの登場は，ゲームのビジネス，ゲームのプラットフォームの競争にも影響を及ぼした。アップルやグーグルがアプリのマーケットを開設し，世界展開した結果，ゲームを提供する企業は，スマートフォンの OS を握る 2 社──アップルとグーグル──に手数料を支払い，ゲーム・ビジネスを展開するようになった。任天堂などの家庭用ゲーム機の企業からパソコン向けのゲームポータルへ，フィーチャーフォンのゲームポータルを経て，スマートフォンの OS 提供企業へと，ゲームのプラットフォームは変化し，異業種からの参入やベンチャーの登場を交えながら，大きく変化してきている（石川，2008；野島，2008；Isaacson, 2011；夏野，2011）。

演 習 問 題

　3.1　ビジネスを展開する上で，PC などを利用した固定網を使う場合と，携帯電話などの移動体通信網を使う場合では，どのような違いがあるだろうか。自分の利用場面を想定して，ビジネスの違いを考えてみよう。

Ⅱ

基 礎 編

第4章

経営情報システムと経営戦略論

　1980年代までの情報技術と経営との関わりは，一言でいうと「経営の効率を上げるため」にあった。しかし，1980年代に入り経営戦略の議論が盛んになると同時に，情報システムの位置づけも単なる効率化から，競争優位を得るための重要な手段として変わっていくことになる。本章では，経営情報システムと経営戦略との関わりについて考えていこう。

○KEY WORDS○
経営戦略，差別化戦略，コスト・リーダーシップ戦略，
戦略的情報システム

4.1　経営戦略論の発展——3つの基本戦略

　経営戦略論の基礎を築いたポーター（Michael Porter）は，その著書『競争の戦略』と『競争優位の戦略』において競争戦略の基本フレームワークを提示している（Porter, 1980, 1985）。

　ポーターは，業界で平均以上の業績をあげるための競争優位の源泉として「低コスト」と「差別化」とを挙げ，それに二種類の戦略ターゲットの幅を組み合わせて基本戦略を類型化した（図表4.1）。そして，図表の各セルについて，①コスト・リーダーシップ戦略（低コスト優位で広い範囲），②差別化戦略（差別化優位で広い範囲），③集中戦略（狭い範囲での優位性）と名づけた。

　まず，コスト・リーダーシップ戦略とは，業界内で最低コストを実現することに，会社のあらゆる経営資源を集中させ努力するという戦略である。つまり，業界競争が激化して市場価格の低下がおきても，低コスト体質を確立していればそれに耐えることができる。あるいは，市場価格の決定権を握り，意図的に価格競争を引き起こしてライバルを振り落とし，マーケットシェア拡大を目指すこともできるという訳である。

　一方の差別化戦略とは，安い価格以上の価値を提供する特異性を持つことで，他社に優位を持つという戦略である。具体的には，製品の品質・サービス・ブランドなどにおいて他社から抜き出ることに，会社の経営資源を投下する。ただし差別化とは，単に他社と異質であることを意味するわけではなく，買い手がその価値を認めプラスアルファの価格でも購入しても良いと思えるもの（価格プレミアム）を提供することである。差別化を実行するためには，原材料を良質なものに厳選する，高い研究開発投資を行う，広告宣伝によってブランドを形成するなど，コストが余計にかかるものである。こうした追加コスト以上の収益を実現する方法を考えるのである。

　最後に，集中戦略とは，ターゲットとなる市場を狭めることによって，一般的な市場とは異なるニーズを持つ特定の市場に対応し，他社にはない優位性を確保する戦略である。具体的には特定の顧客層，特定の商品，特定の地域に限

図表 4.1　ポーターの３つの基本戦略

競争優位

他社より低いコスト　　　　　　　差別化

		他社より低いコスト	差別化
戦略ターゲットの幅	広い	1. コスト・リーダーシップ	2. 差別化
	狭い	3A. コスト集中	3B. 差別化集中

（出典）　ポーター，M.E.（土岐坤・中辻萬治・服部照夫訳）（1995）『［新訂］
　　　　　競争の戦略』ダイヤモンド社，61 頁より作成

定して，経営資源を投下する。集中戦略は，さらに限定されたセグメントにおいて低コスト化を行うコスト集中戦略と，限定されたセグメントで差別化を行う差別化集中戦略とに分けられる。

　ポーターは，「企業は，長期にわたって追及しようと意図する競争優位のタイプを選択しなければならない」「万人向きというのは，平平凡凡たる戦略，したがって，平均以下の業績しかもたらさない処方箋である」と述べ，戦略的選択の重要性を強調した（Porter, 1985）。

　このように，選択を基礎におくポーターの理論は，「ポジショニング・アプローチ」といわれる。ここでの前提となるのは，ヒト・カネ・モノといった経営資源の有限性とトレードオフである。まず，有限で貴重な資源をどのように割り振るかによって，前述のように企業のポジショニング，すなわち企業による違い，「どこに身を置くのか」が決まる。そのうえで，差別化にはコストがかかることから，低コスト化とは究極的に相反する，つまりトレードオフであると考えるのである。

4.2 経営情報システムと戦略

このポーターの基本戦略において，特に，差別化戦略，コスト・リーダーシップ戦略の2つの戦略は，情報技術を効果的に活用することによって一時的な競争優位を獲得し，さらに持続的な競争優位を築き上げることにつながる。

以下では，差別化戦略とコスト・リーダーシップ戦略を実行するにあたって，情報システムの支援により成功した具体例である，GEとデルを詳しく説明することにしよう[1]。

○ 差 別 化 戦 略

〈GEの遠隔管理システム〉

情報技術を用いた差別化の先駆者として，高収益を確保し続けるための仕組みを確立した企業として有名なのがGE（General Electric，以下GE）である。

GEは，遠隔モニタリング（監視）・システムを開発し，自社製品を常時，同社の集中モニタリング・センターから遠隔で保守・点検するサービスを展開することで，他社製品との差別化を図り，高収益を確保することに成功した。

同社のこうした取り組みは，1995年に高額の医療機器の保守・点検サービスで始まり，その後1990年代末頃までには，航空機エンジンや発電所のタービン，機関車など，他の多くの製品分野に展開されていった。

たとえば，CTスキャナーやMRIといった高額の医療機器を例にとると，従来は，トラブルが起きると顧客である医療機関（病院）がGEに連絡し，同社から現場にメンテナンスのエンジニアが派遣されていた。

しかしこのやり方では，エンジニアが現場に到着するまでに時間がかかり，その後の修理にもかなりの時間がかかっていた。トラブルの原因次第では，現場に派遣されたエンジニアの手に余ったり，あるいは，持参した部品や工具で

---

1 本節は，近能・高井（2010）『コアテキスト・イノベーションマネジメント』の第12章をもとに記述している。

は修理できず，二度手間になってしまったりといった事態も生じていた。このように，修理に時間がかかればかかるほど，その間は当該医療機器の稼働がストップしたままとなるため，病院に相当な機会ロスが生じていた。

しかし，遠隔モニタリング・システムを介した新しいやり方では，GEのコンピュータやオペレーターは，1年365日，1日24時間無休で，取り付けられたセンサーなどから送られてくる情報を通じて，当該医療機器のモニタリングを行うようになった。

GEの集中モニタリング・センターは，将来のトラブルに結びつきそうな兆候が見られた段階で，機器自身が自動的に保守を行うような信号を送ったり，顧客に対して保守・点検を促すアラームを発した。また，万が一トラブルが生じた際には，集中モニタリング・センターにいるGEのオペレーターが，顧客が現場で見ているのと同じ画面を見ながら，復旧のための方法を教えた。そして，こうした遠隔誘導では対応できない場合に限り，GEから現場にメンテナンスのエンジニアが派遣されたのである。

このような遠隔モニタリングのサービスによって，病院は高額な医療機器の稼働ストップ時間を最小化することができるので，そのメリットには非常に大きいものがあった。さらにGEは，自らの低い資金調達コストを活かせる金融リース業と組み合わせ，病院がこうした高額な医療機器を導入するにあたってのファイナンスのサービスも提供した。病院にとっては，GEのグループ会社が低コストで資金を提供してくれるのであれば，銀行やリース会社とわざわざ交渉するための面倒な手間を省くことができて便利だった。

こうしてGEは，顧客である病院に対して，「医療機器メーカー，保守アウトソーシング先，ファイナンス提供先」という3つの役割を1社ですべて提供するという独自のビジネスシステムを作り上げ，付随サービスで他社と差別化を図った。これによって顧客である病院は，多額の初期投資を負担せずに，毎月のリース費用を支払うだけで，メンテナンスについても心配することなく，高額な医療機器を利用することが可能になったのである。

一方のGEの側では，医療機器というモノを売った収入だけでなく，これまで他のプレイヤーの手にわたっていた保守メンテナンスの収入やリース金融の収入も得ることができるようになった。

　また，保守サービスを通じて医療機器の故障に関するデータを入手し，これを活かして故障率の低い製品の開発につなげることもできるようになり，この結果，保守サービス事業の利益率がますます高くなるという好循環が実現された。さらにまた，保守サービスを通じて得た当該医療機器の稼働状況についての情報や，リース申請の際に得た当該病院の経営状況についての情報を活かし，効果的な販売促進活動に結びつけていくことも可能になったのである。

○　コスト・リーダーシップ戦略

〈コスト優位の確立を目指したビジネスシステム：デルの事例〉

　デル・コンピュータ（Dell Computer，以下デル）は，「ダイレクト・モデル」と呼ばれる独創的なビジネスシステムによって，非常に競争の激しい PC（パソコン）業界において，1990 年代半ば頃から 10 年以上にわたって高業績を維持し続けた。以下，コスト優位のビジネスシステムの典型例として，同社のビジネスシステムについて紹介していこう（Dell with Fredman, 1999；近能・高井，2010）。

　デルのダイレクト・モデルの第一の特徴は，「直接販売」である。

　従来の PC 業界では，卸売業者や小売店などの流通チャネルを通じて最終顧客への販売を行っていた。これに対してデルは，自社が最終顧客から直接注文を受け，直接に販売するという方式を採用した。従来のやり方では，中間の流通業者の利ざやが小売価格の約 1/4 にも達していたが，デルは直接販売によって彼らを中抜きし，支払っていた利ざやを排除することで，その分だけ小売価格を下げることに成功した。

　また，従来のやり方では，流通チャネルに中間の流通業者が数多く介在していため，その分，PC メーカーが市場の動向（たとえば売れ筋商品の変化や顧客の値ごろ感の変化など）を迅速かつ正確に把握することが難しいという問題があった。しかし，デルでは，直接販売方式を採用することによって，どの顧客が，いつ，どのような仕様の商品を，何個注文したのかを直接に把握し，そうした「鮮度の高い情報」（PC 市場で現在リアルタイムに起こっている動き）を次の製品開発や販売促進活動に反映させることができるようになった。

さらに，デルは，サポート・サービスも基本的に自社で直接に提供するようにした。24時間いつでも対応できるテクニカル・サポートスタッフを大量に配置して，製品出荷の後で顧客がトラブルのためにeメールや電話で問い合わせてきたときには，一次サポートをそのままeメールや電話で提供するといった具合に対応した結果，10件の問い合わせのうち9件は，この方法によって問題解決できるようになった。さらに加えて，それでもトラブルが解決しないときのために，サポート・サービスを提供する企業と契約を結び，そのスタッフを顧客のもとに派遣して対応させる体制を組んだ。

このように，故障などの情報が直接にデルのもとに届くような仕組みを作り上げることを通じて，壊れやすい部品は何か，どうすれば壊れにくくなるのか，顧客のもとでいま現在問題になっていることは何であるのかといったことを直接に把握できるようになり，そうした情報を次の製品開発や販売促進活動に反映させることができるようになったである。

デルのダイレクト・モデルの第二の特徴は，「受注生産（Build to order：BTO」である。従来のPC業界では，事前に需要を予測して見込み生産を行っていたが，デルでは，顧客の注文を受けてからPC本体の生産にとりかかる方式を採用した。2000年頃の実際の生産プロセスは，おおむね次のようなものだった。

デルから購入する場合，顧客は，自らのニーズに合わせてPCの主要部品の組合せをカスタマイズすることができた。顧客の注文は，電話やFAX，インターネットを通じて，デルの営業部門に送られた。顧客からの注文を受けとると，デルの営業部門はすぐさま注文内容を適切な生産拠点に電子的に転送した。

生産拠点ではその注文に合わせた部品リストを自動的に作成し，PC1台分の部品をピッキングし，すべて1つの箱にまとめた。箱にはバーコードが取りつけられ，組み立てられるPCはこのバーコードによって注文番号とリンクづけされた。

組み立ては5人1組のチームで，セル生産方式で行われた。組み立てが完了すると，今度は顧客が指定したソフトウェアがインストールされ，最終検査が行われた。それが終わると，キーボード，マウスなどの周辺機器や，マニュアル類などとともに梱包され，ただちに出荷エリアに送られて，フェデラル・エ

クスプレスなどの配送業者によって顧客のもとへと順次発送された。その結果，受注から発送に至るまでに要した時間はわずか36時間であった。この際，フェデラル・エクスプレスなどは，デルに代わって第三者（third party）としてもっとも効率的な物流システムの構築を行い，実行したことも特徴である（3PL：third party logistics）。

　第三の特徴は，「部品のジャスト・イン・タイム（Just-In-Time）JIT調達」である。従来のPC業界では，上で述べたように事前に需要を予測して見込み生産を行っていたが，部品の調達もこれに合わせて見込みで行っていた。これに対してデルは，部品の調達も，基本的には顧客の注文を受けてから行う方式を採用したのである。

　たとえば，同社のオースティン工場を例にとると，1992年には204社の部品メーカーと取引していたのを，1990年代の後半には47社にまで絞り込み，1社当たりの部品購入量を増やした上で，この残った47社に対して自社の組立工場から15分以内のところに工場や倉庫を設置するように指導した。

　さらにデルは，部品メーカーとの間に情報ネットワークを構築し，納入すべき部品の情報をオンラインで1時間ごとに伝えるだけでなく，将来的な需要見通しや部品調達計画についても随時開示するようにした。

　部品メーカーとしては，デルの部品調達量が非常に大きく，また直接販売を行うデルだからこそ持っている「鮮度の良い情報」が，自社部品の需要予測を行うにあたって非常に価値あるものであったため，デルの厳しい要請を受け入れた。その結果，一般的なPC企業の部品在庫が75日から100日分だったのに対して，デルでは13日分にまで圧縮することに成功したのである。

　デルのダイレクト・モデルの第四の，そして最も重要な特徴は，「無在庫」である。

　PC業界においては，3か月ごとに新製品が発売され，そのたびに旧モデルの製品の価格は大幅に下落するため，在庫リスクが非常に大きく，さらには，部品業界では技術革新が旺盛で競争が極めて激しかったため，部品の価格が猛烈なスピードで下落していた。たとえば，1998年8月とその1年後の99年8月の価格を比べると，インテルのペンティアムⅡ 400MHZのプロセッサの価格は約1/9に，そして4GBのハードディスクやDRAMの価格はほぼ半分に，

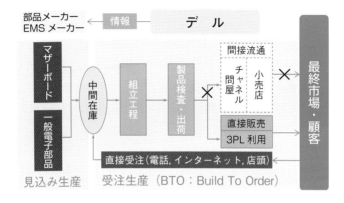

図表 4.2　デルのダイレクト・モデル

（出典）　デル・コンピュータ WEB ページを元に作成

それぞれ値下がりしていた。

　しかし，従来の PC 業界では見込み生産を行い，部品の調達も見込みで行い，中間の流通業者を数多く介在させて販売していたため，全体ではどうしてもかなり大きな製品在庫と部品在庫を抱えざるを得なくなっていた。

　これに対してデルは，実際に注文を受けてから組み立てるので，PC の最終製品在庫は基本的に一切持たずに済んだ。また，中間の流通業者を中抜きすることで流通在庫も排除し，さらには，他社と違って見込みで部品を調達する必要もなく，その分だけ価格が落ちたタイミングで，他社よりも安く部品を調達できた。

　そしてデルは，こうした在庫費用や部品調達費用の節約分をそのまま製品販売価格の低下に反映させることで，さらにシェアを伸ばすことに成功したのである（図表 4.2）。

4.3 SIS（戦略的情報システム）の誕生

　後の第5章で詳しく説明するが，情報技術と経営の関係は時代とともに変化していく。ここで大きな転換点となったのが，本章の第1節で説明した経営戦略論の誕生である。この影響をうけ，SISというパースペクティブが急速に普及すると，上手く取り入れ，飛躍的な成長を遂げる企業が注目されるようになった。

　ここでは，ワイズマン（Charles M. Wiseman）のSISの考え方を採り上げて，経営戦略論の発展がいかに戦略的情報システムの考え方に影響したのかという点について見ていこう。

◯　戦略的情報システムと慣習的パースペクティブ

　企業が競争的な市場において優位に立つのに役立つような情報システムのことを，戦略的情報システム（SIS：Strategic Information Systems）という。

　「戦略的情報システム」とはいうものの，戦略専用のコンピュータがあるわけではなく，情報システムのハードウェア構成は従来と変わらない。SISのいう「戦略的」とは，情報システムの利用方法（パースペクティブ）の違いを示している。SISを提唱したワイズマンは，1970年代の企業におけるコンピュータ活用の実例を集めているうちに，従来とは違う動きに気づいた。そして，この情報システムが企業間の競争関係に影響している新たな動きをSISと名づけた（Wiseman, 1988）。

　旧来の情報システムの利用方法は「慣習的パースペクティブ」と呼ばれる。1960年代にデータ処理が始まって以来，情報システムの利用機会について支配的であった考えは，①基本的なプロセスを自動化すること，もしくは②意思決定のための情報を得ることであり，それぞれ具体的には経営情報システム（MIS）と経営支援システム（MSS）が対応した。

　MISの領域は，基本的にはプロセスの自動化である。一方MSSは，経営者

図表 4.3　慣習的パースペクティブと戦略的パースペクティブ

慣習的パースペクティブ	戦略的パースペクティブ
・1970 年代までの MIS や DSS の時代 ・事務処理や意思決定を効率的にすることでコストを削減する目的	・1980 年代以降の SIS の時代 ・ライバル企業にはない優位性をもつことで売上を向上させたり，あるいは今までにはない新しい市場を開拓する目的

および専門職のプラニングとコントロールのための意思決定を支えることを目的とした。MSS はさらに，意思決定支援システム（DSS）とエグゼクティブ情報システム（EIS：Executive Information Systems）の 2 つに区分される（詳しくは第 5 章参照）。

　一言でいうと，「慣習的パースペクティブ」では，事務処理や意思決定を効率的にすることでコストを削減することを目的としていた。それに対して「戦略的パースペクティブ」では，ライバル企業にはない優位性を持つことで売上を向上させたり，あるいはいままでにはない新しい市場を開拓するなど，コスト削減よりも売上拡大という意味合いを重視した（図表 4.3）。

　売上拡大という積極的な戦略展開に情報システムを用いるようになると，情報化投資の評価にも変化が生じることになる。コスト削減目的から投資効果を考えるのであれば，高額なコンピュータに見合った経費削減効果が事前に見積もられなければならない。しかし，戦略的に用いて新市場・ビジネスを開拓する場合，その投資効果を一つの尺度で測ることは難しい。事前に投資効果を予測してから導入する方法ではなく，まずは情報システムを導入し，その上でそれを活かすビジネスをつくりだすという，情報システムの利用価値を帰納的に捉える見方が生まれたのである。

○ メトパス社の事例

　戦略的パースペクティブのイメージができるように，ワイズマンは著書の冒頭で簡単な事例を示している（Wiseman, 1988）。

　競争の激しい小企業分立の医療検査業界において，メトパス社（MetPath Inc.）は情報技術を戦略的に用いることで競争優位を獲得した。医療現場では，医者が患者を診察し，患者の血液などの標本はメトパス社のような検査所に送られる。当然ながら医療において検査は，正確で素早いことが望まれるが，実際には検査自体はどの検査所が行っても品質は変わらず，その価格だけが勝負となった。そこで，値引き競争が繰り広げられた結果，検査会社の収益性は圧迫されていった。

　このような状況でメトパス社は，病院にコンピュータの端末を配布した。それらを検査所のホストコンピューターに連結してオンラインシステムを構築し，他社にはないサービスを始めた。まず，少ない月ぎめ料金で，検査結果をオンラインですぐに受け取れるようにした。次に，患者の記録をファイルするデータベースを作り，データベースにはアレルギーや病歴を登録した。これを使って医者は，処方箋を書く前に薬剤複合作用のテストができるようになった。さらには，請求書の発行といった，検査以外の業務処理のサービスを提供した。加えて忙しい医者向けに，ダウ・ジョーンズのネットワークから株式市況を簡単に引き出すサービスまで始めた。当時，個人がコンピュータを利用して株式市況をチェックする仕組みは存在しなかった。検査結果に加えて付加サービスが受けられるメトパス社の端末は，医者たちにとって魅力的であった。

　慣習的パースペクティブから分析すると，検査業務のオンライン化による取引処理の効率化（MIS），および医療診断情報を提供するオンライン・データベースの適用（MSS）の事例であると，情報システムの機能面から分類される。

　しかし，これを戦略的パースペクティブから見ることで，メトパス社が競争優位を得た理由が説明できるようになる。第一に，情報システムへの初期投資を大きくすることで，新旧のライバル社に対して障壁を築いている。当時はまだ高価であったコンピュータ端末を医師に配布することは大きな投資であり，ライバル社が追随を躊躇するものであった。第二に，どの企業が提供しても品

質が変わらなかった検査サービスを差別化して，他社と差をつけることに成功した。検査サービス自体は同じであっても，オンラインシステムによる各種情報提供で医者を自社に囲い込むことに成功した。この戦略によって，より低い価格を求めて毎年検査所を換えていた医者5人のうち1人を，メトパス社がつなぎとめたと推定されている。

○ 日本の SIS 導入：ヤマト運輸の事例

　続いて，日本における SIS を説明する事例であるヤマト運輸の宅急便について紹介しよう。ヤマト運輸は 1976 年に，小口貨物輸送に特化した宅急便を開始した。現在では個人が宅配便を利用することは当たり前になっているが，当時の個人向け宅配は郵便局の郵便小包と国鉄の国鉄小荷物だけであり，民間企業の参入は不可能と考えられていた。民間の宅配業は，大口輸送の企業向けのみで業務を行っていた。企業向けの輸送は，競争によって運賃単価は低下していたが，大量の物量を安定的に確保することができ，しかも荷受場所と届先が固定された契約も少なくなく，業務上の効率性を保つことができた。一方，個人相手の宅配便は，注文の予測ができず需要が不安定であり，一個単位の小さな荷物を毎回異なる所に届けなければならないことが，コスト高の要因であった。そのため，公的な郵便小包に匹敵する安い料金での宅配便は困難と考えられていたのである（ヤマト運輸株式会社 1991；清水 2001；小倉，1999）。

　小口輸送を実現するには，新しい作業システムを確立する必要があった。あらゆる地域から出荷される貨物を，どの地点へも所定の時間内に輸送できるルートを形成し，ムラのないサービスを提供できるよう輸送システムが必要だった。そこで，大口貨物の時代から基本的に変わっていなかった輸送システムの抜本的な見直しを，1980 年から進めた。まず，各都道府県の事業所を，ベース（運行基地），センター（集配店），デポ（集荷・受付店）と機能別に区分した。他県への輸送は，ベースからベースの運行を基本とし，そこからセンターを通して散在する届先荷主に配送された（図表 4.4）。この輸送ルートにそって，トラックの運行ダイヤが設計された。

　さらに，荷物一つひとつの情報を把握し，トラックの輸送ダイヤをコントロ

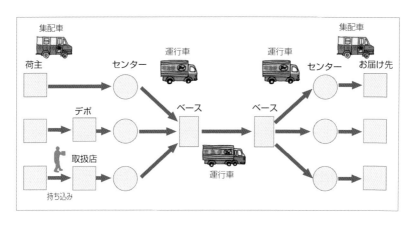

図表 4.4　宅急便システムの輸送ルートの基本パターン

集配車　　　　　　　　　　　　　　　　　　　　　　　　集配車

荷主　　　　　センター　運行車　　　　運行車　センター　お届け先

デポ　　　　　　　　　ベース　　ベース

取扱店　　　　　　　　　　　運行車

持ち込み

（出所）　ヤマトホールディングス株式会社編（2020）『ヤマトグループ 100 年史』

ールするための情報システムを構築した。1974 年には，第 1 次 NEKO システムという名の自社システムがスタートしていたが，大口貨物輸送のための事務処理の省力化が目的だったため，運賃自動計算や会計処理などがシステム化の対象となった。

　しかし，宅急便サービス開始後の 1980 年に第 2 次 NEKO システムが稼動し，営業拡大を目的とした戦略的な利用が始まった。問い合わせシステムやサービスレベル表の出力など，宅急便サービスをより完全なものにするために構築されたのである。

　宅急便が順調に増加し年間 1000 万個を数える 1978 年頃には既に，人手による事務処理や照合作業が，肉体的にも時間的にも限界に近づいていた。小口輸送では一個単位で届先が異なるので，届先情報と荷物とを一体化させる伝票が荷物に貼り付けられたが，その集計・照合・表作成は手作業であり，相当な時間と労力がかかっていた。

　そこで，伝票にバーコードを印刷し，コンピュータによる読み取りで荷物一

図表 4.5　第 2 次 NEKO システムとともに開発されたバーコード付伝票と専用端末機「NEKO-POS」（1980 年）

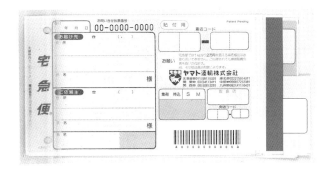

（出所）　ヤマトホールディングス株式会社編（2020）『ヤマトグループ 100 年史』

件ごとの情報をスキャンする方式が開発された。バーコードの読み取り専用端末機として NEKO-POS が開発され，事務員やドライバーに配布された。スキャンした伝票番号を基本データとして扱い，輸送作業のタイミングとコンピュータの情報処理とを同期させることが可能になり，飛躍的に効率とスピードがアップした。1981 年には，集配店からの荷物のオンライン問い合わせもできるようになった（図表 4.5）。

　こうして，膨大な事務処理を可能にする情報システムを，営業拡大という戦略的目的に用いることによって，ヤマト運輸は個人小口宅配という新しい市場

を開拓することができた（ヤマト運輸株式会社, 1991）。つまり，これまで他社には出来なかった便利で早い個人小口宅配事業を実現するということで，差別化した「戦略的パースペクティブ」で成功したといえるのである。

4.4　経営情報システムと経営戦略論

　本章では，経営情報システムの発展のなかで，経営戦略論との関わりによって，戦略的な活用が進んだことについて見てきた。第2節では，ポーターの3つの基本戦略のうち，差別化戦略ならびにコスト・リーダーシップ戦略を実行するにあたって，情報システムの支援をうけて成功した例を見た。続く第3節では，ワイズマンの戦略的パースペクティブを採りあげて，情報システムを利用し，競争優位を勝ち得るという視角と事例を見てきた。

　このような戦略的な情報システムの利用は，経営と情報通信技術との関わりをすっかり変えるものとなった。すなわち，情報システムを単なる事務処理や意思決定の効率化といったツールとしてではなく，新たな市場の開拓や差別化といった，積極的な戦略展開に直結するパートナーという発想の転換である。この変化は，その後の情報通信技術と経営の考え方を変える転換点であり，やがて来るインターネット・ビジネスの利用にもつながっていく重要なものでもあったのだ。

演 習 問 題

　4.1　経営情報システムによって競争優位を実現した事例を探してみよう。そのうえで，その事例がコスト優位によるものなのか，差別化優位によるものなのか，を検討してみよう。

第 5 章

企業経営における
コンピュータ利用の変遷

　情報通信技術の発展によって様々なことが可能になるにつれて，
経営情報システムの利活用が進歩していった。その時代でキャッチ
フレーズとともに持てはやされては消えていく「流行」に振り回さ
れずに，新しい技術をしっかり味方につけるのはなかなか難しい。
本章では，これまでの経営情報システムの発展を見ながら，その本
質を見極めることの重要性について考えていこう。

○KEY WORDS○

経営情報システム，

EDPS, MIS, DSS, SIS,

BPR, ERP

5.1　経営情報システムとその発展

　電子計算機の発明以前は，タビュレーティングマシン（パンチカードシステ
ム）と呼ばれる機械でデータ処理が行われていた。このパンチカードシステム
は，1880年代にホレリス（Herman Hollerith）が列車の乗車券から連想して発
明したもので，1890年のアメリカの国勢調査の効率化のため初めて導入された。
アメリカでは移民による急激な人口増加で，国勢調査の集計に多大な年数がか
かるようになっていたが，このシステムの導入によって集計にかかる費用も期
間も大幅に縮小でき，その目的は達成されたという。この機械の読み取りは水
銀と電気回路を使っていたものの，結果は相変わらず操作者（人間）が確認し
て集計していた。

　企業経営に電子計算機（デジタルコンピュータ）が使われるようになったの
は1950年頃からであり，その歴史は1世紀にも満たないが，急速に発展した
（図表5.1）。この間，情報通信技術の発展によって様々なことが可能になる
につれて，キャッチフレーズとともに経営情報システムの利活用が進歩してい
った。

　第2節以降では，それらの概要や特徴とあわせて，企業経営に与えた影響に
ついて見ていこう。

図表5.1　経営情報システムの発展の概念図

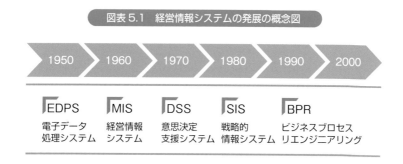

5.2　電子データ処理システム（EDPS）

◯　EDPS とは

　ビジネスでの利用が始まってコンピュータにまず求められたのは，日常業務における取引データの処理（Data Processing）であった。それまで手作業で行われていた膨大な量の計算や事務処理をコンピュータに置き換えることで，省力化ないし自動化しようというのである。

　1950 年代後半にプログラム内蔵コンピュータが登場すると，作業ごとに逐一機械化するのではなく，一連のまとまった業務の自動化が可能になった。コンピュータを使ったデータ処理システムは，電子データ処理システム（Electronic Data Processing System：EDPS）と呼ばれ，1960 年代に広がった。なかでも，当時としては小型化されたコンピュータである IBM360 が発売されると，世界中の企業から支持された。この IBM360 を皮切りに，企業に事務処理を自動化するためのシステムとしてコンピュータが普及していった（Brooks, 1995）。

◯　EDPS の特徴と評価

　EDPS の対象になった業務は，会計システムを筆頭に，給与計算システム（給与や年末調整などの計算），販売システム（売上集計，請求書発行，売掛金管理など）といった，どの企業にも共通する業務である。これらの業務は，日常的に大量のデータを処理する必要があるため，コンピュータ化による省力化が進んだ。

　EDPS において会計が先だってシステム化されたのは，どの企業にも共通する業務であり，また簿記という共通ルールにのっとって処理されるので機械化がしやすいからである。しかも，膨大な量の書類（帳票）を相手にするため，手作業では大きな負担がかかっており機械化のニーズが大きかった。

　会計業務は，仕訳帳から元帳，補助簿，そして最終的な財務諸表へと，何度も転記が必要であり，手作業ではミスが生じる膨大な作業量である。これをコンピュータ化すれば，一度入力した仕訳データを，総勘定元帳ファイルや補助簿ファイルに自動的にデータを複製したり再集計したりすることができる。たとえば，前述の仕訳のデータを一度入力すると，その後は預金出納帳に預金の減少高が反映され，総勘定元帳にも預金と交通費のデータが更新される。つまり，公表する財務諸表を作成するには，月次試算表から人間の判断や確認が必要となっていたが，コンピュータ化により月次試算表作成までシステム化することができるのである。

　このようにして導入が進んだ EDPS は，会計業務を初めとした定型的な作業（業務処理）の効率化で成功したと評価されている。

> ### コラム　基幹系業務システム
>
> 　EDPS による自動化の対象業務は，コンピュータの進展と共に次第に広がっていった。EDPS が現れた当時は，会計や給与計算などルールが明確な業務に限られていたが，より広範な業務にコンピュータが利用されるようになっていった。
>
> 　会計・給与計算・人事・物流・販売管理・生産管理などは，どの企業でも普遍的に見られる基本的な業務であり企業の根幹となることから，今日では EDPS の代わりに基幹系業務システム（Enterprise System）と呼ばれることが多い。基幹系業務システムは 1980 年代から使われ始めた用語であり，企業組織における現場の日常的な業務を処理するシステムのことを意味する。後にこのシステムは，多くの企業に導入される ERP に引き継がれていった。

5.3　経営情報システム（MIS）

○　MIS とは

　前述のように 1950 年代後半から，企業へのコンピュータ導入が始まったが，この頃の情報システムの主流は EDPS であり，日常の定型業務の自動化が対

象だった。その後，企業のコンピュータ利用の新しい動きとして，1960年から1970年初頭にかけて MIS（Management Information System：経営情報システム）が，1970年代中頃から1980年代にかけて DSS（Decision Support System：意思決定支援システム）という情報化のスローガンが生まれた。

　この時代の特徴をまとめると，次の2点があげられる。第一に，非定型業務への対象の拡大である。日常の業務処理というオペレーショナル・レベルの情報システムから，マネジメント・レベルの意思決定を助ける情報システムへと，対象とする管理階層が変化した。経営管理層に必要な情報を提供するシステムである MIS，そして管理者の意思決定をサポートするための DSS は，EDPS を起源とする基幹系業務システムとは区別して情報系システムと呼ばれることもある。

　第二は，コンピュータとユーザとの距離が縮まったことである。1960年代までのコンピュータは，オペレーターしか入れないコンピューター・センターに鎮座していた。物理的にも電子的にも隔てられ，実際に業務を担当するユーザがコンピュータを操作する環境ではなかった。それがオンラインシステムの登場により，現場に設置された端末を操作することで，利用者が中央のコンピュータに指令を出すことが可能になった。次第に，各部門や各支店に端末が多数配置されるようになり，利用者が直接的にコンピュータを操作できる環境が整った。

　MIS とは「マネジメントのあらゆる階層に影響を与える経営内のすべての活動を，それらの階層に完全に知らせる」システムである（Gallagher, 1961）。経営情報システムというと，広義には企業経営に導入される情報システム全般をいうが，狭義の定義は，上記のギャラガー（James D. Gallagher）の理念のもとに1960年代初頭から1970年代初頭に巻き起こった特定のムーブメントを指す。ここでは，その後者についての議論をとりあげて見ていくこととする。

○ MIS のブーム

　MIS は，「企業の各管理階層に対してそれぞれの必要性に適応するような情報をいつでもどこにでも提供するシステム（日本生産性本部, 1968)」として，

図表 5.2　MIS の概念図

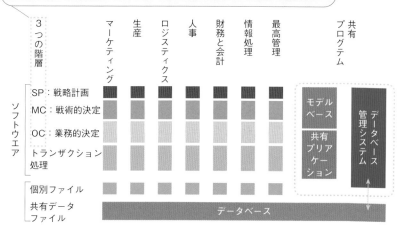

【管　理　層】：戦略的意思決定（SP）ー組織目標の設定，目標達成のための資源配分
【中間管理層】：管理的意思決定（MC）ー組織目標を達成するための資源の効果的・
　　　　　　　　　効率的獲得／具体的な計画を決定
【現場管理層】：業務的意思決定（OC）ー特定の業務を効果的・効率的に実施する

3つの階層

マーケティング　生産　ロジスティクス　人事　財務と会計　情報処理　最高管理　共有プログラム

ソフトウェア

SP：戦略計画
MC：戦術的決定
OC：業務的決定
トランザクション処理

モデルベース
共有ブリアケーション
データベース管理システム

個別ファイル
共有データファイル

データベース

（出所）　Davis（1974）を元に作成

コンピュータによる統合的な経営という理想がついに実現すると，日本企業でも大いに期待された。

　当時は，第3世代コンピュータが米国で登場した頃にあたり，集積回路の使用によってコンピュータの性能が急速に向上していた。さらに，情報通信技術の進歩によってコンピュータと通信が結合し，オンライン・リアルタイム処理システムと全社的データベース管理が可能になっていた（Davis, 1974）（図表5.2）。高性能のコンピュータとデータベース，そしてオンラインシステムを用いれば，会社中のすべての情報を格納し，どんな要求に対しても即座に応答できるシステムが可能になる。日本では1967年に，財界の指導者クラスをメンバーとしたMIS視察団が訪米したことから，その認知が広まった。

○ MIS の評価

しかし実際には理念が実現することはなく，非現実的であると批判を受けるようになり，「MIS は失敗した」という認識でブームは終わった。

MIS 失敗の理由は，この時代の技術レベルでは，定量・定性の両面を含む企業情報すべてを一元管理するデータベースシステムの実現に無理があったことにある。また，必要な情報を予め全社的なデータベースにすべて貯蔵するという発想自体が非現実的であり，技術志向の理想論から抜けられなかった。このような状況で，コンピュータへの投資が高額になる一方，期待した結果が得られないと批判された。折しもオイルショックの不況で投資効率に対する風当たりが強くなっていたという不運も重なった。

MIS が実現するには，さらにコンピュータの進化を時代の変化を待たねばならなかった。というのも，当時のホストコンピューターの集中処理を前提としたオンラインシステムでは，理念通りのデータベースシステムは不可能であったからである。また，企業の業務は定型業務の数理計算だけではなく，定性・定量問わず様々な文書を扱うという認識が足りず，本来ならば必要な非数値情報と非定型業務に対する情報システムの枠組みがなかったのである。

5.4　意思決定支援システム（DSS）

○ DSS とサイモンの意思決定理論

MIS ではその過剰な期待で一度破れた夢であったが，再び経営管理層の意思決定のための新システムが提案された。1970 年代に経営管理層の意思決定の支援を目的とする DSS が提唱され，企業の実務に導入されるようになった（Scott Morton, 1971；Keen & Scott Morton, 1978）。

前時代の EDPS が業務を自動化することを目的とした取引処理システム（TPS：Transaction Processing System）であったのに対し，DSS はコンピュー

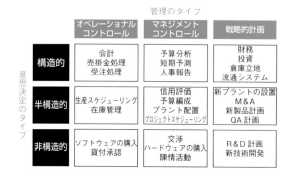

図表 5.3　企業業務の分類と DSS の適応範囲

（出所）　Gorry & Scott Morton（1971）より引用

タが人間にとって代わるのではなく「人間の意思決定をあくまでサポートする」ことが目的とされた。つまり，意思決定の判断材料となる情報や代替案を提供し，意思決定者が問題を的確に把握できるようにすることが目標とされた（Little, 1970；Keen & Scott Morton, 1978；飯島，1993）。

　TPS との違いは，適用される意思決定・業務の違いとしても表される。TPS は，サイモン（Herbert A. Simon）のいう定型業務を対象としたが，DSS はそれよりも非定型的な半構造的（semi-structured）意思決定を対象とする。ゴーリー（George A. Gorry）とスコットモートン（Michael S. Scott Morton）は，サイモンの意思決定の 2 分類「構造的・非構造的」と，アンソニー（Robert N. Anthony）の経営活動における管理階層の分類「戦略的計画・マネジメントコントロール・オペレーショナルコントロール（Operational Control）」とを組み合わせて，企業の業務を分類し DSS の適用範囲を示した（図表 5.3）（Simon, 1960, 1969；Gorry & Scott Morton, 1971）。

　これらの業務のうち半構造的な問題については，従来の MIS や経営科学的なアプローチの有効性は低く，利用者を支援する情報システムである DSS が有効であるとした。つまり，TPS が対象とした構造的な問題とは，たとえ大

規模な処理が必要であっても最適解を決めるモデルが確定しており，コンピュータの処理能力さえあれば解くことのできる問題であった。それに対して半構造的および非構造的問題では，問題の構造が曖昧であるためモデルを確定させることができない。ここで説明する DSS の適用範囲は，問題の構造にある程度の明確性がありながらも，コンピュータを使った合理的な処理に利点を認められる半構造的問題であった。

○ DSS の特徴

それでは具体的には，DSS はどのようなシステム構成を持ち，どのように使われたのだろうか。

DSS の基本機能は，対話型処理（インターフェイス）機能，データベース管理機能，モデルベース管理機能の 3 つである（図表 5.4）（Sprague & Carlson, 1982；飯島，1993；Sage, 1991）。

第一の，対話型処理機能とは，人間とコンピュータが対話しながら仕事を進めていくことをいう。それまでのコンピュータ処理は，明確にアルゴリズムを決めることのできる問題について事前にプログラムを作成し，その後にデータを入力して処理を実行するものであった。いったんプログラムが実行されると原則として途中で変更することができない。それに対して対話型処理は，人間がその都度判断を加えながら処理を行うスタイルであり，事前にアルゴリズムを確定しておかなくてもよく，随時修正が可能であることが特徴となる。

コンピュータと対話をするためには，専用のソフトウェアが組み込まれる。コンピュータに指令を与え，その処理結果を見ながら次の指令を与える。こうしたやり取りを通じて，その構造が必ずしも明確ではない半構造的な問題に柔軟に対処することができる。つまり，対話型処理のメリットは，処理の結果を逐一確認することで，問題に対する意思決定者の理解を徐々に深めていくことができる点にある。対話型処理は，指令に対して逐次応答するシステム構成が必要となるので，リアルタイムシステムが用いられることが多い。

第二の構成要素はデータベース管理機能である。データベースとはデータの集まりであり，ハードディスクなどの二次記憶装置に保存される。記憶装置と

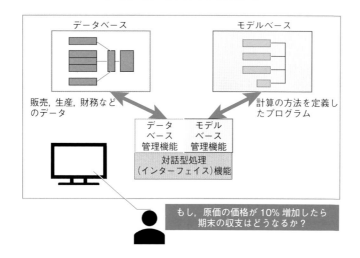

図表 5.4　DSS の基本機能

（出所）　Sprague & Carlson（1982）を元に作成

いう意味ではデータベースもファイルも同じではあるが，ファイルはコンピュータ上にデータを保持する単なる単位であるのに対し，データベースはデータの定義や論理構造をともに持つことで整理・統合された形でデータを保持する機能を持つ。

　データベース管理機能の利点は，データの登録・抹消・操作を，大量のデータに対して効率的に行うことができる仕組みにある。そして，アプリケーションとは独立的にデータを専門に管理するため，様々なソフトウェアでデータを扱うことが可能になる。

　ファイルはそれが作られたアプリケーション・ソフトでなければ，開いて使うことができない。企業には売上情報や在庫情報など，複数の職能別部門で使うべきデータがある。しかし，ファイル形式のままであると，部門によって用いられるソフトウェアが違うことでデータの共有ができなくなる。そのために重複したデータが，それぞれの部門が独自のコンピュータ・システムで作られ

るという無駄が生じる。データベースにすることでこうした重複が減るだけでなく，データの有用性を高めることもできる。たとえば2つの部門が管理するデータを照合することで，不整合や誤りを見つけることができる（島田・高原，1993）。

　第三は，モデルベース管理機能である。モデルベースは，DSSにおける分析機能となる統計分析などの定量的なモデルやシミュレーションをいう。モデルベース管理システムは，モデルの構築・修正・結合・分解・操作などを管理するソフトウェアである。このモデルベース管理システムは，データベースとモデルとを結びつける働きをする。たとえば，変数の値を様々に設定してモデルを実行させ，その結果をデータベースに戻す働きをするのである（Turban, 1990；飯島，1993）。

○ DSS の評価

　すでに述べたとおり，DSSではコンピュータが人間にとって代わるのではなく，「人間の意思決定をあくまでサポートする」ことを目的とした半構造的な意思決定を支援するシステムを目指していた。この目的に沿ったDSSは，意思決定の質の向上や，組織オペレーションの改善に貢献した，との一定の評価を得たのである。

5.5　戦略的情報システム（SIS）

○ 競争戦略論の発展と SIS

　企業が競争的な市場において優位に立つのに役立つ情報システムのことを，戦略的情報システム（SIS：Strategic Information Systems）という。

　戦略的情報システムとはいうものの戦略専用のコンピュータがあるわけではなく，情報システムのハードウェア構成は従来と変わらない。SISのいう「戦

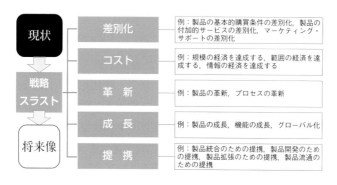

図表 5.5　SIS の概念図

（出所）　Wiseman（1988）を元に作成

略的」とは，情報システムの利用方法（パースペクティブ）の違いを示している。SIS を提唱したワイズマンは，1970 年代の企業におけるコンピュータ活用の実例を集めているうちに従来とは違う動きに気づき，情報システムが企業間の競争関係に影響しているとして，これを SIS と名づけた（Wiseman, 1988）。

　ワイズマンは，実務家である自らの観点から，企業の多様な戦略行為を差別化・コスト・革新・成長・提携の 5 つに分類して，「戦略スラスト」と名づけた（図表 5.5）。企業が競争優位を獲得するためには，この 5 つの個々の戦略スラストか，その組合せが必要であるとしたのである。ポーターの 3 つの基本戦略はそれぞれがトレードオフであるとしているため，ワイズマンは，より広く捉えているといえる。

○　SIS の特徴と事例：アメリカン航空の SABRE システム

　SIS の代表例として，アメリカン航空（American Airlines）のセイバー（SABRE）システムがあげられる。SABRE とは，コンピュータ化された座席

予約システム（CRS：Computerized Reservation Systems）である。当初は，座席予約という労働集約的な事務処理を自動化することを目的として開発されたが，SABRE が稼動するうちに，アメリカン航空が圧倒的な競争優位を持つようになり，80 年代には SIS の代名詞といわれるようになった。

SABRE 開発以前の座席予約の流れは以下のとおりである。顧客が航空機の座席を予約したいときには，まず，旅行代理店に行く。そこで，旅行代理店のスタッフは，顧客の旅行計画に沿った航空路線や時間を一つひとつ台帳で調べて，その便を運行している航空会社に電話をする。そこで席の空きや料金などを確認して顧客に伝えたとき，顧客が他社の便についても調べてほしいということであれば，さらに他社に電話をかける。そこで顧客が，やっぱり最初の航空会社の便がいいと言ったら，再度その航空会社にかけ直すことになる。しかし，その際には席がすでに埋まってしまっていて，またやり直しということも日常茶飯事であった。このように，旅行代理店では航空券の予約は非常に手間と時間がかかる作業だった。

一方の，航空会社であるアメリカン航空の社内でも，増え続けるフライトに予約システムが対応ができておらず，ミスが実に 1 割近くも起きていた。そこで，新しい予約座席システムの検討を始めることになったのである。

1960 年から 1963 年にかけて SABRE システムは順次導入されていったが，当時の民間のコンピュータ化事業としては最大規模のものだったという。そのシステムは米国中の 50 の都市にある約 1100 箇所の代理店の端末に，全長 1 万マイルの電話線を通してつなげられた。1 年間に 1000 万人近い乗客予約をする能力を持ち，実際に 1 日あたり 8 万 5 千回の電話通話，3 万件の料金引き合い，4 万人の座席予約，3 万件の他の航空会社とのやりとり，そして 2 万枚の搭乗券の販売が行われた。ほとんどの取引は 3 秒で処理できたという。

しかし，こうした処理の速さよりも重要だったのは，このシステムが予約サービスの内容を劇的に向上させたことである（図表 5.6）。座席情報だけでなく，電話番号，食事に関する特別な注意事項，ホテルや自動車の予約など，乗客に関する記録は常に更新され，いつでもアクセスできるようになった。まもなくこのシステムは，予約業務だけでなく，飛行計画，整備報告，乗務日程計画，燃料管理，貨物輸送，そして航空会社の事業運営全体に急速に広がってい

図表 5.6　SABRE システム

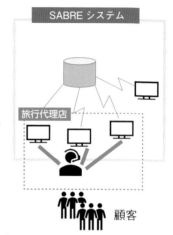

■旅行代理店では，社員が台帳を調べたり，アメリカン航空に電話するなどして，顧客の移動手段を確保
■個別の航空会社とやりとりするため，非常に時間・手間がかかる

◆アメリカン航空社内の座席予約システムを改良し，旅行代理店に開放
◆アメリカン航空以外の，全航空便の座席予約が可能。
◆ただし，空席はアメリカン航空から表示される

った。

　SABRE が「戦略的」と呼ばれる理由は，旅行代理店にリースされた端末の表示方法にあった。便名を検索して表示される最初の画面には，最短の経路でも最も安い経路でもなく，「アメリカン航空の経路」が表示された。多忙な旅行代理店では，次のページを表示する手間をとらずに，最初に現れる便をそのまま予約することが多かった。航空券販売のコンピュータ化がすすみ，全米 2 万の旅行代理店の 8 割以上に広がると，80 年代初頭にアメリカン航空は，なんと 41％ものシェアをとるに至った。

　座席予約システムの戦略的役割は，便名表示だけではない。アメリカン航空は，端末機を通じた手数料収入という新しいビジネス領域を得たのだ。旅行代理店への端末機リース料に加えて，予約のすべてについて当時 10％の手数料

を得ただけでなく，SABRE を通じて予約をとった他社航空会社，ホテル，レンタカー会社からの手数料も入ってきた。1985 年，旅行代理店を通じてなされたホテル予約の 10%，レンタカー予約の 20%，航空座席予約の 45% を SABRE が占め，アメリカン航空の総売上 3 億 3600 万ドルに対して，手数料収入は 1 億 4300 万ドルにのぼった。航空事業よりも大きな利益を稼ぐまでに成長したのである。

　取引業務の自動化を考えるだけならば，あえてライバル企業の予約を代行するシステムにはならない。しかし，様々な会社の予約を代行することで手数料収入を得ることができる。さらには，ライバル航空会社の運賃値下げやボーナス・インセンティブなどの戦略的な動きも，SABRE システムに登録された情報からいち早く知ることができ，航空業のマーケティングにも役立てることができたのである（Campbell-Kelly & Aspray, 1996）。

5.6　ビジネス・プロセス・リエンジニアリング（BPR）

○ 経営情報システムとしての BPR

　ビジネス・プロセス・リエンジニアリング（BPR：Business Process Reengineering）とは，コスト，品質，サービス，スピードのような重大で現代的なパフォーマンス基準を劇的に改善するために，ビジネス・プロセスを根本的に考え直し，抜本的にそれをデザインし直すこと（Hammer & Champy, 1993）である（図表 5.7）。

　このように，BPR の定義には情報システムの概念は入っていないが，情報技術の支援があって初めて成り立つものであり，多くの場合は，ERP（本節コラムでの説明を参照のこと）の導入をもって業務プロセスの抜本的な改善を実現していた。したがって，情報技術と企業経営との関連として議論されることが多い。この ERP は部門を超えた全社の統合パッケージであるので，全社における業務プロセスの抜本的な改革につながると捉えられた。1990 年代後半

図表 5.7　BPR の概念

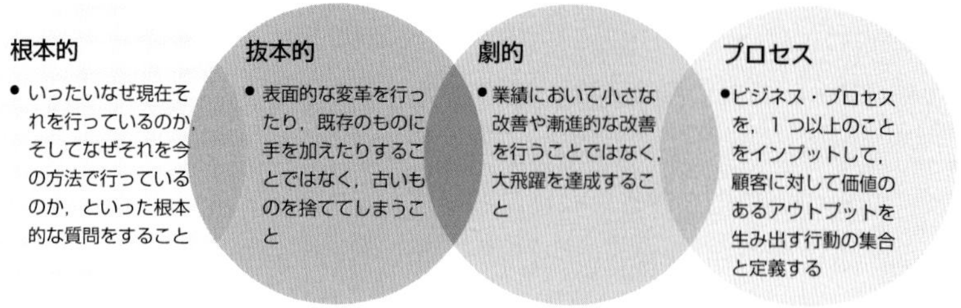

根本的
- いったいなぜ現在それを行っているのか，そしてなぜそれを今の方法で行っているのか，といった根本的な質問をすること

抜本的
- 表面的な変革を行ったり，既存のものに手を加えたりすることではなく，古いものを捨ててしまうこと

劇的
- 業績において小さな改善や漸進的な改善を行うことではなく，大飛躍を達成すること

プロセス
- ビジネス・プロセスを，1 つ以上のことをインプットして，顧客に対して価値のあるアウトプットを生み出す行動の集合と定義する

（出所）　Hammer & Champy（1993）を元に作成

には，世界中で，BPR のための情報システム構築やコンサルティングが行われ，日本でも一大ブームとなったのである。

○ BPR の事例：IBM クレジット

　実際にプロセスの改革とはどのように行われるのか，米国 IBM クレジットの例を見てみよう（図表 5.8）。IBM クレジットとは，IBM のコンピュータ販売に伴って融資を行う会社である。

　IBM クレジットの，BPR の以前のビジネス・プロセスは次のようなものであった（Hammer & Champy, 1993）。まず，IBM の現場セールスマンから融資要請の電話がかかってくると，受注部門が電話を受けてその内容を申請書類に記入し，それを上の階の信用部門に持っていく。次に，信用部門では，スペシャリストが申請書類の情報を独自のコンピュータ・システムに入力し，借り手の信用度を調査する。その結果を回覧された申請書類に記入し，ビジネス・プラクティス部門に渡す。ビジネス・プラクティス部門では，申請書類の情報を独自のコンピュータ・システムに入力し，標準ローン契約に関する特記事項を決め，申請書類に書き加え，価格担当部門に渡す。価格担当部門では，申請書類のデータをパソコンの表計算ソフトに入力して金利計算を行い，申請書類に

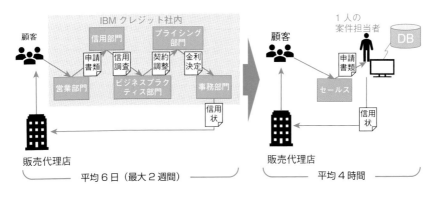

図表5.8　IBMクレジットの事例

（出所）　Hammer & Champy（1993）を元に作成

その金利を書き込み，事務部門に回す。最後に事務部門では，各部門で書き込んだ書類を現場のIBMセールスマンに宅配で送る。

　このすべてのプロセスに要する時間は平均6日もかかっていた。長すぎる処理時間を待ちきれず，顧客が他社に流れてしまうことがあり，IBM担当者からは案件の進捗について問い合わせが相次いだ。しかし，個別案件が審査のどの段階にあるか，誰も答えることができなかったのである。

　ここでIBMクレジットの行ったBPRは次の通りである。まず，すべての作業を観察すると，案件処理の実質的作業は90分であることが判明した。その他の時間は，部門から次の部門へと書類を手渡すことに費やされていたのである。また，各部門が独自のコンピュータ・システムへの入力作業を行っていることも，遅延の一因であった。

　これを踏まえて，信用調査係や価格担当者などのスペシャリストをゼネラリストに置き換えた。それまでは，最も難しい案件を処理することを想定して各部門にスペシャリストが配置していたが，実際には，ほとんどの案件が標準契約の範囲内で処理することができることがわかったからである。それは一般事務と変わりがなく，各部門で使っているツールやデータを使うことができれば，

一人でもすべてのステップを担当できるものであった。

そこで，部門横断的な案件処理用のコンピュータ・システムを新しく開発し，初めから終わりまでの全作業を案件処理担当者が一人で処理をするように，ビジネス・プロセスに変更した。これで，部門から部門への申請書類の引渡しはなくなった。また一部の難しい案件の場合にのみ，信用調査や価格担当のスペシャリストから助けを得られる形にした。

このようにビジネス・プロセスをデザインし直すことによって，処理時間を7日から4時間に縮めることができた。つまり，時間にして90%以上の削減であり，その結果，処理案件数は100倍に増えた。

○ 日本での BPR の評価

しかし実際には，日本におけるリエンジニアリングの導入は，「体の良いリストラ」のうたい文句になってしまったという見方もある。

このリエンジニアリングのブームの中で，システム導入が目的化すること，すなわちパッケージソフト信仰に陥り BPR 本来の姿が見えなくなってしまうという危険性が指摘されていた。つまり，本来の業務の見直しをせずに ERP を導入することで，現場で行われている業務と全く合わずにかえって非効率になってしまうことがあったのだ。その結果，ERP さえ入れれば BPR の効果がそのまま得られるという期待を持ちながら改革に失敗した企業も多く，やがてリストラや事業撤退に至り，結果として BPR は使えないと評されたことも少なくなかったのである。

コラム BPR の時代における ERP の意義

BPR における ERP パッケージは，基幹業務の遂行を支援し，部門間でリアルタイム情報を共有する仕組みを提供するという意義を持っていた。つまり，開発・調達・製造・配送・販売といった業務の流れにおいて，それぞれ独自に構築されてきた基幹系の情報システムを，業務の見直しと同時に統合化するという必要があった。

基幹系業務システムにおけるこうした課題を解決するために，企業全体の業務を統合して扱う ERP（Enterprise Resource Planning）というシステムが作られた。ERP は日本語では統合業務パッケージと呼ばれ，生産・販売・在庫・購買・物流・会計・

人事・給与など企業内のすべての業務を統合する情報システムである。

ERP では，企業全体の業務を統合して扱うために，同じ情報を再度システムに入力する必要がないように，「One Fact One Place」の原則を持つ。データは発生した場所でただ一回だけ記録するのである。そのデータを他部門で引き出せるような仕組みをつくるのである（ERP 研究会，1997）。

ドイツの SAP 社の R/3 は 1992 年にリリースされた世界最大のシェアを誇る ERP システムであり，多くの日本企業でも導入された。リリースの時期が BPR のブームとちょうど重なり，R/3 の導入は BPR であるともいわれるほどであった。

ERP は業務単位別にモジュール構造をとっており，導入もモジュール単位でできる。たとえば ERP の会計関連モジュールのみを導入し，残りの業務は自社システムとつないで行うこともでき，様々な業種でその企業にあった導入がなされた。

ERP はその後，様々な業種の企業に導入され，多くの企業の業務の流れを抜本的に変える支援をした。しかし，前述のとおり，ERP を導入すること＝BPR 達成という誤った考えからの導入もあり，結果として業務の改革ではなく，混乱を招いた事例もあった。

コラム　DX（デジタルトランスフォーメーション）

ここ数年，世間を賑わせている「DX（デジタルトランスフォーメーション）」は，2004 年にストルターマン（Erik Stolterman）によって提唱された概念とされる（Stolterman & Fors, 2004）。意外と昔に登場していたと感じるかもしれないが，そこでは「進化し続ける IT は，人々の生活を豊かにしていくことである」と議論されており，近年の新聞等で使われるビジネス用語の印象とはやや異なる。

このキーワードが日本で大ブームになるきっかけとなったのは，経済産業省が 2018 年 12 月に「デジタルトランスフォーメーションを推進するためのガイドライン（DX 推進ガイドライン）」をまとめたことにある（経済産業省，2018）。そのなかで DX は「企業がビジネス環境の激しい変化に対応し，データとデジタル技術を活用して，顧客や社会のニーズを基に，製品やサービス，ビジネスモデルを変革するとともに，業務そのものや，組織，プロセス，企業文化・風土を変革し，競争上の優位性を確立すること」と定義されている。これは，本章で既に説明してきた，SIS，BPR といった内容とかなり重複していることに気づくのではないだろうか。

発展し続ける ICT を味方につけるための情報収集と検討は常に続けなければならないが，経営者は，このようなブームに決して踊らされることなく，実現すべき顧客価値をより広い視野から追及し，長期的な視点でとらえる必要があるだろう。

5.1　情報技術の発展によって様々なことが可能になるにつれ，経営情報システムが発展していった。この発展の歴史について，各自で視点を設定し，それぞれの時代の利活用を整理してみよう。

5

企業経営におけるコンピュータ利用の変遷

第6章

オンラインシステムの
技術進歩，発展

　現在の企業経営の ICT 化を考える上で，通信によってコンピュータが連動するオンライン化の重要性を無視することはできない。コンピュータは 1 台ではなく，複数が組み合わせられ，通信網でつなげられることによって大きな効果を発揮する。第 4 章と第 5 章で取り上げた，企業における情報システムの高度化の背景には，コンピュータの性能向上に加えて，オンライン化の技術進歩があった。本章では，オンライン化に焦点を当てて，前の 2 つの章とは異なる角度から，情報システムの活用が企業経営に及ぼした影響を見ていこう。

○KEY WORDS○

集中システム，分散システム，標準化，企業間関係，オープン化

6.1 コンピュータのオンラインシステム化

○ オンラインシステムとは

　オンラインシステムとは，複数のコンピュータを通信回線でつないだ情報システムのことである。企業におけるオンラインシステムは，たとえば，本社と遠隔の事業所で同じシステムを使って業務を処理するときに用いられる。身近なところでは，銀行の ATM（Automated Teller Machine：現金自動預け払い機）もオンラインシステムと呼べる。個々の ATM マシンに預金者のデータが入っているのではなく，オンラインで銀行のコンピューター・センターにつなげ，入出金に関するデータの管理をしているからである。

　オンラインシステムを構築して利用することは，コンピュータを単独で利用する場合とは技術面でも，運用面でも違いがある。すなわち，コンピュータ間での情報のやりとりを制御する仕組みが必要となる。オンラインシステムに必要な仕組みは，多数の端末から同時に要求がきたときのタイミングを制御したり，共有されている同じファイルへの不用意な書き換えが起こらないように管理をしたり，故障に対して現状復帰するためのバックアップ・リカバリーの仕組みなどがある。

　世界最初のオンラインシステムは日本の国鉄（現 JR）によって作られた。国鉄はコンピュータ導入に積極的であり，1957 年には座席予約システムの研究開発のためにコンピュータを導入した。1959 年には東京と大阪に設置した UNIVAC 機を電話回線で結んでデータの送受信に成功し，1960 年にはシステムの試作品を完成させた。また，初期のオンラインシステムの中で世界的に有名なのは，1964 年の東京オリンピックのシステムであった（竹下，2010）。

○ オンラインシステムの分類：集中システムと分散システム

　オンラインシステムは，演算処理（Processing）をどこで行うかによって，

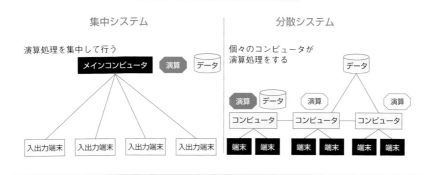

図表 6.1　情報システムの構造

集中システム

演算処理を集中して行う

メインコンピュータ　演算　データ

入出力端末　入出力端末　入出力端末　入出力端末

分散システム

個々のコンピュータが
演算処理をする

データ

演算　データ　演算　演算

コンピュータ　コンピュータ　コンピュータ

端末　端末　端末　端末　端末　端末

集中処理システムと分散処理システムに分けられる（図表6.1）。

　集中システム（Centralized System）とは，演算処理を中央のコンピュータが集中して行うシステムである。処理能力の高いコンピュータに多くの演算処理をまかせ，他のコンピュータは単にその演算処理の結果を表示するか入力するためだけの端末として位置づける。大型のコンピュータ（多くの場合はメインフレーム・コンピュータ）が，情報処理部門など特定の場所に設置され，そこでプログラムとデータが集中的に管理される。経理部や総務部など，業務にコンピュータの処理能力を使う他の部門をユーザ部門というが，ユーザ部門には情報処理部門にある中央コンピュータに指示を送るオンライン端末が設置される。かつての端末は，中央コンピュータに指示を送るキーボード入力端末と黒いスクリーンに緑色の文字が浮かぶ簡素な画面で，計算能力はなく，独立して用いることができない入出力専用の端末だった。

　それに対して分散システム（Distributed System）は，処理が複数のコンピュータで実行されるものであり，「そのユーザに対して単一で首尾一貫したシステムとして見える独立したコンピュータの集合」と定義される。集中システムの端末とは異なり，それぞれの端末が独立したコンピュータであり，各自が作業できる状態である。ただし，複数の端末をオンラインでつなげると共同作業ができる。それが全体として単一で首尾一貫したシステムとして見えるものと

して構成されていた場合，単独のコンピュータ利用とは異なるので，分散システムと呼ぶ。(Tanenbaum & Steen, 2007)

　分散システムは複数のコンピュータを配置することが前提となる。そのため，コンピュータの小型化と低価格化が実現した 1980 年代から普及した。ユーザ部門にも，独立して演算処理できる小型コンピュータが設置されるようになり，ユーザ部門で演算処理した結果はネットワークを介して会社全体で共有できるようになった。つまり，製造部門や経理部門など，業務に用いる場所にデータとプログラム，そして情報処理端末が置かれるようになった。

　集中システムの長所は，メインフレーム・コンピュータの高度な処理能力を活用できることであり，さらに集中管理によって信頼性が保たれることなどである。データが一か所に集中しているため，セキュリティやデータの一貫性を維持，管理することが容易で，処理効率も運用効率も優れている。

　反面，中央のコンピュータへの依存度が高いことはリスクでもある。システム全体が一つのコンピュータに頼っているため，システム機能の追加・変更などの要求に応じることが難しく，バックログ（開発が必要だが未着手の状態のシステム案件）の堆積が起こりやすい。また，ホストに障害が起きるとシステム全体が停止してしまうというリスクがある。さらに，メインフレーム・コンピュータの運用に専門的訓練を要することや，メインフレーム・コンピュータの費用の高さも問題であった。

　それに対して分散システムは，必要な分だけコンピュータを増設することが可能で，会社の規模や業務の場所に応じて柔軟に対応できる点が長所である。分散システムは小型のコンピュータの集まりであるため，コストが安く，システムの拡張も容易である。また，一つのコンピュータに障害が起きたとしても，システムの他のコンピュータがその機能を肩代わりすることでシステム全体を運用し続けることができる（Emery, 1987）。さらに，異なる機種のコンピュータが，プリンタやコンピュータ，データ，ファイルなどのリソースを共有し，共同作業ができるというメリットもある。

　一方，分散システムの場合，集中した管理が欠如するためにデータの保存やコンピュータの運用について足並みが揃わなくなることがある。具体的には，各部門が分権的にコンピュータを導入した結果，互換性のない，様々なメーカ

一のコンピュータが社内で利用されるようになり，コンピュータ同士の連携がとれないという不具合が生じることもある。また，コンピュータ資源が分散しているため，データ更新やシステム全体にかかわるソフトウェアの更新などの手続きが煩雑になる。

このように，集中システムと分散システムは長所と短所を併せ持っており，どちらかが常に有用な訳ではない。企業が構築するシステムを集中システムにすべきか分散システムにすべきかは，その業務の複雑さ，業務を行う部門の地理的配置によって異なってくる。こうした要因を考慮に入れてシステムを選択する必要がある。たとえば，高い計算能力や多くのデータを必要とする複雑なプログラムは，大型コンピュータが必要であり，集中システムが適合的である。また，共用データの厳密な集中管理を必要とする場合も集中システムが必要である。実際，銀行の**ATM**システムは，現在でも集中システムがとられている。反対に，業務が比較的簡単であれば，大型コンピュータ（メインフレーム）よりも小型のコンピュータを複数導入した方が費用を節約できる。また，比較的簡単な仕事の場合，能力別に専門化された小型コンピュータを割り当てた方が業務の効率化に貢献するだろう。あるいは，コンピュータを地理的にどこ（どの部門）に設置するかによっても，システムの選択は変わってくる。製造部門に生産管理コンピュータを設置するなど，実際に業務を行う人がコンピュータを運営するほうが，業務とマッチして効率的である。その場合，各部門に地理的に分散してコンピュータを設置することになる。企業組織と情報システム構成の適合が問題なのである。

このように，集中処理か分散処理かは二者択一のものではなく，個々の仕事を分析し，集中処理か分散処理かを決められていくべきだ。というのも，処理機能の分散化の程度は組織により著しく違う。最適な設計は，実施される特定のアプリケーション，活動の地理的拡がり，および組織の管理の性質を考えた複雑なトレードオフに依存する。これらの要素により，一部の企業は，多量の情報処理を中央拠点から分散させる方向に動くであろうが，他方で企業によっては，ほとんどの活動を中央拠点に保持して，主としてデータ入力と表示の責任を分散プロセッサに割り当てる方向を選ぶかもしれない。

もちろん，技術的な条件，すなわちコンピュータ性能や通信技術のレベルも

考慮する必要がある。分散システムは，コンピュータの小型化によって複数の
コンピュータを設置することが可能になった 1980 年代に普及した。さらに，
2000 年代になると，公共的な通信インフラであるインターネットが普及し，
専用線を用意しなくても容易に通信できるようになった（第 2 章参照）。さら
にインターネットの高速通信が実現すると，分散システムであっても使うプロ
グラムを個別のクライアントに置かずに，中央コンピュータに使う都度アクセ
スして使ったり，ダウンロードしたりするシステムが生まれた。すると，中央
コンピュータ側の処理が大きくなったことから，集中処理への回帰が生じたと
いう主張もでてきた。

6.2　企業間通信の標準化

○ 企業間取引のための標準化：ダウンサイジング，分散ネットワーク

　1975 年にパーソナル・コンピュータ（PC：Personal Computer）が登場す
ると，コンピュータの性能は急速に向上し，その小型化と低価格化がすすんだ。
1980 年代に顕著になったコンピュータの小型化と低価格化をダウンサイジン
グという。コンピュータの普及は加速し，職場では一人に一台のコンピュータ
が配置され，一般消費者もホビー目的でコンピュータを保有するようになった。
すると，企業は新しい課題に直面するようになった。

　第一に，個々人がコンピュータを所有するようになると，コンピュータ同士
の互換性を確保することが課題となった。それまでのメインフレーム・コンピ
ュータは他社機や他シリーズ機との互換性がなく，プログラムも機種ごとに独
自の仕様がとられていた。それでも，集中処理システム時代にはメインフレー
ムと端末が一括して導入されることが多く，ネットワークに接続されるマシン
の機種は統一されていたため，互換性の問題は表面化しなかった。だが，ダウ
ンサイジングでコンピュータが安価になると，各部門がコンピュータを導入す

るようになり，職場の各所にコンピュータが分散して配置されるようになった。しかも，各部門が別個に導入した様々なメーカーの，異なる機種のコンピュータが企業内に混在するようになった。これではデータを共有し同一プログラムを利用することができなくなる。さらに，互換性がないコンピュータをネットワーク接続するために追加的な情報システム投資が必要になり，企業の情報システムは増改築を繰り返した建物のように複雑になっていった。業務を行う上でも，データの形式などが統一されないことによる処理効率の低下が大きなコストを生じさせ，問題になった。

　第二に，ダウンサイジングによって企業の情報システムの設計思想が変化した。従来は中央にメインフレームを置いてそのコンピューター・パワーを皆で共有する集中システムをとっていたが，ダウンサイジング後は個々が所有するコンピュータを並列につなぐ分散システムへと変わった。そこで，分散システムを技術面でも，運用面でも洗練させていくことが求められるようになった。

　第三に，ダウンサイジングは企業間の取引関係を変化させた。それまでの企業間電子取引は特定の相手との通信を前提としていた。たとえば大手コンビニで使われたオンライン受発注システム（EOS：Electronic Order System）は，本部の大型コンピュータを中心に各店舗に置かれた端末をつなげた集中システムであった。本部と店舗という自社内での通信であれば，コンピュータ機種を統一できるので互換性の問題は生じなかった。また，SCM でも戦略的提携を結んだ二社間でオンラインシステムを構築したので，その専用のシステムを構築すれば良かった。しかし，不特定多数の企業との電子取引になると，各企業が個別に導入したコンピュータ間における互換性や通信可能性が問題となる。多対多の取引関係における電子取引の仕組みを構築することが，1990 年代の新しい課題になってきたのである。

コラム　パーソナル・コンピュータの思想と誕生

　パーソナル・コンピュータ（PC）とは，単に卓上における小型機を指すのではなく，個人利用に主眼を置いたコンピュータの呼称である。コンピュータが高価であり，企業や大学，政府機関などの限られた場所で，複数人で共同利用していた時代に，この概念が提唱されたのは画期的であった。

　机上に載る小型コンピュータという意味では，MIT のウェズリー・クラーク

（Wesley A. Clark）が 1962 年に開発した LINC が，パーソナル・コンピュータの元祖であるとも言われている。それに対し，個人が用いる「パーソナル・コンピュータ」という名称を公表したのは，ゼロックスのパロアルト研究所のアラン・ケイ（Alan C. Kay）の論文である（Kay, 1977）。彼は「1980 年代には，大判ノートほどの大きさで，個人として必要な情報関係の作業が，事実上すべて処理できるコンピュータを，大人でも子供でも，個人で所有できるようになるだろう」と予見し，個人のための理想のコンピュータは，ノートのように使う小型であることとし，その思想をダイナブックと名付けた。算術計算を目的として設計された当時のコンピュータとは異なり，本のように個人がメディアとして使うものになると提唱した点で画期的であった。パロアルト研究所ではダイナブック構想を実現するアルト（Alto）という実験機が開発されたが，それは商業的に普及することはなかった（Hiltzik, 1999）。

　世界初のパソコンは，1975 年 1 月に発売されたアルテア（Altair）8800 である。アルテア 8800 はニュー・メキシコ州にあるマイクロ・インスツルメンテーション・テレメトリー・システムズ（MITS：Micro Instrumentation and Telemetry Systems）が発売した。アルテアは，電子機器などに詳しいホビイスト向けのキットであったが，500 ドルを切る価格で驚異の低価格で通信販売され，話題になった。しかし，アルテアが発売されてから何か月もたたないうちに，競合会社の何十もの新機種に埋もれていった（Cambell-Kelly & Aspray, 1996；Isaacson, 2011）。

　パロアルト研究所や MITS といった黎明期のプレーヤーは主役とならなかったが，その代わりに，アップルやマイクロソフト（Microsoft），インテル（Intel）といった新しい企業が主役となり，成長を遂げた。また，日本の企業や個人もその渦中で小さくない役割を果たした（嶋，1987；2007；遠藤，1996；2016）。なによりも，多くの人々がコンピュータを手にして，自由に活用できる社会へと進んで行くことになった。

○ EDI：Electronic Data Interchange──電子データ交換

　こうした新しい課題を解決する一つの方策が EDI（Electronic Data Interchange：電子データ交換）であった。EDI とは企業間のオンラインデータ交換システムであり，主に受発注データを対象としていた。QR/ECR において企業間の取引業務を担ったオンラインシステムである（図表 6.2）。

　それまで，企業間でやりとりされる商取引情報は対面，電話，ファックスや書類の交換によって伝達された。社内業務はコンピュータにより自動化，効率化されていたのだが，企業間の取引業務については紙ベースの伝統的な方法によることが多く，コンピュータのデータから紙の伝票への出力，そして紙から

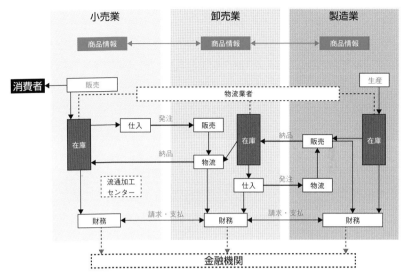

図表 6.2　サプライチェーンと EDI

小売業　　卸売業　　製造業

商品情報 ←→ 商品情報 ←→ 商品情報

消費者 ← 販売

物流業者

生産

仕入　発注　販売　　納品　販売

在庫　　在庫　　在庫

納品　　物流

流通加工
センター

仕入　発注　物流

財務　請求・支払　財務　請求・支払　財務

金融機関

←→ (太い矢印) は EDI が利用されている部分

（出所）　流通システム開発センター編（1997）『EDI の知識』日本経済新聞社，p.22

コンピュータへの入力という手間が生じていた。ここにおいて，取引先の企業のコンピュータと自社のコンピュータを通信回線で直接つなぎ，データを交換すれば，取引業務を大幅に削減することができると考えられた。

　EDI がそれ以前のオンラインシステムと違う点は，多数の企業との取引を前提に構築された点である。たとえば，先に紹介した EOS は流通業界で 1970年代後半という早くから使われたオンラインシステムであり，特定企業間だけで利用される専用のシステムであった。具体的には，チェーン展開する大規模小売店が，各店舗と本部を結ぶ専用オンラインシステムを拡張し，その取引先ともつなげたものであった。

　それに対し，EDI は既に各社が情報システムを導入済みであることを前提

としており，複数企業のコンピュータをいかにつなげるかに取り組んだ。各企業のコンピュータ同士をネットワークでつなげるためには，あらゆる機種のハードウェアや OS に対応できることが求められた。

くわえて，伝票やファイルの形式などについても標準化を進める必要があった。コンピュータが社内で利用されている限りは，ファイル形式なども社内だけのルールを定めればよかったが，複数企業間のデータ交換を目指すとなると，データの様式を統一する必要がある。取引データの様式は各企業の業務プロセスに深く関わる部分であったが，それについても標準化のための話し合いが必要とされた。様々な企業が電子取引に参加できるように業界で標準規約が取り決められたことが，EDI の特徴である。

実際の EDI の進展を見てみよう。アメリカの QR の場合，大手小売業，アパレル業者，テキスタイル業者など 40 数社が集まり，業界全体での情報技術の標準化を進めた。たとえば，取引に使用する商品コードがまちまちであったので，業界統一商品コードの UPC（Universal Product Code）を用いることに決め，その他の商品データベースや EDI を実施する際の情報伝達方法などについても標準ルールを制定した。同様に，アメリカの加工食品業界でも UCS/EDI（Uniform Communication Standard/EDI）という標準を制定した。

通信ネットワークについては，自社専用回線ではなく公共的に使える回線を用意する必要があった。EDI に用いられたのは，流通 VAN である。VAN（Value Added Network）は付加価値通信網を意味し，共同利用型のコンピュータ・ネットワークであった。複数の企業が共同利用することで運用コスト等の軽減を図ることをねらいとしており，VAN 事業者によって運営された。

なお，日本では 1983 年に電気通信事業法が施行され，自由化によって第二種電気通信事業者が数多く誕生した。これらの事業者が VAN 事業者となった。日本の主な VAN としては日用雑貨業界のプラネットや，生活用品業界のハウネットがあった。

○　電子取引における標準化の対象

かつて IBM とその互換機が世界中で圧倒的なシェアを持っていた時代があ

り，コンピュータのハードウェアと OS については当時も一定の互換性が確保されていた[1]。だが，企業間で電子取引を行うにはさらなる標準化が必要であった。具体的には，通信回線，通信をする際の手順，通信内容であるデータ構造などについて，互いに足並みを揃える必要があった。これらの要素の互換性確保，規格の標準化が，企業間でのデータの送受信の前提だったのである。

　第一に通信回線に関しては，LAN（Local Area Network）の規格が定められた。LAN には，データの伝送方式や使用するケーブルの種類などによっていくつかの規格があるが，最も普及している LAN の技術規格がイーサネット（Ethernet）である。また，イーサネットに使われる物理的なケーブルにも，伝送速度によって 10BASE-T・100BASE-TX といった規格が定められている。

　第二に，通信をする際の手順のことを通信プロトコル（Protocol）といい，その標準化が必要とされた。通信手順の標準化をイメージするために，電話の通信手順を考えてみよう。電話の場合，受信者はまず呼び出し音が鳴ってから受話器をとり，「もしもし」といって電話が通じていることを相手に伝え，その後に互いの挨拶をし，名前を名乗り，最後に会話に入るという手順になっている。これと同様のことをコンピュータ同士の通信において実現するために，手続き（プロシージャー：Procedure）と情報の構造について取り決めがなされ，規格が定められた。

　第三に，データの様式（フォーマット：Format）に関する標準が必要となった。人と人のコミュニケーションでも，あらかじめ何の言語が使われるのかわからないとコミュニケーションが成立しないように，コンピュータ同士でも送信するデータの表現方法について相互に取り決めをし，了解が成立していなければならない。たとえば，文字情報を「0 と 1」のビットに置き換えて処理し，伝えるコンピュータの場合，何桁（ビット）で区切って 1 つの文字を表現するかという文字表現の取り決めが必要である。現在は，8 ビットで区切られた ASCII コードが文字コードとして広く使われている。また，宛名が何桁にあるのか，本文が何桁目から始まるのかといった表示ルールについても，送受信者で統一する必要がある。

---

1 ただし，ハードウェアと OS に関して完全な互換性は達成されておらず，1990 年代以降も互換性を高める取り組みが続けられた。

○ EDI における標準化活動

EDI が普及する中で問題となったのが多端末現象であった（図表 6.3）。コンピュータの互換性が確立されていない状態で，電子取引を行う取引相手が増えていくと，取引相手毎に専用のコンピュータ端末を用意しなければならなくなる。こうした特定の相手のために端末を用意してゆく結果，店舗や事業所などに複数の端末が備えられる現象が多端末現象である。

この問題が顕著になったのは，メーカーと小売店の媒介となる卸売業であった。卸売企業の場合，取引先が多く，各社毎に専用端末を取り揃えなければならなかった。しかも，多端末現象はハードウェアの問題に留まらず，その上で動くソフトウェアも，データの様式もすべて異なることにも及んだ。そのため，コンピュータを操作する人員を増やしたり，彼らのトレーニングが増えたりす

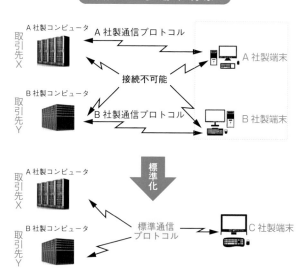

図表6.3　多端末現象

（出所）　流通システム開発センター編（1997）『EDI の知識』日本経済新聞社，p.65

るという非効率も生じた。

　こうした問題が発生したこともあり，通信プロトコルや情報のフォーマット
を統一する標準化活動が，業界全体の取り組みとして行われた。特定の相手と
の電子取引とならば，当事者間でプロトコルを定めればよく，各企業が対処す
ることができたのだが，多くの企業がコンピュータを利用して商取引の情報を
やり取りすることになったときに，多数の企業が守るべき規格を定める必要が
あった。

　規格の標準化の中心となったのは，EDI が最も普及し，他端末問題が深刻
化していた流通業界であった。1982 年に日本チェーンストア協会（JCA：Ja-
pan Chainstore Association）は，取引先との受発注業務をオンライン化するた
めに，データ交換フォーマットの標準化を行った。これを契機に，チェーンス
トアと卸売業との間の受発注の EDI が急速に普及し，1985 年から 1988 年頃
には全国各地の主要なスーパーマーケット，コンビニエンスストア，専門小売
店などが，仕入先との間の受発注に EDI を導入した。その後，1988 年頃から
各地に設立された地域流通 VAN の支援もあって，多くの卸売業や中小企業の
間でもオンライン受発注（EOS）が普及した。

　一方，卸売業と製造業との EDI については，1988 年頃から食品，菓子，日
用品，家電，玩具，文具などの業界において標準が作られた。当初は売上デー
タの交換が中心であったが，その後，受発注や請求支払，出荷や商品コードな
どのデータ交換へと標準化の対象が拡大した（流通システム開発センター，
1997）。

　さらに，EDI の対象が業界横断的となり，国際的になると，より広範な標
準化が必要となった。1988 年には，国際電子取引のための国際標準 UN/ EDI-
FACT が制定された。ただし，アメリカや日本のように既に国内に業際標準が
ある国では，国際 EDI と国内 EDI が併存し，両者が使い分けられる状況が生
じた。

○ CALS

　電子取引のための標準化は，流通業だけでなく生産管理の場でも進んだ。な

かでも，アメリカで提案された CALS は，資材調達と製造の領域における世界的な標準を獲得したいという政治的な狙いもあり，積極的に展開された。

CALS は，Continuous Acquisition and Life-cycle Support の略で，生産・調達・運用支援統合情報システムと訳される。1996 年に自動車，鉄鋼，電子機器・部品，ソフトウェア，プラント，航空機，船舶，建設，宇宙の各産業分野で実証実験が行われた。ただしこの定義は 1993 年以降のもので，当初のCALS の定義には統一されたものはなかった。CALS という略語だけ統一され，年とともに概念が拡大したというのが実情であった（図表 6.4）。

CALS の起源は，アメリカの国防総省が資材を調達する際に納入企業に採用を求めた電子取引のための標準（cals-mil）である。1985 年になると，Computer Aided Logistic Support という名称になり，本格的な標準化と普及の活動がスタートした。そのねらいは，データ標準化を進めることで業務を効率化し，経費を削減して国防費の削減に備えることであった。

1993 年には，防衛産業協会が主導して概念の拡大が行われ，Continuous Acquisition and Lifecycle Support という新しい名称になった。これは，当時流行していたプロセス改革（BPR：Business Process Re-engineering）の要素を取り込み，国防関係だけでなく産業全体に広めることを意図したものだった。国防総省内の標準であった cals-mil は，まずは防衛産業の納入企業に義務付けられ，さらに他産業の民間企業に浸透していった。民間企業への普及を促すため，CALS によるデータの標準化は BPR の効果を強化するものであるといわれ，啓蒙普及活動が行われた。その結果，事務部門のコンピュータ・システムの利用を中心とした BPR と，製造部門から全社システムを構築する CALS という対比で論じられるようになった。

CALS の具体例として，ボーイング（Boeing）の 777 旅客機の製造がある。ボーイング 777 の製造は，アメリカ，日本，イタリアの企業群が設計段階から共同で行う国際プロジェクトであった。参加企業が CALS に基づいて一個のマスター・データベースを共有することで，地域や時間の差を克服して，国際的な協働が可能になった（青島，1998）。

さらに CALS は，EDI の概念を取り込んだ標準化活動に発展した。EDI は一般商取引における受発注データであるのに対し，CALS は技術系のデータを

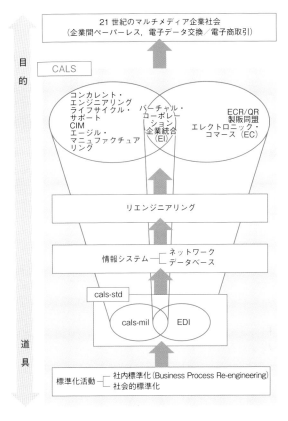

図表6.4　CALSの概念

21 世紀のマルチメディア企業社会
（企業間ペーパーレス，電子データ交換／電子商取引）

目的

CALS

コンカレント・
エンジニアリング
ライフサイクル・
サポート
CIM
エージル・
マニュファクチュア
リング

バーチャル・
コーポレー
ション
企業統合
（EI）

ECR/QR
製販同盟
エレクトロニック・
コマース（EC）

リエンジニアリング

情報システム ─┬─ ネットワーク
　　　　　　　└─ データベース

cals-std

cals-mil　　EDI

道具

標準化活動 ─┬─ 社内標準化 (Business Process Re-engineering)
　　　　　　└─ 社会的標準化

（出所）　末松千尋（1995）『CALS の世界：競争優位の最終兵器』
ダイヤモンド社，p.18

扱う電子取引と捉えられた。商務省管轄の NIST（National Institute of Standards and Technologies：標準技術局）は，EDI と CALS を統合した標準化活動を進めた（末松，1995）。

コンピュータ間のデータのやり取りを標準化し，複数のコンピュータを連動させて効率性や利便性を高めようとする動きは 2000 年代に入っても続き，さらに加速した。現在のクラウド・コンピューティングは，その発展形に位置づけられる。

必要なときに必要なものを利用できるように，ソフトウェア機能をインターネット経由でサービスとして提供することを，サース（SaaS : Software as a Service）という。そして，SaaS を実現するコンピュータ・ネットワーク環境を，クラウド・コンピューティングという。雲（クラウド）にたとえたインターネット上のサーバ群が，必要な情報を随時提供する。蛇口をひねれば水道のように，必要なソフトウェアがいつでもサービスとして利用できる環境が目指される（Carr, 2008）。

たとえば，マイクロソフトのビジネス用ソフトのオフィス（Microsoft Office）は，約 6 万円の価格がついたパッケージソフトであった。グーグルは，これと同様のソフトをインターネットで使用できるサービスを，無料で提供し始めた。表計算をしたいときなど，必要な都度インターネット経由でグーグルのサーバにアクセスし，表計算ソフトを利用することができる。つまり，ソフトウェアを自分の PC に予めインストールする必要がないのである（Cusumano, 2004）。

他にもグーグルは SaaS のサービスを提供しており，その代表例はグーグル・アナリティクス（Google Analytics）である。無料で提供されるウェブページのアクセス解析サービスであり，ユーザは自社ウェブページのログデータを自前のサーバに蓄積するのではなく，グーグルのサーバに蓄積してもらい，処理をしてもらうことができる。たとえば，どのページのアクセスが高いのかが可視化されるので，アクセスを増やすための施策を考えることができる。さらにグーグルの検索連動型広告アドワーズ（第 14 章参照）と組み合わせて使うことで，精緻なマーケティングが可能になる。どの広告キーワードで訪れた人が最終的な購買までたどり着いたかを知ることができるからである。グーグルとしては，アナリティクスを無料で提供することでアドワーズの売上を増加させるという仕組みである。

実は，クラウド・コンピューティングと類似するコンセプトは既に 1960 年代に登場していた。各自で発電設備を持つのではなく電気が電力会社から送られてくるように，コンピュータも個々人が所有する代わりに，巨大な集中型メインフレームからサービスとしてコンピューティング・パワーが送られるという構想であり，コンピューター・ユーティリティといわれた。しかし，当時の技術には限界があり，コンピューター・ユーティリティは絵に描いた餅で終わった。その後，コンピュータの進化は別の方向に向かった。集中処理オンラインシステムを進展させるよりも，コンピュータを一人一台所有するほうが経済的になったからである。ソフトウェアについても同様に，各自がパッケージを購入して自分のコンピュータにインストールするという使い方が一般的になった。

しかし 2000 年代後半になって，通信の高速化という新しい技術要件のもとで，ソ

フトウェアやデータをサーバで集中管理し，ユーザはインターネットを介して使う都度サーバにアクセスして使うという新しいスタイルが実現した。そのメリットは，ユーザはソフトウェアを所有する必要がなくなるので，ソフトウェア購入コストや管理コストが大幅に削減されることにある。

　クラウドは，企業のオンラインシステム構想を転換させるだけでなく，デジタルコンテンツの消費者行動も変えた。たとえばゲームがクラウドとして提供されると，専用のゲーム機やソフトウェアの事前準備が不要になり，いつでも思い立ったときにゲームのサービスが受けられるようになる。インターネットのブラウザーだけでプレイできるゲーム（ブラウザーゲーム）といったオンラインゲームのカテゴリーもある。こうすることで，思い立ったときにだけ利用するカジュアルユーザー層の開拓が可能になり，クラウドによるコンテンツ市場の拡大が期待されるようになった。

6.3　企業関係と企業の情報戦略

○　企業の情報戦略の変化

　分散処理と標準化は，企業の情報戦略にも変化をもたらした。SISでは，独自仕様の情報端末の配布によって顧客や取引企業を囲い込み，他社に変更（スイッチ）できない障壁をつくることが志向された。囲い込みが実現できたのは，高額の情報化投資ができる企業が限られていたからであり，高価なコンピュータの保有が企業間のパワーバランスに大きく影響した。

　ダウンサイジングによりコンピュータの所有が珍しいことではなくなると，取引先の囲い込みは事実上できなくなった。むしろ独自端末の配布は多端末現象を引き起こすとして忌避されるようになった。そこで，リーダー企業を中心とした集中処理に代わって，各社が保有するコンピュータをつなぐ分散システムが，企業間のオンラインシステムにおいても求められるようになった。

○ 企業間関係の理論

1980年代以降，コンピュータ通信の標準化活動が活発になったのは，不特定多数との取引を電子化し，効率化することが目指されたからである。企業と企業の取引関係を企業間関係という（山倉，1993）。その概形を示すと（図表6.5）のようになる。

一対一取引関係は，自社と特定の取引相手との関係性である。自社を中心に複数の取引企業との関係を示すと，一対多取引関係となる。同業他社の取引関係も視野にいれて業界全体の取引関係を示すと，多対多取引関係となる。

電子取引の効率化と一口にいっても，時代によって想定される企業間関係は異なっていた。SIS時代には，自社の大型メインフレームを中心において自社端末を取引先に広く配布する，一対多の取引関係が想定された。ECRやSCMも特定の取引先と緊密な連携をとることで連結の経済性を実現するものであり，一対一の取引関係を基本とした効率化の延長線上にあった。だが，ダウンサイジングによってコンピュータが広く普及すると，多対多取引関係を効率化の対象とすることになった。

取引関係の変化により，拠り所となる経営理論も変わった。一対一取引関係の効率性を説明する概念は，特定の取引当事者間でのみ価値を生む特殊的な投資（関係特殊的投資）である。特定の相手との関係を継続することを前提に，二社間にだけ通用する仕組みを構築し，他社を排除して競争優位を得るもので

図表6.5　企業間関係の概念図

一対一取引関係　　一対多取引関係　　多対多取引関係

ある。具体的には，専用の情報システムと通信回線を用意する，独特の業務プロセスをとる，相手企業の独特なニーズに応える専用の加工設備を導入する，専用のプロジェクトチームを組んで人材を固定化する，といった方法がある。関係特殊的投資とその理論は，取引関係や人材の囲い込みと整合的な考え方であった（Williamson, 1975；1979，1985，浅沼，1997）。

○ オープン・ネットワーク経営

それに対し，國領はこうした囲い込み型経営を批判的に検討し，多対多取引関係の効率性を求めるオープン型経営という概念を提示した（國領，1995）。オープン型経営は，他社と接触する部分であるインターフェイスを徹底的に標準化することで，様々な企業との取引を可能にし，積極的に他社の協力を得ようとする経営思想，経営理論である（図表6.6）。電子取引においては，通信プロトコルやデータ様式といったインターフェイスが標準化されれば，インターフェイス以外の部分，各社の内部システムについて独自仕様が残っていても，他社との通信が可能である。

オープン型経営の長所は，今まで結びつかなかった企業同士が従来の枠を越えて連携し，協業できるようになることである。社会全体の視点からは，要素の組み合わせによる多様性の実現，参加者の増加による大きな市場の形成が期待できる。一企業の視点に立てば，外部企業を活用することにより，自社は得意なところに力を集中できる点にメリットがある。

それに対して囲い込み型経営は，チャネルや人材の囲い込みに費用がかさむことが欠点として指摘される。また，企業環境の変化が激しくなり取引先やパートナーを頻繁に変える必要性が出てくると，従来の囲い込み構造は，IT投資および運用の面で重荷であると認識されるようになった。

実際，不況が到来すると，囲い込み型の欠点が表面化し，オープン型経営が注目されるようになった。独自仕様を貫くための負担から解放され，標準化された共通の仕組みを用いることで，安価に情報化のメリットを享受できるからである。業界でEDI標準が制定されれば，高価な情報化投資をせずに電子取引を他社と等しく享受することができる。そのため，標準化や汎用性を基軸に

図表6.6　オープン・ネットワーク経営

情報システム

集中処理型

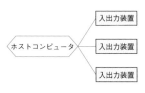

大きな固定費
囲い込み
規模の経済性

分散処理型

安価で速い
ロケーションに独立して存在
オープンなネットワーク環境

経営戦略

囲い込み型経営

人材・ベンダ・チャネル囲い込み
独自仕様インターフェイス
多角化・総合化へのプレッシャー
複雑な組織構造

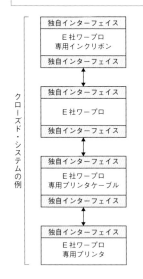

オープン型経営

自社の中核業務に資源を集中投入
外部資源の徹底利用
標準インターフェイス徹底利用
専門化・分業化
単純な組織構造

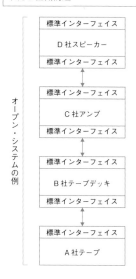

（出所）　國領二郎（1995）『オープン・ネットワーク経営：企業戦略の新潮流』日本経済新聞社，p.15，p.33，p.78 を参照して作成

した情報システムと企業経営のあり方が模索されるようになった。

　情報システム構築におけるオープン・クローズの選択は，企業間取引に用いるコンピュータやネットワーク回線について，独自性を持たせるか標準化させるかという選択と表裏一体の関係にある。クローズド型は，周辺機器とのインターフェイスを独自化し，他社製品への切り替え費用（スイッチング・コスト）を高くして，自社との取引に相手を囲い込むという戦略である。一方，オープン型では，インターフェイスを標準化し，どの取引相手とも取引ができる状況をつくりだし，その上で自社は得意な分野に特化し，自社が不得手ではあるが必要な製品や部品は他社に任せるという戦略である。

　オープン経営の思想は，情報システムや製品という物的世界に留まるものではない。仕事の業務全般にも拡張される。すなわち，仕事の手順等が明確に定義され，可能な限り標準的な方法を採用することで，他社の業務遂行を自社内のオペレーションに組み込むことが可能になる。安定的に成長している環境であればクローズド型による垂直統合は，連結の経済性と特定の取引関係による効率化（関係特殊的投資）の恩恵をうけることができた。だが，需要や環境の変化が激しくなると，取引相手（パートナー）を変えて対応しなければならず，固定的・閉鎖的な企業間関係ではかえって重荷になる。自社の得意なことに集中し，他の業務は他社に委託して，自社の経営資源を有効に使って変化と競争の激しいビジネス環境で生き残っていこうとする考え方，経営戦略がオープン型経営の真意であるといえる。

演 習 問 題

6.1　PCや携帯電話などの端末が通信網に接続するためには，どのような機器やサービスを使っているだろうか。通信網に接続するために利用している技術も含めて，調べてみよう。

第7章

流通を高度化する
情報システム

　基礎編前半の3つの章では，情報システム全般に視野を広げ，企業経営と情報システムの関係を見てきた。これからの2つの章では，企業経営の中の特定の活動や，ビジネスに焦点を当て，企業経営と情報システムの関係をより詳しく検討していく。

　まず，本章では流通情報システムについて学ぶ。流通業には大きく分けて，百貨店，スーパー，コンビニエンスストア（以下コンビニ）などの消費者への販売を行う小売と，メーカーから商品を仕入れて小売に販売する卸売（おろしうり）という中間業者がある。流通業界は，情報システム投資が盛んな業界といわれ，様々な業務に情報システムが使われている。特に食品・日用品を扱う小売や卸売は日々の業務で扱う品目数も取引量も膨大であるため，コンピュータによる効率化が強く要請されてきた。

○*KEY WORDS*○

小売と卸，流通加工，POS システム，在庫管理，
サプライチェーン・マネジメント（SCM）

7.1　流通とはなにか——流通が果たす役割

「商品」とはスーパーやコンビニの店頭に並べられた状態をいい，正確にいえば，メーカーが工場で製造した段階の「製品」とは異なる。メーカーでの製造工程が終わって製品が作られても加工が完了したわけではなく，流通という加工がさらに加えられるからである。製品はメーカー倉庫にしばらく保管され，注文が入ると卸の倉庫に輸送される。卸の物流センターでは，同じ種類の多数の製品がまとめられた状態を一つずつにばらし，小売店の注文に合わせて仕分けを行い，新たなパッケージにする。小売店に輸送されると，予め計画していた棚の位置に商品はおさめられる。ここまできて初めて，消費者が商品を棚から手にとって買える状態になる。

　このように，流通とは生産と消費との間の所有・空間・時間の隔たりを埋める諸活動のことである。バックリン（Louis P. Bucklin）は，「財の製品属性や在庫位置は，生産段階から販売段階に至る過程を通じ，継起的，段階的に消費者の望む形に変わる」と述べている（Bucklin, 1965, 1966）。その過程を図示したのが，図表7.1の流通フローである。

　流通フローは川の流れにたとえられ，製品が作られる初期段階を川上，消費者の購買時点および地点に近い段階を川下と呼ぶ。川上の製品製造は，素材メーカー，部品メーカーと組立メーカーが担う段階である。このとき在庫は，製品あるいは半製品の形でメーカーの工場や倉庫に位置している。その荷姿は，同一種類の製品あるいは半製品が一つにまとめられた形（大ロット，ケース単位）になっている。つまり，当該メーカーの製品だけが集められた品揃えの小さな状態であり，ケース単位の大ロットで保管されている。これは，メーカーが規模の経済性を追求し，安定してムラのない（平準化された），計画的な生産活動を行っていること，すなわち生産の論理を反映している。

　その下流で卸・小売が担うのが商品流通の段階である。複数メーカー製品がミックスされ，品揃えが増え，小売店に着く頃には，ケース単位から製品一個（バラ）単位に小ロット化される。このように流通フローに伴い，在庫の地理

図表 7.1　流通フローの概念

的位置と荷姿が順次変化していく。在庫の呼び名も，川上では製品，川下の流通段階では商品と変わっていく。これは，卸と小売りが需要の変動に対応する役割を担っており，消費者の需要にあわせて柔軟に，多様な商品を取りそろえ，他の小売店と品揃えでの差別化を図っていること，すなわち販売の論理を反映している。言い換えれば，流通過程を経ることで，生産の論理に則る製品が，販売の論理に則る商品へと変換されるのである。

　このような流通過程に携わる企業の活動は，商流（取引），物流，情報流の3つに分けられる。商流は，メーカー・卸・小売の企業間で行われる売買取引を指し，商品の所有権を移転させる法的な手続きをいう。物流は，ものとしての商品を物理的に移動させることである。生産地から消費地までの空間の隔たりを埋める輸送活動と，作られてから売られるまでの時間の隔たりを埋める保管活動に分けられる。情報流は，受注・発注・売上情報などの売買取引に関する情報や，在庫の保管位置といった物流に関する情報について，適切に管理統制をすることを指す。

> ### コラム　流通を巡る研究の展開とオペレーションズ・リサーチ
>
> 　これまでの流通論を概観すると，1970 年代頃までは，商流における取引条件が議論の焦点であった。メーカーと卸，小売の間の力関係によって，売買契約の取引条件は変わる。たとえば，保管や輸送の費用をより多く負担するのはどこか，売れ残りの

リスクを抱えるのはどこかといった条件である。こうした力関係を背景にした交渉や駆け引きとしての商流を説明する流通理論，流通チャネル論が生まれた（石井，1983）。

1980年代から90年代になると，物流や情報流が着目されるようになった。物流業務を理論化した物流（ロジスティック）の理論が注目され，商品の保管や加工，輸送といった業務を正確かつ効率的に行うための方法が模索された（高橋・ネオ・ロジスティクス共同研究会，1997；阿保，1998）。というのも，当時の工場では既に情報システムを導入し，現場の改善活動の効果もあって製造費用が大幅に削減されたのに対し，人の手作業が多く残る物流業務は情報化による費用削減の余地が大きいと考えられたからである。いわば，生産を担う工場の効率性と，販売を担う倉庫，輸送，店舗の効率性の間にアンバランスがあり，後者の効率性を向上させることが必要とされたのである。

流通の効率化を目指すときに，消費者の需要情報を適切に収集して分析できていれば，何が今求められているのか知ることができる。より具体的にいえば，紙で処理されていた情報を電子化することで，需要予測のための各種データを効率的に処理し，需要に関する情報や知識に変換できる。さらに，コンピューター・シミュレーションを用いて予測すれば，精度の高い需要予測が可能になる。同時に，企業間をつなぐオンラインシステムを構築し，関係する部門や企業間で需要情報を共有できるようになれば，川上と川下で足並みを揃えて生産・販売計画を策定して，変動する需要に対応することができる（矢作・小川・吉田，1993）。こうしたデータに基づく最適な受注，物流の一環をなすのが，最も効率的な，コストが少なくなる発注量の算出，すなわち，経済的発注量（EOQ：Economic Order Quantity）の算定である。

経済的発注量の計算自体はシンプルな数理モデルだが，実際には様々な要因を加えて予測式が作られ，精緻なモデルが提案されている。データに基づいて統計的，数理

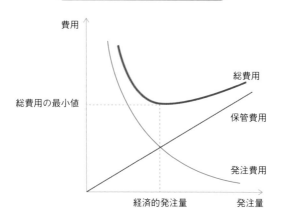

図表 7.2　経済的発注量の計算

的な計算を行い，効率的な経営上の意思決定を追求する学問分野が，オペレーションズ・リサーチ（OR：Operations Research）である。OR は，特に在庫管理や生産管理などの領域で，特定条件下での最適な解，科学的な意思決定を実現するために活用されてきた。OR 自体の歴史は古いが，コンピュータの登場によってその精度と対象範囲が拡大した。EOQ を算出する古典的な数学的手法から，シミュレーションや高度なアルゴリズムを利用した複雑なシステム分析が提案され，現在も発展を続けている。

7.2　小売店の情報システム

　小売店の業務は多様である。卸への発注と仕入れ，商品入荷および検品，値札付け，品だしや商品陳列，販売促進，レジなどの販売業務，売上集計，ちらし作り，店舗清掃・レイアウト，メーカーとのキャンペーン実施，在庫管理などを担っている。

　これらの業務に応じて，小売店には複数の情報システムが導入される。発注業務には EOS（Electronic Order System）システム，在庫管理には在庫管理システム，レジでの販売業務と売上集計をカバーする POS システム，商品陳列業務に用いるプラノグラム・システムがある。これらの情報システムについて，POS システムを活かして競争優位を構築したセブン-イレブンの事例を交えて，説明しよう。

○　セブン-イレブンの POS システム

　1973 年に設立したセブン-イレブン・ジャパンは，日本のコンビニの最大手であり，また先端的な情報システムを導入してきた企業として有名である。コンビニという新しい小売業態を実現するために，他の小売業態にくらべて情報化の必要性が高かった。

　コンビニの取扱品目は約 3～5 千点と，2～3 万アイテムを取り揃えるスーパ

ーの数分の 1 である。この少ない品目でしかも小さい店舗でありながら，敷地面積あたりの売上はスーパーやデパートを超え，その経営効率，販売効率は非常に高い。経済産業省の平成 26 年商業統計調査によれば，売場面積 1㎡ 当たり年間売上高を算出すると，コンビニエンスストアは 168 万円となり，総合スーパーの 48 万円，百貨店の 68 万円を大きく上回る。

コンビニの高い収益性は，消費者が欲しいと思う商品だけを取り揃えて集客し，欲しい商品を手軽に買えることをアピールして定価販売を通すことにある。これは，商品の品揃えを充実させ，日常的に値下げをアピールして集客するスーパーとは異なる業態の特性である。

こうした課題に応じるために，消費者の需要情報をいち早く獲得し，発注に反映させる必要があった。日々変化する需要への対応は，在庫（緩衝在庫，バッファ在庫）を増やす代わりに，需要情報をいち早く捉える情報システム投資によって行われた。売上情報の収集と分析，発注作業の効率化，多頻度配送の実現のために，情報システムを構築し，高度化してきた（図表 7.3）。

1978 年にセブン-イレブンは，「ターミナルセブン」と呼ばれる自動発注システムを開発した。当時，各店舗からの発注は電話や紙の伝票によって処理されていたが，約 70 社の取引先に対して電話で発注する負担は大きかった。取引先の側でも，電話で注文を受けてから，受注票や出荷指示書などの帳票を手作業で作成しなければならず，聞き間違いや起票のミスなどのトラブルが絶えなかった。出店数が拡大するにつれて，手作業での処理では対応が困難になったため，店舗からの発注を電子化する情報システムが導入された。これは各店舗の注文情報をセブン-イレブン本部が受けとり，取引先にまとめて伝達する仕組みである。ターミナルセブンを使ってバーコード発注台帳と発注数量バーコードシートを交互にスキャンする方法で，各店舗は簡単に発注データを入力することができた。このデータはオンラインで本部のホストコンピュータに転送され，全店舗分が集約されて取引先に提出する発注伝票が発行された。取引先も，各店舗からの注文に個別に対応する必要がなくなり，注文処理が簡便になった（鈴木・関根・矢作，1994；歌代，2010）。これは一般的には EOS と呼ばれる，コンピュータと通信ネットワークを利用して受発注業務を電子的に処理する仕組みである。ターミナルセブンのような発注システムはその後も進化

発注端末機：ターミナルセブン

POS レジスタ

第 1 次 POS レジスター（ペンスキャナー）　　　　第 2 次 POS レジスター（タッチスキャナー）

（出所）　セブン-イレブン・ジャパン（1991）『セブン・ジャパン：終わりなきイノベーション
　　　　　1973-1991』

していき，あらゆる業界の受発注業務に用いられるようになった。

　1982 年にセブン-イレブンは，店舗でのレジ作業をコンピュータ化する POS
（Point of Sales：販売時点情報管理）システムを導入した。POS は，店頭レジ
での代金精算時に単品販売情報を収集するシステムである。しかし，POS シ
ステムの本当の意義は，レジ業務の省力化ではない。レジというまさに取引終
了の瞬間に，売上情報として瞬時に集計されデータとして蓄積されることにあ
る。

　それ以前の売上集計方法は，小売店の倉庫から店頭に出庫するタイミングで
測定されていた。そのため，実際に売れた商品と店頭で展示されている商品の
区別が付かず，実際の販売実績とはズレが生じやすかった。集計のタイミング

も週次や日次のバッチ処理であり，データも個別明細のわからないサマリーデータであった。これでは，個々の商品がいつ売れて，店頭でどれくらい売れ残っているのか，正確に把握することができない。

それに対して POS システムはリアルタイムでの単品管理を実現できる。単品管理とは，一品一品の販売数や在庫数を把握することである。一個単位のデータをとるには，販売時に売れた商品名を逐一記録しなければならない。それは手作業では扱うことが不可能なデータ量であり，しかも，接客と迅速性が求められる店頭レジでの実施は困難を極めた。それが，コンピュータと光学スキャナーをレジに搭載にすることによって，個別の商品がレジを通過した時点でデータを取得できるようになった。

POS は文字通り，販売時点情報を収集し管理する点が画期的なのである。セブン-イレブンが POS 導入する際も，レジの省力化よりも単品管理を目標とすることを明確に掲げられていた。

> **コラム　ID 付き POS データと CRM**
>
> 　スーパーやコンビニなどでは，顧客に会員登録をしてもらった上で会員カードを発行することがある。われわれもポイント還元や値引きに引かれて会員登録することは少なくない。この登録済み会員カードを小売店側から見ると，レジで精算するたびに会員カードをスキャンすれば，どの顧客が何を買ったかという情報が POS データに付与される（ID 付き POS データ）。そのことで，顧客ニーズをさらに詳細に分析し，一人ひとりの顧客に応じたサービスを提供し，常連としてつなぎとめることができるようになる。また，通販では商品配送の都合上，全顧客の住所と名前を知っているので，当然のように ID 付きの販売データを把握している。
>
> 　このように，顧客に関する詳細なデータベースを基にして，問い合わせやクレームの対応などを行ったり，キャンペーンを行ったりして，顧客ニーズにきめ細かく対応することが可能になる。ニーズへのきめ細かい対応によって，顧客との長期的な関係を築くマーケティングの考え方を CRM（Customer Relationship Management）という。

○ POS データの活用とデータマイニング

POS の意義はリアルタイムで販売データを取得できること，そして一枚一枚のレシートデータをすべて明細データのまま蓄積できることである。それま

図表 7.4　サマリーデータと明細データ

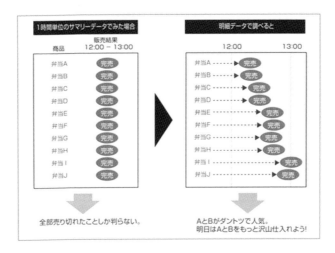

（出所）　日本テラデータ株式会社 WEB サイト「データウェアハウス入門 第 3 回 明細データを持つことに意味がある」https://www.teradata-jp.com/post/nyumon

での情報システムでは，明細データという膨大なデータを保管するだけのコンピュータ能力がまだなかったこともあり，月末時点での残高など，集約したデータ（サマリーデータ）しか持っていなかった。

　明細データには，サマリーデータからは抜け落ちてしまう貴重な情報が含まれる（図表 7.4）。たとえば，1 時間単位で弁当の売れ行きを示すデータでは，すべての弁当が完売したという情報しか得られない。だが，明細データを調べれば，12 時から 13 時の間の売れ行きがわかれば，弁当の人気順がわかる（安達，2018a：2018b）。

　POS の明細データを分析すれば，商品の売れ行きを多面的に考察することができる。たとえば，ある高級食材の売れ行きが悪いことが POS データから判明したとする。通常ならば，店の売上増加を考えてその商品を棚から外すという判断を下す。しかし，レシートの合計金額（客単価）の分析を加えてみる

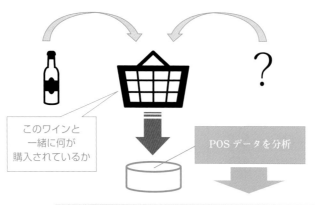

図表 7.5　併売分析のイメージ

商品名	輸入チーズ	パン	コロッケ
国産オーガニックワイン	75	50	100
輸入ワイン	150	300	10
ビール	30	50	125

と，その高級食材を買う顧客の客単価がずばぬけて高いことがわかったとする。高級食材を棚から外すことは，棚のスペースを他の売れ行きの良い商品に割り当てることができるというメリットをもたらすが，高い客単価の顧客を取り逃がすというデメリットがあることになる。このメリットとデメリットを比較するために併売分析を行う。併売分析とは，どのような商品が組み合わせて購買されているかを分析することであり，顧客が買い物かごに入れる商品を分析するという意味でバスケット分析（market basket analysis）ともいわれる。単品でみると売れ行きが悪く，売上に貢献していないような品目であっても，別の収益性の高い商品と同時に買われたことがわかれば，単純に品揃えから外すことにはならない。むしろ，新しい品揃えの発見が可能になる。

　こうした仮説発見的なデータ分析は，データマイニング（Data Mining）と呼ばれる。データマイニングの登場以前は，たとえば肉売場に焼肉のたれを陳列するなど，経験と勘による陳列に頼ってしまい，その妥当性を判断すること

が難しかった。それに対し，データに基づけば，顧客の買い方に関する新しい仮説を発見したり，その仮説の妥当性を確かめたりすることができる。こうした仮説発見，仮説検証のために，大量のデータを使い，統計学や人工知能などの解析技術を応用する。

> ### コラム　データウェアハウス
>
> 　POS の真価は，明細データの蓄積がリアルタイムで行えることである。しかし，かつては蓄積されたデータの多くが日の目を見ないまま捨てられていた。POS データは確かに顧客の嗜好の詰まった宝の山であるが，実際にはサマリーデータで簡単な分析をした後は放置されるケースも少なくなかった。というのも，当時のコンピュータは，データ量が小さいサマリーデータしか分析できなかったからである。一日・一人・一品あたりの明細を保持した生データをそのまま保管しようとすると，その容量は数テラバイトから数百テラバイトという膨大な量に達する。さらに併売分析を行う場合，コンビニの品目は 4000 アイテム位であるが，2 個セットの組み合わせだけでも約数千万通りにのぼる。データマイニングという探索的なデータ分析を行うには，こうした大規模なデータを蓄積し分析する能力が必要となる。
>
> 　1990 年代になると，ハードディスクの容量が大きく高速演算が可能なコンピュータが出現した。そして，巨大なデータベース・ソフトであるデータウェアハウスが登場したことにより，一日・一人といった明細単位でデータを保存し，利用できるようになった。
>
> 　データウェアハウスとは，データの倉庫という意味であり，「目的別に編成され，統合化された時系列で，削除や更新をしない，意思決定のためのデータの集合」をいう（Inmon, 1990）。データウェアハウスでは，企業の各部門の基幹系業務システムからデータを集合させるのだが，単に寄せ集めるだけではなくデータの整合性をとることが重要となる。各業務システムから集めたデータには，同じ意味の情報が違う項目名がついて保存されているなど，重複した形になっていることが多い。これを共通のデータ形式で管理することで，情報の共有・加工・分析に役立てようとするものである。
>
> 　図表 7.6 にあるようにデータウェアハウスを設計するときには，データの中身を調べてサブジェクト（主題）毎に分解し整理して格納する。たとえば，基幹系業務システムの販売実績データには，「販売日」「顧客氏名」「顧客住所」「販売した商品コード」「商品名称」「色」「サイズ」「定価」「販売数量」「取扱店舗」「担当者」といった情報が並んでいる。データウェアハウスではこれらを「顧客」「商品」といったサブジェクトに分解して格納する。
>
> 　さらに，データウェアハウスでは時系列でデータを保存するようにして，新しいデータが入ってきても古いものを消さずに数年分蓄積していく。そうすることで膨大な量の明細データを保存することができ，サブジェクトによって必要なデータを瞬時にひっぱってくることができる。

データウェアハウスというデータ格納庫が実現したことで，統計学に基づいて大量データからルールを見つけるデータマイニングは，1990年代後半から普及した。

図表7.6　システムデータウェアハウスによるデータの統合

（出所）　日本テラデータ株式会社 WEB サイト「データウェアハウス入門 第2回 データウェアハウスと単なるデータベースの違い」https://www.teradata-jp.com/post/nyumon

○　売場管理システム

売場管理業務には，棚のレイアウトを決めて商品を陳列する作業の他，店内ちらし（POP広告）を作るといった販売促進活動も含まれる。この中でも，陳列棚にどの商品を置くか決定する棚割（たなわり）は，売場管理の重点となる。陳列棚は高さによって売れ行きが異なり，床から80センチから125センチの高さは客の目につきやすく，売れ行きが良いゴールデンゾーンと呼ばれる。棚割は，商品陳列の提案，改善，シミュレーションによって最大の利益を求める，空間（スペース）のマネジメントである。棚割には様々な条件が求められる。消費者の目から見やすいだけでなく，店員の作業効率の観点も考え，そし

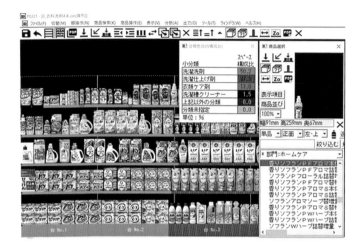

<figure>

図表7.7　プラノグラムの例

（出所）　株式会社 PALTAC Web サイト http://www.paltac.co.jp/mission/index.html
</figure>

てメーカーとの販売促進キャンペーンという変則的な条件も考えなければならない。これらを考慮しながら，最適な棚割を目指すのにコンピュータが使われる。たとえば，プラノグラム（Planogram）という棚割管理システムが登場し，情報化が進んでいる。

　従来は紙に書いたり，現場やシミュレーションルームで実際に陳列したり，あるいは勘や経験に基づいて，商品陳列が検討されてきた。プラノグラム・システムは，売上高，利益率や粗利率，売上数量などの分析値をもとに，コンピュータ画面上で商品画像を配置するシミュレーションを行うソフトウェアである。コンピュータのグラフィック処理能力の向上により，1990年代から具体的な棚イメージを提示できるソフトウェアも開発された。商品サイズや商品の仕入原価と販売価格を登録し，デジタルカメラで撮影した商品画像をとりこみ，さらにPOSの単品販売データを投入することで，棚毎の売上高や粗利率の計算ができるようになった（図表7.7）。

7.3　卸の物流システム

　物流センター（DC：Distribution Center）は，小売店へ商品を配送する拠点であり，配送先の地域毎に設置される。基本的に卸売業者が物流センターを持っており，メーカーから仕入れた商品を保管し，小売からの注文に応じて出荷をする拠点となる。

　ただし，スーパーやコンビニなどの大手小売店が，自社専用の物流センターをもつ場合も少なくない。前述のセブン-イレブンの場合，少量しか在庫を置けない小規模店舗が1万2千店あり，そこに1日数回，多頻度で商品を供給しなければならない。このようなオペレーションに対応する卸企業の物流センターがなかったため，自社専用物流センターが作られた。そこでは，本部がEOSでまとめた各店舗の注文情報に従って，商品を小口にわけて各店舗別に梱包して輸送を行った。

　流通業務を効率化するためには，EOSによる商流データの電子化だけではなく，ものの流れを電子的に管理する仕組みが必要である。しかし，物流センターは人間の作業に頼るところが大きく，自動化の進みにくい領域でもあった。物流センターを情報化するポイントは，自動化できる部分と人間の作業との区分けを考え，両者を上手くつなぐことである。

　図表7.8は，卸の物流センターの業務を整理したものである。作業の大まかな流れは，メーカーから輸送された商品の積み下ろしに始まり，検品，入荷，格納および保管，小売店からの受注，ピッキングと流通加工，検品，梱包，仕分け，積み込み，小売店への輸送である。

　実線はモノの流れ，点線は情報の流れ，四角は作業を示している。物流センターの情報化とは，この3つの流れを上手く組み合わせることにあり，とりわけ商品（もの）と情報の対応関係をいかに適切に維持するかが鍵となる。小売の注文通りに，商品一つひとつを間違いなく集めなければならないが，その精度は，10万分の1から1万分の1という低い誤謬率である。物流センターは，高い正確性を実現しながらも，小売の細かな要求に合致した流通加工を実現す

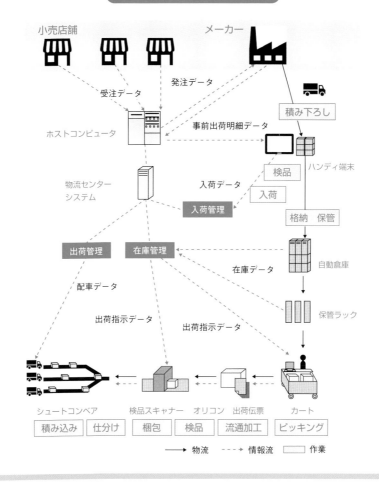

図表 7.8　物流センターの業務

小売店舗　　　　　　メーカー

発注データ

受注データ

積み下ろし

ホストコンピュータ

事前出荷明細データ

ハンディ端末

検品

物流センター
システム

入荷データ

入荷

入荷管理

格納　保管

出荷管理　　在庫管理

在庫データ

自動倉庫

配車データ

保管ラック

出荷指示データ　　　　出荷指示データ

シュートコンベア　　検品スキャナー　オリコン　出荷伝票　　カート

| 積み込み | 仕分け | 梱包 | 検品 | 流通加工 | ピッキング |

⟶ 物流　----▶ 情報流　☐ 作業

るという2つの課題を同時に達成しなければならない。

7.4 サプライチェーン・マネジメント

○ サプライチェーン・マネジメントとは

　製品は消費者の手に渡るまで，原材料メーカー，素材部品メーカー，組立メーカー，卸売業者，小売店を通過する。この流通フローをサプライチェーンと呼ぶ。サプライチェーン・マネジメント（SCM：Supply Chain Management）とは，取引先との間の受発注，資材，部品の調達，在庫，生産，製品の配達などの活動（サプライチェーン）を，情報システムを利用して統合的に管理し，合理化する取り組みである。その目的は在庫削減，リードタイム短縮，コスト削減であり，そのために企業の壁を越えて情報を共有し，業務改革を行う。

　SCM の文献上の初出は，物流の研究書に掲載された 1982 年のオリバーとウェバーの論文であった（Oliver & Webber, 1982）。しかし，SCM は物流研究に留まらず，組織論や戦略論など複数の研究領域における論点となった。なぜなら，SCM では物の流れを統合的に管理するために，企業を越えて協業することが必要だからである。そのため，各領域の理論を背景に持つ複数の SCM 学派ができ，統一的な見解というよりも多様性を持つ概念となった（Bechtel & Jayaram, 1997）。

　同時に，SCM は経営の理論としてだけではなく，業務改革という実際的な活動として注目された。1990 年代には，SCM 専用のソフトウェアが登場しシステム・コンサルティングの主要領域に成長した。日本では少し遅れて 1990 年代末から話題となり，その後急速に普及した。

　サプライチェーンは，川上と川下の 2 つに分けて呼ばれることもある[1]。川上はインバウンド・ロジスティックスと呼ばれ，部品や半製品を供給業者から仕入れて組立メーカーが製品に加工するまでの過程を指す。インバウンド・ロジスティックスの SCM は，組立メーカーが主体となる供給業者との間の業務

---

[1] 図表 7.1 の流通フローも参照されたい。

革新である。

　一方，川下にあたるアウトバウンド・ロジスティックスは，メーカーが製品を作ってから流通業者を経て小売店や消費者に届けるまでの活動が対象となる。ここでは，大手小売店や有力メーカーが主体となって，SCMの取り組みが行われる。

○ QRとECR

　実際のSCMの始まりは，1980年代のアメリカのアパレル業界で興ったQR（Quick Response：効率的短サイクル）活動とそれに続くアメリカの加工食品業界のECR（Efficient Consumer Response：効率的消費者対応）である。1990年代後半に日本にその事例が紹介されたとき，2つを合わせてQR/ECRと呼び，アメリカの流通業界における革新として説明された。

　1984年，輸入品衣料におされて危機感を感じたアメリカのアパレル業界のリーダー達は，「アメリカにおけるプライドあるものづくり協議会（Crafted with Pride in U.S.A Council）」を組織した。そして，業界の抱える問題についてコンサルティング会社のカート・サーモン・アソシエイツ社に調査を依頼した。

　調査を踏まえて，低価格の輸入衣料に対抗するために，250億ドルのムダを削減するQR活動が行われた。輸入衣料は，安い人件費と見込み生産による大量生産で低コスト化をしていた。それに対して，売れるものだけを確実に素早く作り，売れ残りを徹底的に廃することで，アメリカ企業の競争力を向上させる方針が打ち出された。

　この方針にのっとり，製品企画，紡績，織物・編物，染色加工，縫製の多段階に分化し，企業の壁によって情報が遮断されていた状況の改善が目指された。POSシステムを小売店に導入し，その売上情報をEDIによってサプライチェーンを構成する各社で共有する仕組みが構築された。小売店のPOSシステムから上げられる売上情報は，消費者に最も近い所で測定される精度の高い需要のデータである。これをサプライチェーンの企業間で共有することで，参加各社は生産計画や在庫量の調整の精度を上げることができた。

図表 7.9　ECR と流通在庫

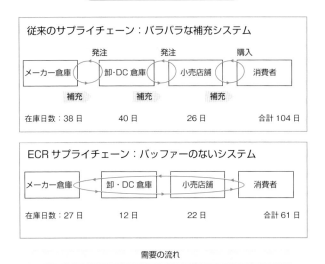

従来のサプライチェーン：バラバラな補充システム

発注　　　　　発注　　　　　購入

メーカー倉庫　　卸・DC 倉庫　　小売店舗　　消費者

補充　　　　　補充　　　　　補充

在庫日数：38 日　　　40 日　　　26 日　　　合計 104 日

ECR サプライチェーン：バッファーのないシステム

メーカー倉庫　　卸・DC 倉庫　　小売店舗　　消費者

在庫日数：27 日　　　12 日　　　22 日　　　合計 61 日

需要の流れ
商品の流れ

※DC：Distribution Center

（出所）　Kurt Salmon Associates（1993），村越（1994, 1995）より引用，一部加筆

　こうした QR 活動によって，流通過程全体のリードタイムは 66 週間から 21 週間まで短縮できると見積もられた。実際，10 年後に QR の効果を検証したとき，それは概ね好調であったことが確認された。当初は年間 250 億ドルの経済効果を見込んでいたが，1996 年時点の調査で既に 130 億ドルの効果があったことが確認された。この効果が継続すれば，アメリカの消費財および流通業界全体の改善効果の総額は，年間 1320 億ドルに達すると推計された（日経流通新聞 1999 年 3 月 9 日）。

　アパレル業界の QR に刺激をうけ，アメリカの加工食品業界のリーダー達がワーキング・グループを結成して行った活動が，ECR（効率的消費者対応）である。消費者対応とは，消費者ニーズに応じた多品種少量生産販売を実現することを意味する。QR の場合と同様，カート・サーモン・アソシエイツ社が調

図表 7.10　ECR の領域と効果

図表 7.10　ECR の領域と効果

ECR の 4 つの戦略

戦　略	目　的	付加価値プロセス
効率的店頭品揃え	在庫の生産性，店頭でのフェーシングの最適化	消費者の欲する買いやすい商品の完全な品揃えの提供
効率的在庫補充	在庫補充システムの最適化	必要な品揃えに合わせた在庫の維持
効率的プロモーション	対流通，対消費者のプロモーション・システム全体の効率最大化	宣伝，価格インセンティブを通じた商品の利益と価値の伝達
効率的商品導入	新商品開発，導入効果の最大化	消費者のニーズにあった商品の開発と導入

（出所）　Kurt Salmon Associates（1993），村越（1994，1995）より引用，一部加筆

図表 7.11　ECR の目標設定例

ECR のコスト削減効果の推計　　　　　　　　　　　　　　　　　　（対平均小売価格）

戦　略	コスト削減	財務的削減	削減効果合計	主な影響分野
効率的店頭品揃え	1.3%	0.2%	1.5%	小売店での売場面積当たりの売上高と粗利益の増加　在庫回転率の向上
効率的在庫補充	2.8%	1.3%	4.1%	小売店と卸売業の自動発注　ロジスティクスのフロー化　商品損傷の削減　メーカー，流通業者の在庫削減
効率的プロモーション	3.5%	0.8%	4.3%	入出庫，輸配送，管理，製造の効率向上　先買いの削減，メーカーの在庫削減，倉庫費用の削減
効率的商品導入	0.9%	－	0.9%	導入失敗の減少　商品価値の向上
合　計	8.5%	2.3%	10.8%	

（出所）　Kurt Salmon Associates（1993），村越（1994，1995）より引用，一部加筆

査分析にあたり，その内容が 1993 年に FMI（米国食品マーケティング協会）から発表された（図表 7.9，図表 7.10）。そのレポートでは，ECR 活動を行うことで在庫日数は 104 日から 61 日に短縮され，食品・雑貨業界全体で

300 億ドルの合理化によるコスト削減効果が期待でき，消費者価格が 10.8%引き下げられると推計していた（Kurt Salmon Associates, 1993）。

　QR では納期管理や在庫管理といった低コスト化が主たる目標となったのに対し，ECR では販売促進や新商品開発といった売上増大も視野に入れられた。ECR の変革領域として，品揃え，補充活動，販促（プロモーション）活動，新商品導入の 4 つが掲げられ，それぞれについて ECR 達成後の目標数値が推計された（図表 7.11）。

○ VMI と CRP

　ECR あるいは SCM の成功例としてよくあげられるのが，1987 年にアメリカで日用雑貨メーカー P&G と最大手スーパー，ウォルマート（Wal-Mart）が提携して，幼児用おむつの在庫管理を改善した事例である。この事例は，単に POS データの共有に留まらず，メーカー（P&G）による小売倉庫（ウォルマート）の直接管理が行われた点で，一歩進んだ改革例であった。

　この事例で実現した，川上の供給業者が小売店倉庫に保管されている自社製品の在庫管理を行うことを VMI（Vendor Managed Inventory：ベンダー主導型在庫管理）といい，そのためのシステムを CRP（Continuous Replenishment Program：自動連続補充プログラム）と呼ぶ。CRP は，小売店の倉庫の在庫量が一定水準を下回ると自動的にオンライン発注がかけられる仕組みである。POS データと倉庫の在庫データから各商品の最適な補充量が計算され，小売店の発注量に関する意思決定と発注業務が自動化される。POS の実需データと需要予測のアルゴリズムを組み合わせることで，精度の高い需要予測を実現し，在庫量と欠品率の削減を目指す。

　VMI と CRP の意義は，小売店舗の発注作業節減と在庫圧縮を行うことで，サプライチェーン全体の効率化を達成することにある。さらに，メーカー側は，小売 POS データに基づく需要予測に活用することで，工場の生産計画を調整し，最適な配送頻度を実現することもできる。

　アメリカでの SCM の事例とその成果に刺激を受け，日本でも同様の取り組みが試みられた。ただし，日本の場合，卸を含む流通が多段階化，複雑化して

いたため，CRP もまた複雑になりがちだった。これは，メーカーと大規模小売店との間の直接取引が多いアメリカとは違う状況であり，それゆえ，日本での VMI/CRP の実現にはアメリカとは違う工夫が必要であった。

　そうした困難な状況を克服すべく，日本で実施された共同プロジェクトがあった。このプロジェクトには，1997 年に滋賀県のスーパー，平和堂が大手食品メーカー 15 社と，平和堂流通センターの運営を担当する卸売業者の加藤商事が参加した。共同プロジェクトの受発注，納品の手順は図表 7.12 に示す通りである。

　共同プロジェクトでは，CRP を採用し，平和堂とメーカー 15 社の取引がそ

図表 7.12　平和堂 CRP の事例

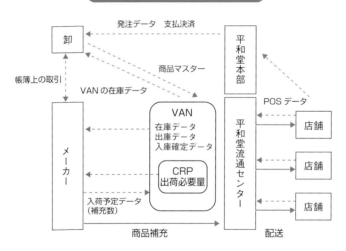

（出所）　日経流通新聞（1998a, b）を元に作成

れに乗ることで，流通センターの50％の物量が自動的に補充されることになった。結果，配送回数が4割削減され，配送費が25％削減された。卸を介在させた発注では，欠品を恐れて不必要に多頻度になっていたが，平和堂とメーカーとの間で情報を共有することで少頻度配送と欠品防止を両立させることができるようになったからである。この中で，メーカー側は，在庫アナリストが店頭での売れ行きを分析し，商品ごとに緻密な管理をしたことも，欠品防止に貢献した。また，平和堂側では，メーカーとの情報共有や，コミュニケーションが増え，特売や売り場展開の企画が効果的になるという成果も生じた。

　このような成果が得られたものの，その後，日本における同様の取り組みは広がらなかった。複数企業との間では利害調整が非常に難しくなること，業務が少なくなる卸の反発が強いことが，原因としてあげられた。CRP 導入によってメーカーと小売の直販取引になると，自社の存在意義がなくなると危機感をおぼえる卸が多かったのである。

　加えて，VMI/CRP がそれ以外の日本の商慣行と整合的ではなかったこと，VMI/CRP 自体の限界も指摘された。第一に，短期的な特売を行う小売店では，日ごとの売上変動が大きいのでプログラムによる発注業務の自動化が難しい。第二に，一次卸，二次卸，三次卸と他段階の卸を経る，複雑な流通構造が形成されている場合にはその一部に CRP を導入しても効果は限定的になる。第三に，自動補充のメリットが活かされるのは取引規模が大きい場合であり，物流が少量になるとその効果は限定的になる。アメリカのようにスーパー等の大規模小売店と大手メーカーとの間で大きな量の取引量が行われると効果は大きいが，メーカーもしくは小売店の規模が小さいと効果も小さくなってしまうのである。第四に，発注業務の自動化，省略を好まない小売店が存在する場合，VMI/CRP の実現自体が難しくなる。発注業務の削減を合理的と見るのではなく，発注に関する意思決定を差別化要因だと見なす——他の小売店にはない品揃えが自社の競争優位に繋がると考える——小売店が多い場合，彼らは発注権限とそれに関わる意思決定を社内に残そうとする。最後に，SCM 全般に共通することであるが，売上や在庫という自社の内部情報を他社と共有することに対する不安がある。秘密保持規定，利益の分配に関する合意など，関係各社の利害調整は難航しがちである。

このように，IT 化によって VMI/CRP というシステムが実現可能になったとしても，それが実際に企業や業界，社会に根付き，効果を発揮するには，企業がそれを受け入れ，ビジネスに組み入れる必要がある。その際には，それまでの商慣行やビジネスの有り様，考え方を変える必要が生じる。情報システムの導入に終わるのではなく，自社の業務を見直し，さらには，戦略的提携などを行って企業間の関係を見直す段階まで踏み込む必要がある。

日本の VMI/CRP の場合，IT 化が可能にした可能性を実現しようとしたときに，それに伴う企業と経営者の変化が生じにくかったことが，その普及を遅らせたといえる。それでも，VMI/CRP の効果はアメリカや平和堂の事例によって明らかであったため，徐々に各社の考えが変わり，導入が進んでいった。その際には，サプライチェーン全体の効率化を優先し，流通センター運営や CRP プロジェクトの遂行によって新しい競争優位を築こうとする卸や，メーカーおよび大手小売企業が主導権を握って変化を起こすことが必要であった。

コラム　SCM を支えるシステム

SCM の効果が認められるようになると，SCM 専用のシステムが開発された。この分野では，i2 テクノロジーズ，マニュジスティクス，IBM などアメリカの ICT ベンダーが活躍した。代表的なシステムは，i2 テクノロジーズの SCM ソリューション「RHYTHM」である。生産計画機能（APS：Advanced Planning & Scheduling）を中心にして，需要予測，生産・物流・配送計画，納期確認などの複数のモジュールから構成される。

SCM システムは，他社との接点になる部分——従来は営業パーソンやバイヤーといった人が担っていた業務——を情報システムで実行し，さらに，スケジューリング機能を加える点に特徴がある。さらに，在庫計画や資材調達計画の立案のためのデータが扱われ，様々な生産計画の手法を取り入れて，効率的な受発注と生産を目指す。採用された手法は，ボトルネックを扱う TOC 理論，線形計画法などのオペレーションズ・リサーチの最適化手法，人工知能分野の手法など，多岐にわたった。

7.5　終わりに――流通の役割と ICT 化の意義

　限られた品種に絞って効率的な製品の生産を目指すメーカーの論理と，一人ひとりの顧客の希望に合致するように多種多様な商品を揃える小売店の論理は，大きく異なる。この論理の違いを埋めるためには，複数の企業――メーカー，卸，小売――が携わり，流通過程を構成する必要がある。複数の企業が参加し，多種多様な製品とそれに関するデータを交換し，各社が自らの活動を調整することによって，生産と消費の間の空間的，時間的な隔たりが埋められていく。

　だが同時に，複数の企業が関わり，データや情報を交換する場合には，データおよび情報の共有の不備，調整の不全が生じやすい。それゆえにこそ，データや情報を適切に共有し，調整を助ける情報システムが要望されてきた。本章で紹介した様々な情報システムは，こうした企業の要望と，コンピュータ技術，通信技術の発展が組み合わせられることで開発され，実現してきたのである。そして今なお，流通を支える各種システムは改善を加えられ，その性能を向上させている。

　しかしながら，情報システムが高度化しても，それが実際に企業の中で使われ，業界全体の効率性を向上させるか否かは，経営上の意思決定によって左右される。VMI/CRP の事例で見たように，優れた情報システムが利用可能なことだけでは不十分である。それらを活かせるように業務を見直し，他企業と提携などを行い，旧来の商慣行などを変える取り組みが必要なのである。この意味において，流通過程を情報システムによって高度化し，より良い流通を実現するためには，各社の組織的，戦略的な取り組みが求められる。そのことを忘れてはならない。

演習問題

　7.1　在庫を積み増してしまうことによって，どのような問題が生じるのだろうか。流通企業の取り組みを調べ，具体的に考えてみよう。

第 8 章

生産を高度化する情報システム

　前章に続き，企業経営の特定の活動に焦点をあてて，企業経営と情報システムの関係をより詳しく検討していく。本章では，製品を生産する活動とそれを担う企業（製造業）に焦点をあてる。多種多様な製品を，効率よく生産するために，あるいは製品を開発するために，用途に合致した情報システムが開発され，幅広く使われている。

○*KEY WORDS*○

生産管理，部品表，自動化（自働化），多品種少量生産，
設計支援システム（CAD/CAM）

8.1　生産情報システム

○　製造業における情報システムの発展

　製造業はものをつくる産業の総称である。生産（Production）は，原材料，労働力，機械などの生産要素を有用な財に変換する過程である。類似した言葉として製造（Manufacturing）があるが，これは生産のみならず製品開発や購買を含む価値を作り出す過程全体を指す（藤本，2001）。

　多くの企業は，自らが生産計画を立てて生産する製品の種類や量を決める見込み生産を行っている。生産規模を拡大することでコスト削減が実現する規模の経済性（Economies of Scale）があることから，計画的に大量生産を行うことが望ましい。

　しかし，生産計画の通りに作っても，需要を見誤れば売れ残りが発生してしまう。生産計画は工場設備の安定的な稼働を確保する（生産水準を平準化する）ことには役立つが，変化する需要に対応して計画変更をすることも必要である。すなわち，生産の安定性と，需要の変化への対応との間で，どのように折り合いをつけるかが問題となる。

　生産情報システムは，生産活動が抱えるこうした課題を解決するために高度化してきた。各部門の情報共有を助け，高い情報処理能力を活用して正確な生産計画を算定し，需要変動に合わせて生産計画を変更することで，変化する需要に対応しながらも生産の効率性を保つことが目指された。特に，1980年代以降，多品種少量生産を打ち出し，より細かな情報伝達とオペレーションが求められるようになり，生産情報システムの役割は高まってきた。

　自動車や機械に代表される組立業の見込み生産を前提として，製造業務の流れを示したのが図表8.1である。製造業の企業活動は，顧客が求めるニーズを考えて需要予測を行い，計画を立てることから始まる。計画には，研究開発計画，生産計画，販売計画という3つの流れがある。研究開発では，顧客ニーズから新製品のコンセプトを導き出し，それを製品として実現するための設計

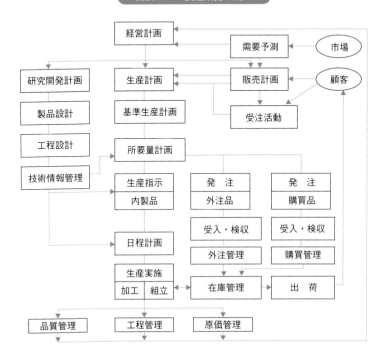

図表 8.1　製造業務の流れ

経営計画

需要予測 ← 市場

研究開発計画　生産計画　販売計画 ← 顧客

製品設計　基準生産計画　受注活動

工程設計　所要量計画

技術情報管理　生産指示　発　注　発　注
内製品　外注品　購買品

受入・検収　受入・検収

外注管理　購買管理

日程計画

生産実施　在庫管理　出　荷
加工　組立

品質管理　工程管理　原価管理

（出所）　小原正昭（2011b）「製造業における情報システムの発展」，経営情報学会・
情報システム発展史特設研究部会（編）『明日の IT 経営のための情報システ
ム発展史・製造業編』専修大学出版局，p.17

や技術開発を行う。研究開発が終わり工場での量産体制が整うと，実際の製造
プロセスに入り，生産計画が立てられる。生産計画は，工場が独立して立てる
ものではなく，売れないものを作らないために販売計画と連動させなければな
らない。

　これら 3 つの計画が必要とされるため，製造業の情報システムには，①生産
管理システム，②工場自動化（FA：Factory Automation），③技術・設計シス
テムという 3 つの領域がある（図表 8.2）。これらを順に見ていこう。

図表 8.2　製造業における情報システムの発展過程

	～1960 年代	1970 年代	1980 年代	1990 年代	2000 年代
生産管理	生産管理システム オンライン生産管理システム		CIM による統合システム ERP による基幹業務統合		グローバル SCM
	POS(61) PICS(67)	MRP COPI(72)	MRP Ⅱ CIM	ERP SCM	EC IT 経営
オートメーション	NC DNC	CNC	産業用ロボット FMS	セル生産方式	多能化ロボット
設計支援	2 次元 CAD GDS	CADCAM 3 次元 CAD	CATIA EWS	CE	デジタルエンジニアリング

（出典）　小原正昭（2011a）「業界別情報システムの発展：製造業における情報システムの発展」，経営情報学会・情報システム発展史特設研究部会（編）『明日の IT 経営のための情報システム発展史・製造業編』専修大学出版局，p.119（一部抜粋）

8.2　生産管理システム

○　生産管理とは

　生産管理とは，製品生産を合理的で効率的に行うための管理である。工場における具体的な指標となるのが，品質（Quality），コスト（Cost），納期（Delivery）の QCD である。

　第一に，品質の管理を QC（Quality Control）という。1924 年にベル研究所のシュワート（Walter A. Shewhart.）が管理図（Control Chart）を用いた統計的な品質管理の考え方を示し，第二次大戦後には統計的品質管理（SQC：Statistical Quality Control）へと発展した（Shewhart, 1931）。たとえば，管理図は，生産工程が安定な状態にあるかどうかをチェックするものである。ばらつきが少ないことを確認した上で抜き取り検査をすることで，工場全体の品質水準の推定を可能にする管理手法である。

　SQC は，抜き取り検査を前提とする統計的な管理方法であるのに対して，

日本のメーカーでは，より手間のかかる全数検査を実施した。SQC は検査の有効性を高めることに力を注いだが，日本のメーカーは不良品そのものを少なくしようとしたのである。不良を出さないため，現場での全員参加型の取り組みがなされた。全員参加改善活動のために自主的に品質向上を行う小グループが現場で形成され，QC サークル，小集団活動と呼ばれた。現場の従業員が相互啓発しつつ，自主的に行うというボトムアップのやり方は，日本の品質管理の特徴であるといわれる。このように全社的に品質向上に取り組むことを TQC（Total Quality Control：総合品質管理）という（藤本，2001）。

第二に，製造コストを管理する活動を原価管理（Cost Control）という。コスト情報を収集して集計する原価計算を行い，予定に対して実際のコストが過大でないかをチェックし，超過コストの原因分析を行って生産活動を修正する。原価計算が始められた当初は，製品を作るのに直接要した材料費・労務費・経費のみを集計した直接原価計算が行われた。そして，複数の製品に共通して発生する間接費を人為的に按分計算して製品一つあたりのコストに算入する，全部原価計算に発展した。さらに，実績値の集計だけでなく標準的にかかる原価を予定して実際の原価との比較分析を行う，標準原価計算が行われるようになった。コストの標準を設定することで，原価計算は管理目的に使われるようになった（岡本，1973；2000）。

原価計算におけるコンピュータ利用はかなり早く始まった。先駆的な例はパンチカードの時代にさかのぼる。三菱重工業は，1926 年に賃金計算，間接費計算，材料・部品に関わる計算事務の機械化に着手した。1950 年代後半からの EDPS 時代には，在庫受払集計，材料集計，原価計算などの工場事務作業の機械化が進んだ（小原，2011b）。

第三に，納期を管理するのが工程管理である。納期とは，顧客が発注をしてから納品されるまでの期間である。納期は 2 つに分けられ，原料が納入されてから出荷されるまでの生産期間（生産リードタイム）と，製品開発の開始から発売までの開発期間がある。

生産リードタイムの捉え方は，見込み生産と受注生産のどちらを前提とするかによって変わってくる。見込み生産の場合，メーカーは直接顧客の注文に応えるわけではないので，明確な納期があるわけではない。しかし，顧客が欲し

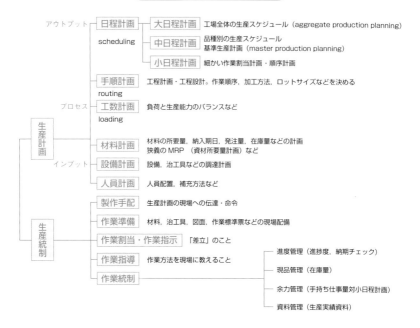

図表 8.3　工程管理の体系

（出所）　藤本隆宏（2001）『生産マネジメント入門：Ⅰ　生産システム編』日本経済新聞社，
p.175

いものが店頭になければ商機を逸してしまうため，メーカー自身の判断で，何
をどれだけ作るかを管理しなければならない。一方，受注生産の場合は，顧客
が直接発注するので明確に納入日が存在する。しかし，いつくるかわからない
注文に対して納期を守るためには，事前の準備が必要である。受注生産におけ
る準備として，多くの企業は原料や部品のある段階までは見込み生産をして在
庫を持つことが多いので，純粋な受注生産というものはほとんど存在しないと
も言える。見込み生産と受注生産でこうした違いはあるものの，何をどれだけ
準備すべきかという事前の生産量の計画が，納期を管理する工程管理の主軸と
なる。

生産計画と生産統制を合わせて工程管理という（図表 8.3）。生産計画は製品の生産量と期限を計画することであり，生産統制では計画を実施してその結果をチェックし，改善活動を行う。また，生産計画には，材料や部品の調達管理が含まれ，材料の発注や購買先の選定，材料の品質管理なども行われる。

生産計画は，工場の生産能力と需要予測とを組み合わせて立てられる。需要予測は，移動平均法，回帰分析，時系列分析などの統計的手法を用いて立案される。それに生産能力などの制約条件を加味して，日程計画が立てられる。日本では，6 か月から 1 年半スパンの大日程，1 〜 3 か月の中日程，1 〜 10 日の小日程の三段階にわけて生産計画が立てられることが多い（藤本，2001）。

○ 部品表と MRP

生産管理システムが，会計システムや在庫システムなど他部門のシステムと異なるのは，計画機能に重点が置かれる点である。

生産計画の情報化にあたり中心的な役割を果たすのが，部品表もしくは部品展開表（BOM：Bill of Materials）である。部品表とは，最終製品に必要となるすべての部品の構成を示すデータである。通常，BOM は図表 8.4 のように階層構造で表される。BOM は生産管理の中核データベースとなり，各品目の名称，型式，型番，数量のほか，製造に必要な工数や工順や標準リードタイム，部品と組立部品との関係などの情報が収められている。

数千から数万点に及ぶ部品一つひとつについて，以上の情報が記されるため，BOM は膨大な情報量となる。加えて，仕様や設計が変更になるたびに更新管理しなければならず，部品表の正確性と信頼性を保つには大きな手間がかかる。これをコンピュータのデータベースにすることで，部品に関するデータを一元的に管理し，正しい情報を各部署で共有し，かつ更新の手間を省くことができる。

部品表が示す製品一つ当たりの部品所要量に生産計画を組み合わせると，工場もしくは企業全体の部品所要量となる。そこから部品倉庫にある在庫量を差し引くと，部品メーカーに発注しなければならない量が決定できる。さらに，部品メーカーから部品が調達されるのに数日かかるので，そのリードタイムを

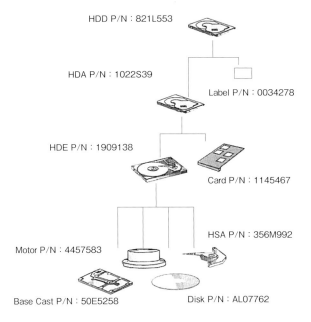

図表8.4　部品表のイメージ

HDD P/N：821L553

HDA P/N：1022S39

Label P/N：0034278

HDE P/N：1909138

Card P/N：1145467

HSA P/N：356M992

Motor P/N：4457583

Base Cast P/N：50E5258　　Disk P/N：AL07762

（出所）　松林光男・原滋夫・新堀克美（2005）『図解よくわかるBOM』
　　　　工業調査会．p.25

考慮すれば，調達計画を策定できる。

　こうした部品メーカーへの発注量計算において，コンピュータで高い精度と
スピードで計算するのがMRP（Material Requirement Planning：資材所要量計
画）のシステムである。

　MRPの最初の事例は，1950年代半ばにゼネラル・エレクトリック（GE）
が採用したシステムであった。1970年代になるとMRPの情報システム化が進
んだ。ただし，当時のコンピュータの性能では，一定期間（多くは一週間）を
区切ったバッチ処理で部品の所要量を計算するしかなかった。そのため，一週
間の内に計画変更の必要が生じた場合に対応ができなかった。また，MRPの

展開計算自体に数時間以上かかったことから，現状に合わせて頻繁に計画変更することが難しかった。

その後，コンピュータの記憶容量が大きくなると部品表データベースをコンピュータ・システムに載せることができるようになり，コンピュータの処理能力が飛躍的に向上すると MRP の計算時間も短縮された。2000 年代には，MRP の1回の計算速度は数十秒にまで短縮された（藤本，2001）。

これまで述べたように，MRP は多くのデータ量と複雑な計算を必要とするため，メインフレーム・コンピュータ向けのシステムもしくはパッケージソフトとして提供された。その古い例として，1960 年代後半の IBM の PICS（Production Information and Control System）が挙げられる。また，PICS に通信機能を付加した COPICS（Communication Oriented Production and Control System）も，代表的な生産管理システムとなった。受注計算に始まり，生産計画，資材所要量計画（MRP），工程管理，部品表管理，原価管理，倉庫在庫管理，部品購買発注管理まで，一連の生産プロセスをカバーするシステムの登場であった（太田，1994）。

8.3　工場の自動化

○　工場の自動化の歴史

1950 年代には，工場にもコンピュータが導入され，生産活動の自動化（オートメーション：Automation）が始まった。アメリカの場合，自動加工の工作機械である NC（数値制御：Numerical Control）フライス盤が 1952 年に登場し，1954 年には産業用ロボットの一種である繰り返し作業用ロボットの特許出願が行われた。

コンピュータは，こうした製造機器の挙動や作業状況をコントロールするために利用されるようになり，工場へと入っていった。ただし，1970 年代までは大型のメインフレーム・コンピュータを中心に据えた集中的なネットワーク

を構築し，製造機器を管理する必要があった。1980年代になると，小型化したコンピュータであるミニコンピュータが各部門に分散して設置されるようになり，各部門の要求にあった情報システムが組まれるようになった。コンピュータの性能向上により，作業状況の管理だけではなく，製造機器の挙動の管理（制御）も担えるようになった。NC工作機械や産業ロボットなどの自動化製造機器の制御管理が始まったことで，工場の自動化が本格化し，FA（Factory Automation）と呼ばれるようになった（高桑，1995）。

同じく1980年代には，事務管理部門の情報システムの戦略的利用が進められた（SIS，第5章参照）。この流れをうけて工場においても，単なる作業の自動化（FA）に留まらず，研究開発・生産・販売の業務を統合する全社的な情報システムを志向する声が聞かれるようになった。工場から発信した全社システムの構想を，CIM（Computer Integrated Manufacturing）という。

CIMは，NC装置，自動搬送装置などのFA自動化装置を制御し，工場内の加工や搬送などの作業を統合的に管理するシステムである。さらに，製造に関する情報を一元管理し，見積もりから受注，設計，原材料購入，生産，出荷までの生産に伴うすべての活動を，コンピュータとネットワーク技術によって統合することを目指した。

CIMが全社システムといわれるのは，工場だけでなく他部門でも共有される共通データベースとして働く点にある。たとえば，販売部門が受注情報を端末から入力すると販売計画システムでスケジューリングがされ，それが生産計画システムにつながり，いつごろに製造が着手され，納品ができるかがわかる。あるいは，CIMと連動した会計システムを通じて，会計財務部門は各製品の原価を知ることができる。

CIMとSISはともに部門の業務の自動化を超えた目標を持つ，全社を覆うシステムであるが，そのアプローチには違いが見られる。SISが戦略的視点からトップダウンで作られるのに対して，CIMはボトムアップの色彩が強い。CIMでは，工場のコンピュータ制御システムから発して開発や販売という関連業務へ波及していったからである（松島，1987）。

こうしたアプローチの違いはあるものの，1980年代には全社的システムの導入と改良が進んだ。1990年代後半になると，事務部門の情報化と工場の情

報化が統合され，企業の全部門の情報システムを統合する ERP システムへと
発展を遂げた（第 5 章参照）。

○ FA の要素技術

工場の自動化（FA）における情報システム構成は，図表 8.5 に示すように
なる（高桑，1995）。作業の自動化を行う装置として，NC 工作機械と産業用
ロボットがある。その加工・組立作業を補助し部品や半製品の保管と運搬を行

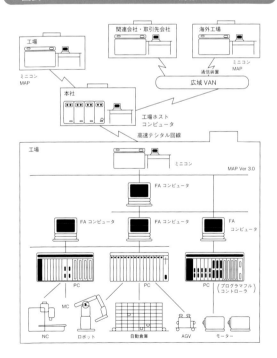

図表 8.5　MAP による FA/CIM の情報ネットワーク

（出所）　高桑宗右衛ヱ門（1995）『FA/CIM の経済性分析』中央経済社，p.8

うのが，マテハン（Material Handling：マテリアル・ハンドリング）機器である。
そして，各自動化機器を管理制御するコンピュータとネットワークが設置される。工場内のネットワークは特に MAP（Manufacturing Automation Protocol）
と呼ばれる。

〈製造機器〉

　FA で中心的な役割を果たす製造機械は，コンピュータの電子制御技術によって加工作業を行う NC 工作機械である（図表 8.6。CNC は Computerized
Numerical Control の略）。NC 工作機械でコンピュータの制御技術が活かされる作業は，たとえば，切削工具を加工対象物の部位に迅速かつ精確に移動させて固定する位置決めと呼ばれる作業や，工具や素材を動かして意図する形状に加工する作業である。加工条件や工具などの生産情報を数値で入力しプログラミングすると，その指令に応じて所定の加工が行われる装置になっている（太田，1994；高桑，1995）。

　自動化と並ぶ NC 工作機械の長所は，その汎用性である。NC 工作機械が登

図表 8.6　NC 工作機械

CNC 旋盤（左）とマシニングセンタ（右）。旋盤は金属の塊など，対象物を回転させ，バイト（刃）で切り，削って形を作り出す加工を行う。マシニングセンタは工具を自動的に交換しながら，削ったり，穴を開けたりといった複数の加工を行う。

場する前には，各作業に特化した専用の機械が用いられ，自動化が進められていた。だが，NC工作機械の登場によって，プログラムを変更すれば工具を自動的に持ち変え，複数の作業を切り替えられるようになったので，一台の工作機械で多様な部品の自動加工が可能になった。複合NC工作機械であるマシニングセンタであれば，数百本の切削工具を備え，自動的に工具を交換し，幅広い作業を一台でこなすことすらできる。

　NC工作機械に工作物や工具を取り付けたり，取り外したりする作業についても，産業用ロボット（Industrial Robot）によって自動化が進められた。産業用ロボットは，当初，主に人間に代わって危険な作業や単調な作業を行うために導入され，徐々にその利用局面が広がっていた。人間の手や腕に相当する稼動部を持ち，感覚認識にあたる各種センサーが内蔵されており，人に近い挙動ができる。

〈マテハン機器〉

　NC工作機械や産業用ロボットによる加工や組立を円滑かつ迅速に遂行するためには，原材料や半製品などを搬送し，保管する必要がある。この役割を担うのが，無人搬送車やコンベヤ，自動倉庫などのマテハン機器である。このうち，無人搬送車（AGV：Automated Guided Vehicle）は，コンピュータ制御によって工程間の工作物の搬送を担い，必要なときに必要なものを目的地まで運ぶ。自動倉庫（Automated Storage）は，コンピュータ制御によって，必要な部品や仕掛品を自動的に出し入れし，保管する。自動倉庫から出庫されたものは，コンベヤやAGVを介して，作業を行う製造機器まで届けられる。

〈MAP：Manufacturing Automation Protocol〉

　工場の自動化を制御するコンピュータは，工場内の製造機器に加工すべき作業の指令を伝達し，反対に各機器から加工の状況などに関するフィードバックを得る。こうしたコンピュータと製造機器の間のネットワークをMAPという。

　ただし，工場の自動化が始まった当初は，各機器には固有の接続プロトコルがあったため，機器毎に専用の対処が必要だった。そのため，製造機器とネットワークを接続する際には，多大な費用と手間がかかっていた。また，新しい

機械を導入したり，ライン編成を変えたりする度に，機器とネットワークの接続をやり直さねばならず，費用が膨らんだ。

　この問題を解決するため，どのような機器でも，どのような製造機器やロボットでも，製造機器をどこに置いても，コンセントに差し込むようにしてネットワークに接続できる「情報の配管」を工場内に張り巡らしたのが MAP である。作業に必要な電気や水道については工場のどこでも自由に使えるように配線と配管されていたが，情報系については貧弱だった。そのため，MAP を導入し，コンピュータ・ネットワークについても簡便さと自由度を持たせるようにしたのである。

　MAP の導入例としては，1987 年 3 月に GM がポンティアックのトラック工場の全ラインに MAP を導入した事例が挙げられる。MAP ケーブルの全長は約 20 マイルに達し，これに 25 のセルコントローラと呼ばれる小型コンピュータと 143 台のロボット，350 のプログラマブル・コントローラがつなげられた（松島，1987）。

○ 多品種少量生産とフレキシビリティの実現

　FA/CIM が目指した生産工程の効率化は，主に個々の作業の自動化と高速化を目指すものであった。しかし，生産工程の効率化にはもう一つのアプローチがある。作業と作業の間の時間や，作業の無駄を削減する考え方である。

　個々の作業の自動化は，スミス（Adam Smith）以来の分業のメリットを追求するものである（Smith, 1776）。すなわち，一人が担当する作業の幅を狭め，それを繰り返し行うことで，その作業に特化したノウハウや熟練が生まれる。そして，細分化され単純化した作業は機械によって置き換えることが可能になるので，機械化とオートメーションが実現される。工場の大量生産体制の基礎を作ったテイラー（Frederick W. Taylor）の『科学的管理法』においても，客観的な基準を設けることで個々の作業の高速化を図るものであった（Taylor, 1911）。個々の課業（タスク）の客観的基準を設定し，労働者の作業時間をストップウォッチで計測して標準的な作業時間を決め，作業動作についても標準を定めた（時間研究，動作研究）。このような客観的基準によって，個々の労

働者が怠業しているか否かをチェックできる仕組みをつくり，作業効率の向上を図ったのである。テイラーが方向性を示した大量生産体制は，その後の企業にも受け継がれた。とくに，作れば売れるというもの不足の時代には，生産能力の向上が優先され，とにかく速く大量に供給することが求められた。そこで，作業を細分化することで作業の高速化と自動化を進め，単一製品の大量生産を効率的に行う体制が作られた。

　しかし1980年代，先進諸国が消費の飽和を迎えてものが溢れるようになると，消費者の製品を見る目が厳しくなり，作っただけでは売れない時代となった。そこで，顧客のニーズを探って売れるものを知ることが重要になり，様々なニーズに対応した多品種の製品を出さねばならなくなった。だが，それまでの大量生産を目指した工場とその生産方式は，様々な製品を少しずつ生産する状況には適していなかった。多くの品種を生産するためには，単純な工程を高速に繰り返すだけでは実行できない。むしろ，多様な工程を用意して組み替えたり，複雑な工程を実行したりする必要が生じる。結果として，工程と工程とをつなぐ，つなぎ目が多くなる。すると，作業を切り替えるときの段取り時間や手待ち時間など，工程間のロスが目立つようになる。工程間のロスは，たとえば，機械を動かし始める前後の準備，段取りの非効率性として現れ，多品種少量生産を実行する上での問題となった（図表8.7）。

　さらに，多品種の製品を少量ずつ生産しようとすると，生産システムにおける情報の流れも変わる。MRPシステムは，中央で集権的に生産計画を立案し，生産プロセスを管理するものであった。生産計画を始点として組立の工程まで計画通りに作業は進められ，後工程は前工程に従うという序列が明確であった。しかし，様々な製品を少しずつ生産する多品種生産では，何が売れるかという需要情報がまず優先され，売れる可能性が高い製品を作ることを目指す。そこで，消費者に近い川下の後工程から情報を得て，徐々に前段階の工程へと情報が伝えられて，それに応じて生産量を変えていく柔軟性を持った生産方式が求められるようになった。こうした生産方式と情報の流れの良し悪し，すなわち生産管理の成果を図るためには，従来のQCDの指標に加えて，フレキシビリティ（Flexibility）の指標が必要となる（藤本，2001）。フレキシビリティとは，変化に対するシステムの対応能力の高低を指す。

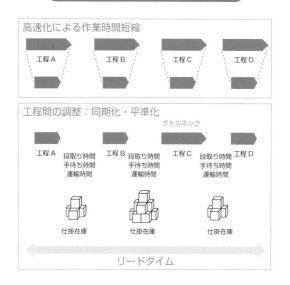

図表 8.7　工程作業の効率化の方法

高速化による作業時間短縮

工程A　工程B　工程C　工程D

工程間の調整：同期化・平準化

ボトルネック

工程A　段取り時間　工程B　段取り時間　工程C　段取り時間　工程D
　　　　手待ち時間　　　　手待ち時間　　　　手待ち時間
　　　　運輸時間　　　　　運輸時間　　　　　運輸時間

仕掛在庫　　　仕掛在庫　　　仕掛在庫

リードタイム

　多品種少量生産は，製品の多様化という変化に対応する，新しい生産方法である。生産システムがフレキシビリティを持つということは，コストの側面では小ロット生産をしても単位コストの増加が抑えられることである。納期の側面では納入期間を長くせずに対応できる体制を整えることを意味する。

　フレキシビリティのある工程を実現するには，異なる形状の，複数の品種の部品を製造し，組み立てる能力を持つことが必要である。それを支える情報システムには，何の作業を行うかという指示を適切に出すためにコンピュータが使われた。大量生産で同じ物を連続して作る場合には作業指示の必要は少ないが，多品種少量生産の工程では，個別に作業内容が異なるために指示がないと的確な作業が行えないからである。このとき，前述の MAP を活用すれば，各作業者の前に位置する端末や自動機械に，電子的に作業指示を適宜与えることできる（松島，1987）。

　さらに，求められる作業が多様になるため，異なる作業を遂行できる汎用性

のある作業者や機械が必要となった。作業者に関しては，複数の標準作業をマスターした多能工が必要とされ，工作機械においては，特定の作業専用ではなく，複数の作業を担える汎用性が高い工作機械が必要とされた。前述の NC 工作機械は，加工形状や加工順序などをプログラムすることで，複数の作業を組み合わせて任せることのできる機械であり，多品種少量生産の生産システムに合致していた。さらに，多能工と NC 工作機械などを組み合わせ，多品種生産を従来の量産体制と同等のスピードでこなすには，作業をコンピュータで制御することが有効であり，そのためにも情報システムの高度化が必要とされた。

　以上のような作業者，機器，情報システムを備え，フレキシビリティを追求した生産システムを，FMS（フレキシブル生産システム：Flexible Manufacturing System）という。FA/CIM で用いた NC 工作機械，産業用ロボット，AGV（自動搬送装置）および自動倉庫などを結合し，コンピュータによって管理し，多品種少量生産に対応する。これにより，製品毎に設備を大幅に変更することもなく，生産コストの低さや納期の短さを維持したまま，複数の製品を需要の変動に応じて生産する，混流生産が可能になったのである。

8.4　製造現場の情報化
——トヨタのジャスト・イン・タイム

　フレキシブルな生産システムを持つ代表的な企業が，トヨタである。トヨタの効率化のアプローチは，段取り・工程間の調整に焦点をおくものである。7つのムダ（作りすぎのムダ，手待ちのムダ，運搬のムダ，加工のムダ，在庫のムダ，動作のムダ，不良を作るムダ）をなくすことがスローガンとして掲げられた。多品種少量生産は，工程の組み替えなどでムダが発生しやすいので，トヨタが掲げたスローガンはムダを無くすことで生産性を向上させようとする点において，整合的であると言えよう。典型的には，ムダをなくすために作業の細分化や専門化をし過ぎないという思想は，自働化（Automation with a Human Touch）や，ジャスト・イン・タイム（JIT：Just-in-Time）といった取り組みに表れている（大野，1978）。

　自働化では，異常や欠陥が発生すると直ちに生産を停止して不良品を作らないようにする。高速化，高性能化した機械を用いると，一つの工程のスピードは上がるものの，異常が起こったときに加工を止めることができずに多くの不良品を作ってしまう。そこで，機械任せにするのではなく人が介入する余地を残し（にんべんの付いた自働化），異常が起こったときには自動で停止する安全装置をつけて，人の判断を要する機械を導入した。同時に，安全装置のお陰で異常があったときにだけ機械の調子を見れば良くなり，作業員の負担が大きく削減された。その結果，一人が複数の工程を受け持つ多能工が可能となった。多能工は，複数の工程に目を配って複数の職務を遂行し，他の工程の埋め合わせなど臨機応変に対応することができる。工程間の齟齬によって生じるムダをなくす上で，多能工が果たす役割は大きい。

　JIT とは，「必要なものを，必要なときに，必要なだけ，調達し生産する」ことを意味している。作業に必要な部品が不足すると，次の作業にかかることができず停滞が発生し，作業が停滞する手待ち時間は工具や設備を遊休化させる無駄となる。だが，作業の停滞を防ぐために作業に必要な部品を過剰に在庫として持つこともまた無駄である。そこで，各工程が必要なときに，必要な量だけの部品が生産ラインに到着するように調整をする。これにより，作業が停滞する非効率も，在庫が過剰に積み増される非効率も回避され，無駄が徹底的に排除され，生産効率が向上する。

　多品種少量生産を実現する生産システムの場合，この他に，生産工程全体のバランスも重要である。大野耐一氏（トヨタ自動車元副社長）は，「速すぎても遅すぎてもだめで，部品でも製品でも必要なときにちょうどよく供給する（日経産業新聞，1988）」と，作業自体を高速化するのではなく工程全体に目を配ることの重要性を説いた。工場は複数の工程で構成される。もし工程ごとに作業スピードが異なるならば，最も作業に時間が掛かる工程がボトルネックとなり，全体の作業スピードを遅くしてしまい，生産リードタイムが長くなる。したがって，個別の工程の非効率をなくすだけではなく，工場全体の中でボトルネックを特定し，遅い工程の増員や高速機械の導入により処理能力をアップさせることが必要になる。

　自働化や JIT といった手法を通じてトヨタが志向するのは，各工程がトップ

スピードを出すことではなく，すべての工程が同期して作業を行い，良い流れを作ることである。すべての工程が同期すること，いわば，工程間が足並みを揃えるためには，互いの仕事内容を理解し，進捗状況を共有することが必要である。こうした工程間の同期および情報共有を支える仕組みの一つが，カンバン方式である。カンバンは，後工程が前工程に対して渡し，部品などの供給を指示する伝票で，いつ，どれくらいの量の部品が必要とされるのかが明記されている（図表8.8，図表8.9）。

　すでに述べたように，少品種大量生産を前提に効率化を図った生産システム

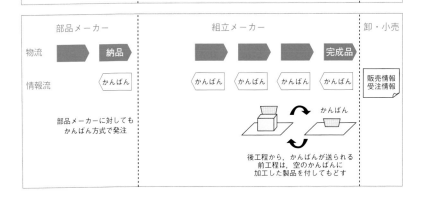

図表8.8　従前の生産工程（上）とトヨタのかんばん方式（下）

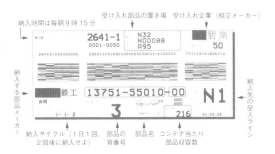

図表 8.9　かんばんの実例

（出所）　藤本隆宏（2001）『生産マネジメント入門：I
生産システム編』日本経済新聞社，p.225

の場合，生産計画は最初に立てられ，生産活動に関する情報は前工程から後工程へと流れていって，計画通りに作業が順次実行されていく。しかしこの方法では，需要変動に対応しにくく，異常や欠陥が発生したり，特定の工程の作業が遅かったりすると，そのボトルネックとなる工程で仕掛品や作業が滞ってしまう。

　これに対し，多品種少量生産を目指すトヨタでは，情報流をあえて逆にし，後工程が「何をいつどれだけどんな方法で欲しいのか」という情報を前工程へと発信する。後工程の必要に応じて，前工程の生産量や生産開始のタイミングが決まるのである。言い換えれば，カンバン方式の基本は，後工程から前工程への引き取り方式（プル・システム）であり，前工程は後工程に従って作業を行い，部品や仕掛品を流す。

　自働化や JIT，カンバン方式は，1980 年代以降，自動車産業での実績を通じてその有効性が高められた。そのため，これら少品種大量生産に適した生産システムは，自動車業界に限らず，様々な製造の現場，サービスの現場で実践されている。並行して情報化が生産やサービス提供の現場にも及んだため，カンバンを電子化したり，QR コードを作り出したりするなどして，実際に情報を

流し，活かす手法も変化してきた。ただし，紙の伝票であったカンバンが電子化されたとしても，その原理は変わらない。むしろ，生産システムを支える思想や効率性向上の考え方を守ったまま，コンピュータなどの情報技術を利用した生産管理システムが作られ，改善されて，現在に至っている。

8.5　設計支援システム
──CAD/CAM，3次元CAD

　製造業，生産活動での情報技術活用は，工場にとどまるものではなかった。生産活動の前提となる，どのような製品を作るのかを計画し，準備する段階，すなわち設計段階でも，それに適した情報システムが作られ，利用されている。

　設計活動のコンピュータ化は，CAD（Computer Aided Design）・CAM（Computer Aided Manufacturing）といわれ，製品設計，開発業務の迅速化に効果を発揮してきた。CADはコンピュータを用いて設計（Design）を行うこと，いわゆる製図のデジタル化であり，1959年に始まった。CAMは，CADなどを用いて創り出された設計情報を工場に伝え，設計情報を生産活動で活用するためのシステムであり，8.3で述べた自動化された工場と組み合わされることで効果を発揮した。すなわち，NC工作機械を備え，加工や組み立て，搬送などが自動化された工場のコンピュータ・ネットワークとCAMが連動すれば，設計情報に基づいてコンピュータが製造装置を制御できるようになり，生産活動の効率化が図られるであろうという見通しで導入が進んだ。

　CADとCAMは当初，別々に開発が進められていたが，1980年代に入ると，CADで作られた設計情報を，CAMを使って生産工程で活用できることを目指すようになった。実際には，共通のデータベースを介することで両者は統合していき，CAD/CAMシステム（キャド・キャム・システム）と総称されるようになった（岩田，1987）。

　CADの導入初期にあたる1970年代は，2次元CADが主流だった。2次元CADは，それ以前の紙の図面を電子化した側面が強く，製品の形状を平面画像として表していた。設計対象となる製品のほとんどは3次元の形状であるか

ら，図面作成（製図）の訓練を受けた技術者が，3つ方向それぞれから見たときの形状を図面に表現し，3枚の平面図（三面図）で3次元形状を表した。三面図を読み取ることも訓練が必要で，技術者は図面を見て，それを頭の中で組み合わせ，実際の製品の形状を想像していた。

こうした実際の設計対象と図面の次元の違い，3次元と2次元の間の変換を変えたのが3次元CADであった。3次元CADは，コンピュータの処理能力，画像表現力を活用することで，コンピュータ上で物体の形状を立体的なまま描画し，複雑な形状をわかりやすく表現することを可能にした。立体をコンピュータ上で描く技術として様々な方法が提案され，試された。立体形状を針金のような線の組み合わせで示したり，複数の面をつなげて表現したりしていた。その中で，1973年に提唱されたソリッドモデルは，コンピュータ上の中身のつまった立体として部品や製品の形状を捉えるようにした。ソリッドモデルの提唱と実用化により，立体の断面を表したり，部品や製品の体積や重心をコンピュータ上で計算できたりするようになった。

1980年代に入ると，従来の2次元CADと3次元CADが組み合わせて使われるようになった。さらに，1990年代中頃からはソリッドモデルが設計の現場で使われるようになった。こうしたCADの変化，性能向上，高度化に伴い，CADの利用目的自体も変化した。

1970年代までの2次元CADを利用する目的は，紙ベースの製図をコンピュータ・ベースに置き換えることで，設計（製図）の効率向上を目指していた。だが，3次元CADが使われるようになり，ソリッドモデルが実用化される1990年代には，設計活動の効率化にとどまらず，開発活動全体の効率化，あるいはCAMを含む生産活動との連動および製造活動全体の効率化が目指されるようになった。とくに開発活動の効率化においては，開発プロセスの前工程と後工程との情報交換を電子的に行うことで，開発プロセスを革新し，開発効率の向上や開発リードタイムを短縮することが目指されるようになった（延岡，1997）。3次元CADを使用することによって，コンピュータ上で設計対象に関するシミュレーションや解析ができたり，開発者間のコミュニケーションが促進されたりするので，開発活動を大きく変革することができたのである（Robertson and Allen, 1993；具・藤本，2000；竹田，2000）。

より詳しく述べると，第一に，3次元CADを用いることで，コンピュータ上で部品や製品の挙動をシミュレーションしたり，性能などを解析したりできるようになった。2次元CADでは2次元データからシミュレーション用のデータを新たに作成する必要があったが，3次元CADではCAD上のデータをそのまま使って，すぐに試作品を作ったり，コンピュータ上でシミュレーションをしたりできたからである。これは，設計時間の短縮，開発コストの削減をもたらした。

　第二に，3次元CADの情報が部品や製品の形状と質量を表現する，中身の詰まったソリッドモデルになったことにより，実際の部品や製品を作らなくても，コンピュータ上で問題の発見や解決を考えることができる場合が出てきた。例えば，部品同士が干渉する（ぶつかってしまう）といった問題を，設計の早い段階で発見し，修正できる。

　第三に，開発および生産に関係する部門で，同じ3次元CADのデータを共有し，情報交換を活発に行ったり，コミュニケーションをしやすくしたりする効果が発揮された。CADがない時代には対面して行わねばならなかった打ち合わせを，オンラインで共有したCAD図面を見ながら電話やテレビ会議，あるいはインターネット通信を介した打ち合わせに変えることができた。これは，打ち合わせに参加可能な部門や人を増やし，コミュニケーションの頻度を変えることで，情報交換や意見調整を円滑に進めることを可能にした。

　最後に，開発活動のプロセスにおける協働が変わり，開発生産性の向上，開発リードタイム短縮が可能になった。開発活動は，コンセプト設計，意匠設計，外部設計，部品設計，金型設計，製造設備設計，構造計算など，複数の段階もしくは作業に分けられている（Clark & Fujimoto, 1991）。これらの段階は前の設計業務（工程）が終わると，次の設計業務（工程）が始まるというように，逐次的に行われていた。だが，ある設計業務が問題を解決しきれないまま，次の設計業務が開始されると，結局は前工程の再設計や修正（手戻り）が必要になり，開発リードタイムは伸びてしまう。3次元CADの導入は，こうした未解決の問題の持ち越しを防ぎ，早期の問題解決を促すことで，開発リードタイムが長くなりにくい効果をもたらしたのである。

　さらに，3次元CADを導入することで，前工程の情報が早めに確定したり，

確定前に後工程に伝えられたりして，変更含みの設計情報に基づいて部門間の意見交換が促されることになった。すなわち，前工程の設計業務の終了を待たずに，後工程の設計業務を始め，同時並行的に設計業務を進められるようになった。段階もしくは対象が異なる設計業務を同時進行で行うことを，コンカレント・エンジニアリング（CE：Concurrent Engineering）という。コンカレント・エンジニアリングは，3次元CAD導入前から実施されていた開発組織の運営方法であったが，設計業務のIT化が進み，3次元CADのようなシステムが導入されたことで，より効果的になったといえる。なぜならば，複数の設計業務を担う現場を，ネットワークで結び，統合されたデータベースを構築することにより，複数の設計の現場が互いの進捗状況を公開しあい，設計に関係する問題解決に，複数部門が同時かつ共同で当たることになったからである。その上，コンカレント・エンジニアリングは企業の境界を超え，部品メーカーと組立メーカーなど企業間における設計の分業でも実施されるようになり，その効果が増した事例もある。企業間で設計データのやり取りをするCALS（第6章参照）と組み合わせられることで，設計現場の情報化が進み，設計業務の効率化，短期間化が実現したのである。

演 習 問 題

8.1　今後，生産や設計の現場でITが活用される場面はどこにあると考えられるだろうか。先進的な企業の事例を調べてみよう。

第9章

経営資源としての情報システム

　これまで見てきたように，企業は意図を持って，様々な情報システムを導入している。では，情報システムはいかに，どのような論理で，企業の競争優位構築に貢献するのだろうか。本章では，企業を経営資源の束（集合体）と考え，それを活用する能力を重視する，資源・能力アプローチ（RBV：Resource-based View of the Firm：リソース・ベースド・ビュー）の考えに基づいて，この問いを考えていく。RBV の考え方では，企業を経営資源の集積体であると捉える。そして，他社にはない，独自の経営資源の蓄積と，それを活用する組織としての能力（組織能力）が企業の競争優位に影響を及ぼすと考える（Penrose, 1995）。RBV の見方に立つと，経営情報システムは経営資源の一要素であると見なせる。企業は，意図を持って経営情報システムという経営資源を導入し，それを組織として使いこなす。情報システムという経営資源と，それを使いこなす組織能力が結び付くことによって，企業行動が変わり，企業の競争優位が現れると考えられる。

○*KEY WORDS*○

経営資源，組織能力，資源・能力アプローチ（RBV），
情報的相互作用，ナレッジ・マネジメント

9.1 企業の競争優位の源泉としての経営資源，組織能力——人的機構

○ 競争優位の源泉としての経営資源，組織能力

　同じ業界（産業）に属していながらも，企業の業績には違いがある。たとえば，コンビニエンスストアの業界では，セブン-イレブンとローソン，ファミリーマートでは，利益額や売上高が違っている。なぜ，同一業界の中で業績の差が生じるのだろうか。同一業界に属しているのだから，業界構造の枠組みだけでは説明できない。さらに，業績の差は容易に変動せず，ある程度安定的に発生していることから，ランダムではない要因が背後にあると想定できる。経営学では，企業の業績の違いの背後には競争優位・劣位があると考え，さらにその背後には，企業が保有する経営資源（management resources）とそれを活用する組織としての能力（組織能力）の違いがあると考える（図表9.1）。

　経営学が想定する枠組みでは，企業の利益や競争優位の本質的な源泉は，企業内で独自に蓄積された，ヒト，モノ，カネ，そして情報という経営資源から

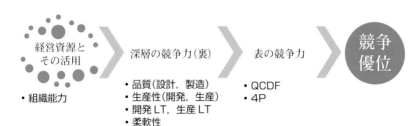

図表9.1　競争優位を作り出す構造——経営資源，組織能力

（注）　LT はリードタイムの略

（出所）　藤本隆宏（2001）『生産マネジメント入門：Ⅰ　生産システム編』日本経済新聞社，p.106 を元に作成

生じると考える。ここで，経営資源とは，事業を行っていく上で必要とされるあらゆる有形，無形の資産を指す。具体例としては，経営者や従業員といったヒト，資本設備などのモノ，金融資産を含むカネ，そして，技術・経営ノウハウ，顧客の信用やブランド・イメージなどの情報である。

　ただし，もし全く同じ経営資源を持っていたとしても，同じ成果をあげられない場合もある。われわれ人間が，同じ PC を持っていても，同じ仕事をできるとは限らない状況と同じである。企業もまた，われわれと同じく，保有する経営資源をいかに使いこなすのか，経営資源の使い方によって成果が異なる。そこで，経営資源と並んで重要視されるのが「資源を，組織的なプロセスを利用しながら組み合わせ，上手に使いこなして，望ましい結果を生み出す力」である組織能力（organizational capability）である。

　このように，企業の競争優位の源泉を経営資源と組織能力に求める考え方を，資源・能力アプローチ（RBV）と呼ぶ。この見方に立てば，同じ産業内であっても，企業は一社一社，保有する資源，それを使いこなす能力が違っているため，異なる企業行動を実現でき，利益などで測られるパフォーマンスが違うと考えられる。Ⅲで取り上げる，オンライン証券業界の松井証券の例に則していえば，市場が本格的に立ち上がる前にコールセンターのみの証券会社に転換し，その経験から，他社が簡単に知り得なかった「回転数」を上げることが重要であるという知識を得たという点において，他社とは異なっていた。いかなる顧客（「いくら少額でも，何回売買を繰り返しても文句をいわないシステム」を通じて取引をすることにメリットを感じる，積極的に証券の売買を行う顧客）に対し，どのような価値を提供するのか，という戦略。戦略に基づいて，ターゲットに定めた顧客に価値を提供する中で，コールセンターへの絞り込み，回転数への着目と言った戦術。そして，日々のオペレーションとそれを支える情報システム。これらの戦略，戦術，オペレーションと情報システムを構築したからこそ，他社に対して有効で，比較的長く続く差異，競争優位ができたと考えられる。

○ 戦略，戦術，オペレーション，振る舞い・行為

では，競争優位に結びつく独自の企業行動はどのように作られていくのだろうか。より一般的な概念を使って考えてみよう。

戦略は，企業行動の目標を設定し，それにいかにしてたどり着くのかという道筋を示す。それは，経済社会の中で企業がどのような役割を果たすのか（ポジショニング）という発想で構想されたり，いままでの企業行動の中で培われた他社にはない経験とそれがもたらした人材や知識など（リソース）をどのように活かすのかという発想で構想されたりする。しかしながら，戦略は企業全体，事業部全体といったマクロのレベルでの意思決定である。そのため，戦略だけでは企業に関わるヒトの振る舞い，行為や行動を決められない。したがって，戦略はより具体的な内容に分解される必要がある。

戦略をブレークダウンする際には，戦術，オペレーションという段階を想定することができる。戦略よりも短期，具体的，狭い範囲の意思決定が戦術であり，戦術をさらに短期，具体的，狭い範囲に絞り込んだ意思決定がオペレーションと呼ばれる。逆にいえば，オペレーションから徐々に積み上げて，長期間の，抽象的な，広い範囲をカバーする意思決定を行うことが，戦略を決めること，すなわち，戦略的意思決定を行うことである。

ここで，オペレーションは具体的で，店舗や工場，オフィスなどの現場で，日々行動する人々を規定する。それでも，企業に関わるヒトは，オペレーションという計画に従うだけではなく，状況に応じて振る舞うことがある。それゆえ，オペレーションよりもさらに瞬間的で，ある現場で行われるヒトの具体的な行動を想定する必要がある。ここでは，オペレーションよりも細かい，活動の最小単位として，企業に関わるヒトの「振る舞い（行為）」を考えておこう[1]。

戦略，戦術，オペレーション，ヒトの振る舞いという 4 つの段階を想定すると，日々のヒトの振る舞いが積み上げられ，合成されることで，より大きな単

---

[1] 似たような概念としては，伊丹敬之の「場」，藤本隆宏の「現場」などがありうる。ただし，場はやや抽象度が高く，現場は比較的安定したヒトの行動のパターン（ルーティン）を指し示すことが多い。ここでは，より具体的で，安定しない（フローの）行動として，振る舞いという言葉を導入する。

図表 9.2　ミクロレベルとマクロレベルの相互作用

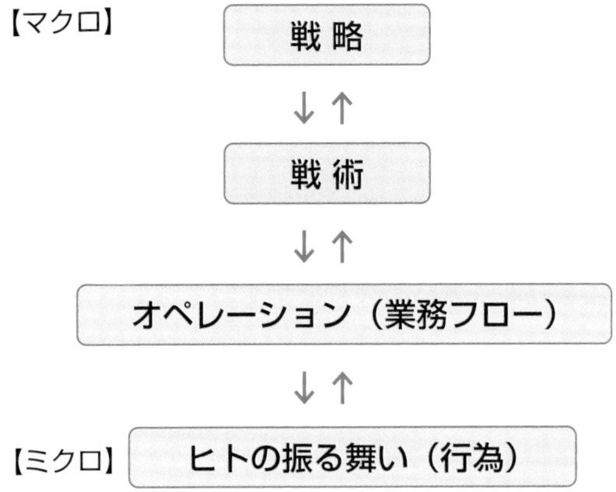

【マクロ】　　　　戦　略

↓ ↑

戦　術

↓ ↑

オペレーション（業務フロー）

↓ ↑

【ミクロ】　ヒトの振る舞い（行為）

位である企業行動が生じると考えられる。振る舞いの積み重ねと集合がオペレーションであり，オペレーションの積み重ねが戦術に束ねられて，戦術を総合するものが戦略，という階層構造である。したがって，企業に関わる一人ひとりのヒトの振る舞いが積み重ねられ，集められて，独自の企業行動は成し遂げられるといえる。そして，この企業行動の連続が，企業独自の経験とそれに由来する資源の蓄積につながる。したがって，戦略を構想するとは，こうしたヒトの振る舞いを念頭に置いて，これまでにいかなる独自の行動が取られたかを振り返り，それを活かすような目標と目標達成の手段を考えることになる。あるいは，こうした企業独自の行動，経験，資源を踏まえて，経済社会の中で企業がいかなる位置を占めるべきなのかを考えることが，戦略を構想することと同義になる（図表 9.2）。

○ 戦略に基づく企業行動の中身

　ヒトの振る舞いの積み重ねがいかに戦略に結びつくのか，戦略はどのように

ブレークダウンされてヒトの振る舞いを左右するのか。ここでは，われわれがヒトの振る舞いを見ることができるコンビニエンスストアを例にあげて理解を深めていこう。

　コンビニエンスストアで顧客が商品を買う，という第1章や第7章で取り上げた事例を想定しよう。コンビニエンスストアで顧客が商品を買うと，どのような顧客が，どの商品を，いつ，どこで，いくらで購入したのかが記録される。同時に，どの従業員（店員さん）が商品を確認し，代金を受け取ったのかも記録される。この顧客の振る舞い，従業員の振る舞いは記録され，企業内に蓄積されて，分析される。振る舞いの分析結果を踏まえて，オペレーションの見直しが行われる。具体的には，従業員の対応が適切であったかどうか（ヒトの課題），商品の過不足やレジや棚などの設備の不具合はなかったか（モノの課題），商品代金に過不足はないか（カネの課題），キャンペーンや商品情報の提供は効果があったか（情報の課題）といったことを含む，様々な事柄が検討される。こうしたヒト，モノ，カネ，情報といった経営資源に関する課題を抽出できれば，課題を解決すべく方策を考えることができる。具体的には，従業員のマニュアルや訓練を見直したり，店舗に配送する商品の品数や数量を見直したりする。こうした課題抽出と課題解決の検討を通じて，より良いサービス（商品の販売の仕方）が見いだされれば，オペレーションの新しい方法として定着することになるだろう。オペレーションが見直されれば，それを踏まえて，実際の店舗や配送，その他の従業員の振る舞いが変わり，その振る舞いが再び記録されて，蓄積，分析される。こうして，絶え間なく，繰り返し，実際のヒトの振る舞いとオペレーションの見直しが行われ，「店舗で商品を売る」というサービスの改善が行われる。

　さらに，振る舞いの分析に基づくオペレーションの変化は，その店舗を含む戦術の見直しを迫る場合もある。そもそも店舗が顧客にとって必要なのか（店舗の配置），競合他社の店舗よりもいかにして顧客をひきつけるかといった課題を見いだし，それを解決するために意思決定をして，戦術を変更する。その先で，こうした戦術の見直しは，コンビニエンスストアを運営する企業の，より長期的な戦略に影響を及ぼすだろう。

　このように，具体的なヒトの振る舞いが起点となって，オペレーション，戦

術，戦略が徐々に塗り替えられていくことがある。これは，ボトムアップの戦略形成と呼ぶことができる。反対に，既に述べたように戦略は戦術を規定し，戦術に従ってオペレーションの内容が決められ，それに基づいて従業員などのヒトが振る舞う場合，戦略はトップダウンによって形成され，それが企業の内外で繰り広げられるヒトの振る舞いを変えていく。

○ 企業の独自性（Uniqueness）の形成

　振る舞いを起点としたボトムアップで現場主導の経営戦略の形成も，トップダウンの戦略によって企業の内外のヒトの振る舞いが変わることも，戦略，戦術，オペレーションといった計画に基づいて，ヒトを中心とした経営資源が動き，その動きの結果を踏まえて，計画が見直されていく，という点では同じである。したがって，企業は，計画と実行の繰り返しを経て，少しずつ製品やサービスを改善していくものだと見なせる。

　言うまでもなく，このような計画と実行を通じた企業行動の変化は，「コンビニエンスストアで商品を売る」というサービスだけではなく，他の企業でも見られる。新しい製品サービスを創り出す開発，顧客に提供可能な状態の製品やサービスを造る製造（提供），店舗や Web サイトを通じて製品やサービスと金銭を交換する販売，といった企業の主要な活動はすべて，計画と実行の繰り返しである。さらに，こうした「創って，作って，売る」という主要な活動を支える補助的な活動も計画と実行の繰り返しである。

　計画と実行の繰り返しの中で，企業もしくはその中の一部分のヒトは，他社とは違う経験を積む。われわれが何気なく繰り返している「コンビニエンスストアで商品を買う」「インターネットを通じて，証券などを売り買いする」といった行動も，企業の側から見れば，一回一回違う事柄，他社が経験しない事象として記録される。この経験の違い，より正確にいえば，経験の違いの積み重ねが，企業の独自性（Uniqueness）の源となる。

　ただし，われわれ人間と同じく，ただ経験しただけでは，企業が自社の独自性とそれに基づく強みと弱み，他社との違いを認識できない。経験を振り返り，現在と将来に役立つように整理することが必要である。その際に意味を持つの

がデータである。データとして表現される企業の経験の総体を，人と情報システムが織りなす情報的相互作用によって，意味のある情報，価値のある知識へと転換していく。この際に利用される情報システムは重要な経営資源であり，情報システムを利用してデータを分析する行為は，まさに，企業が経験した事象の整理にあたる[2]。

　ここで，経験の整理という活動をより正確にいえば，まずは豊富に経験（データを蓄積）し，次に経験を文脈的意味に関連づけて解釈して，評価する段階がある。これは，データを分析して情報に変換する過程であるといえる。それに続いて，データから導き出された情報を解釈，評価し，経験の中から普遍性があると評価されたルーティンやプログラムを見出す段階を想定できる。これは，データの分析結果から得られた情報を踏まえて，知識を創造することを意味する。データから情報へ，情報から知識へと変換してゆく過程として，情報的相互作用は継続する。その結果，元々他社にはない経験に由来するデータは，情報へ，知識へと変換され，本当に意味のある，他社にはない仕事の進め方（業務遂行）を創り出すことにつながっていく。言い換えれば，過去の多くのヒトの計画と実行の結果である経験は，データと情報として企業の中で強力に記憶され，その中の幾分かは知識へと昇華されていく。この過去の経験に根ざした知識があるからこそ，現在の企業は独自の行動を取ることができ，われわれが目にする「あの企業にしかない」製品やサービスが実現される。これが，情報的経営資源が差別化の源泉になるということの意味である。

9.2　情報システムと競争優位
——人的機構と機械的機構の相互作用

○　情報システムによって可能になったこと

　コンビニエンスストアの場合でも，Ⅲで紹介する松井証券の事例でも，企業

2　第1章（6-7頁）のデータ，情報，知識についての定義も参照されたい。

が競争優位を構築するための独自の経営資源，組織能力を保有するためには，経営情報システムが一定の役割を果たしている。経営情報システムが経営資源と組織能力の蓄積に貢献することは，事例であげた企業に限定されない，現代企業の多くにあてはまる現象である。そこで，前節の議論を踏まえ，今度は経営情報システムを中心に据えて，経営資源や組織能力の蓄積がどのように進むのかを考えていこう。経営における情報システムの一つの意義は，企業の内外で繰り広げられるヒトの振る舞い（行為）を記録し，蓄積し，分析可能にすることにある。

　ヒトの振る舞いの把握とその分析，分析に基づく課題抽出と解決策の案出は，いまのような ICT がない時代にも行われていた。典型的な例は，第 8 章で取り上げたトヨタ自動車の生産システム（TPS：Toyota Production System）である。TPS では，工場の中のヒトとモノの流れを様々な方法で記録，分析し，ムダ，ムリ，ムラがより少ない効率的な自動車の作り方を，50 年以上掛けて作り上げた。しかも，その進化はいまでも続いている。こうしたトヨタ自動車の生産における取り組みは，カイゼン活動，TQM（Total Quality Management），カンバン方式など，多くの優れた自動車の作り方のノウハウ（知識）体系を生み出した。その結果，トヨタ自動車は世界でトップクラスの，独自のものづくりをする企業になり得た（藤本，1997）。

　しかしながら，ICT とそれを活かした経営情報システムは，ヒトの振る舞いを含む経営資源の動きを，より正確に，自動的に，多面的に記録することを可能にした。さらに，企業に所属するヒト（従業員）だけではなく，企業の境界の外にいる顧客や取引先企業の従業員，企業の境界の外のモノやカネや情報の把握も可能である。第 6 章で紹介した，オンラインシステムが企業の境界を超えて広がった事例を思い出して欲しい。

　加えて，デジタルデータで記録された，広範囲のヒト，モノ，カネの動きは，際限なく蓄積することができる。このような正確さ，自動性，多面性，範囲の広さ，時間の長さを持つデータの記録は，経営情報システムによって現実のものになった。

　もちろん，大量の，かつ，多様なデータを蓄積しても，それを処理，分析して，意味のある情報を抽出し，価値のある知識に変換できなければ，企業の独

自性にも，競争優位の源にはなり得ない。そこで，データの分析手法も重要になる。したがって，経営情報システムを構築し，その性能を向上させることのもう一つの意義は，データを処理し，情報や知識に変換する力を向上させることにあると考えられる。

このように，経営情報システムを利用することによって，企業は，その経験を克明に記録できる。その上で，それを意味のある情報，価値のある知識に変換して，他社との違い，独自性を創り出しやすくなる。

○ 情報システムの模倣困難性

ここで注意が必要なのは，他の企業の資源と同様，あるいはそれ以上に，経営情報システムは模倣が容易であることだ。情報システムを構成するハードウェアも，ハードウェアの上で走るソフトウェアも，ある企業が優れたものを持っていていれば，他社も同じものを導入しようとする。たとえば，POS システムを含むコンビニエンスストアの経営情報システムは，セブン-イレブンが先行して構築した。しかし，このシステムを使うと効率的に商品が販売でき，高い利益率を得ることができるとわかると，競合他社も同様のシステムを導入した。結果として，セブン-イレブンにとって，経営情報システムだけでは他社との差別化は難しくなっていった。

しかも，現在のように，情報システムの構築を IT ベンダーやコンサルティング企業のような外部の専門企業に委ねている場合には，経営情報システムの模倣を防ぐことは，より一層困難になる。では，他社による模倣を防ぐために，外部の専門企業ではなく，自社内で開発しようとすれば良いだろうか。それには一定のコストが掛かり，良いシステムが構築できるとは限らないという課題がある。したがって，他の経営資源，組織能力と同じように，独自の情報システムを構築することがもたらす競争優位を実現するメリットとコストを勘案して，情報システムの構築を自社で行うか，他社に委ねるかの意思決定（Make or Buy）を行う必要がある。

このように模倣困難性が低い状況だからこそ，企業は経営情報システムの構築と運用について深く考える必要がある。情報システムを自社で構築するか，

外部企業に委ねるかの意思決定は，単純な二分法ではない。一定の部分を自社で構築し，その他の部分を他社に委ねる，というメリハリの利いた境界設定も可能である。

　さらにいえば，どのようなデータをいかにして収集し，蓄積したデータをいかに処理して情報に転換し，情報の結果を踏まえてどのような知識を生み出すのかは，情報システムだけではなく，それを扱うヒトの力にも依存する。すなわち，情報システムの構築，運用，活用もまた，企業に関わるヒト，組織の能力によって変わり得る。逆にいえば，たとえ同じハードウェアとソフトウェアで情報システムを構築しても，それを使いこなすヒトの能力や分析，解釈といった行為が異なれば，違うデータ，情報と知識が得られる。この意味において，情報システムとその運用もまた，計画と実行の繰り返しの中で改善され，研ぎ澄まされていく。そして，TPS のように，長い時間を掛けて改善が積み重ねられ，研ぎ澄まされた情報システムは，模倣困難になり得ると考えられる。

○　経営情報システムと競争優位

　では，具体的に，どのように経営情報システムは企業の中に位置づけられるのか。経営情報システムの存在を加味して，戦略，戦術，オペレーションとの関係をあらためて見てみよう。

　第一に，戦術に基づくオペレーションの結果の測定と評価，オペレーションの結果に基づく戦術の見直しの局面で，経営情報システムは役割を有する。このフィードバック・ループを回すためにも，オペレーションの効果を測定するためのデータとはどのようなものか，それをいかに処理して情報や知識を得るかを考えなければならない。さらに，オペレーションの結果，有効でないと判断された戦術を見直すためにも，収集したデータに基づく情報や知識は役立てられる。戦術とオペレーションのフィードバック・ループを支える ICT のシステムは，他の情報システムと区別して，業務フローを対象としたシステムと呼べるだろう[3]。

　第二に，戦略が立案されて，それを戦術にブレークダウンして実行していく際にも，戦略と戦術の有効性を判断するためのフィードバック・ループが回る。

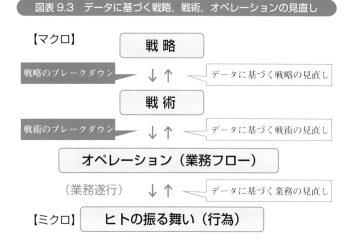

図表9.3 データに基づく戦略，戦術，オペレーションの見直し

【マクロ】 　戦　略

戦略のブレークダウン　↓ ↑　データに基づく戦略の見直し

戦　術

戦術のブレークダウン　↓ ↑　データに基づく戦術の見直し

オペレーション（業務フロー）

（業務遂行）　↓ ↑　データに基づく業務の見直し

【ミクロ】 ヒトの振る舞い（行為）

その一環として，戦術の効果を測定するデータを集められるように経営情報システムが設計される。戦術の効果は収集されたデータに基づいて評価され，戦術の妥当性が解釈され，評価される。さらに，戦術を実行した結果を分析すれば，ヒトは妥当性の高い関係（仮説）を生み出す。戦略が変わらない期間中であっても，戦術を変える場合には，情報システムが集めたデータと，それを分析して得られる情報，その分析の中で得られる仮説などが役立てられる。つまり，ある戦略に基づく戦術という計画の有効性は，経営情報システムをヒトが利用することによって確かめられる。その戦術の有効性が高いと判断されれば戦術は維持されるが，有効性が低いと判断されれば戦術の見直しが行われる。こうした戦術の見直しの先で，戦術を実行した結果が戦略と合致しないことが確かめられた場合には，戦略の見直しが行われる場合もある。その際にも，経営情報システムが集めるデータと，それを分析した結果として得られる情報や

---

3 ただし，他の研究書や教科書では，本書の情報システムと業務フローシステムをまとめて，情報システムと呼ぶことがある。ここで2つのレベルのITシステムを分けて述べるのは，扱われるデータのタイプ，粒度，活用の目的がかなり異なるからである。

知識が役立てられる。したがって，経営情報システムは，戦略と戦術の間のフィードバック・ループを回すために役立てられる。以上の関係を図示すると，図表9.3のようになる。

○ ナレッジマネジメントと情報システム

　経営情報システムの歴史を振り返るとき，企業が自らの戦略や戦術の妥当性を判断し，フィードバック・ループを回すために使われたデータは変わってきた。EDPS 時代から ERP に至るまでは，売上情報や在庫情報など，一部の業務に関わる数値であった。このことを踏まえると，本章で述べてきたデータに基づく戦略，戦術，オペレーションの見直しと，それに基づく独自の企業行動，競争優位の構築は，収集するデータの範囲を広げ，分析を精緻にすることで，より幅広く，競争優位の源泉を開拓しようとする試みであったと見なせる。言い換えれば，過去は会計数値や財務数字に限定して集められ，分析されてきたデータは，経営情報システムの性能向上と共に，より幅広い企業活動を表すデータを対象とするものへと多様化してきた。その上，数値化されていない現場のノウハウなども数値化し，そこから汲み取られる「良い業務遂行のあり方」を作り出すことが，現在は目指されている。

　こうした知識やノウハウは日々の業務の経験によって獲得され，従業員の中に蓄積される。ただし，そうしたデータや情報を企業内で共有できるものに変える仕組みが必要である。経営学の中で，データや情報の共有に基づいて知識を創り出すことへとつなげていくマネジメントのあり方を，ナレッジ・マネジメント（Knowledge Management）という。ナレッジ・マネジメントは，現代企業の競争優位の源泉としての情報や知識を創り出しやすいようにするマネジメントであるともいえる。

　ナレッジ・マネジメントの提唱者である野中郁次郎らは，企業として知識を創造することを組織的知識創造と呼び，その重要性を説いた（野中，1990；Nonaka and Takeuchi, 1995）。ナレッジ・マネジメントは，組織メンバーの能力を引き出し，組織として情報や知識を生み出すマネジメントであると定義された。それは，狭い意味では個人に蓄積された知識の組織的な共有であり，広

い意味では，組織的な知識創造のプロセスの実現であるとされる。従業員個人が持つデータや情報を，企業全体の知識へと転化することで，新しい製品やサービスの実現，無駄のない効果的な業務プロセスの実行，顧客満足を上げる製品サービス水準が達成されるという考え方であるとも言える。

知識創造とその理論は，経営情報システムとは別に提唱された経営の理論である。だが，本章の関心に照らせば，経営情報システムがいかにナレッジ・マネジメントを補完し，企業の競争優位の構築に貢献するのかが重要である。より具体的には，データベースの整備，社内検索エンジン，新しい経営情報システムの利用などは，適切なマネジメントと組み合わせられることで，組織的な知識創造を促すだろう。あるいは，データマイニングやビッグデータの分析を実行すれば，ヒトの分析と解釈だけでは気づけないような仮説や変化に気づくことが促され，それまでとは異なる知識創造が可能になるかもしれない。ここで問われるのは，いかなる経営情報システムとマネジメントが，組織としての知識創造を促進し，高度にしていくのかである。これに対する答えはまだないが，野中たちの知識創造理論に立ち戻ることで，考えてみよう。

知識創造理論では，知識の2つのタイプを想定する。その一つは，言語で表現されうる客観的で理性的な知識としての「形式知」であり，もう一つは，個人の経験によって獲得される，言語では表現し得ない主観的で身体的な知識としての「暗黙知」である（図表9.4）。

形式知は，数値に表したり，定型化したり，文書化ができる客観的で理性的な知である。他方，暗黙知は，個人が経験や特定の状況で習得する知識であり，文書化したり，他人に伝えたりするのが難しい知である（Polanyi, 1966：Nonaka & Takeuchi, 1995）。製造の現場を例にとれば，作業マニュアル（SOP：Standard Operating Procedure）は形式知にあたり，作業に従事するヒトの経験や勘に裏打ちされた作業方法は暗黙知にあたる。営業の業務を例にとれば，文書化された顧客情報や営業報告書は形式知にあたるが，その人独自の接客ノウハウなどは暗黙知だと見なせる。

知識創造理論では，知識創造を担うのは個人であり，組織は個人が知識を創造する過程を支援し，コンテキストを提供すると想定する。その上で，組織の中の個人の知識創造を考える SECI モデルを提唱している。それは，4つのフ

図表 9.4　暗黙知と形式知の対比

暗黙知	形式知
・主観的な知（個人知） ・経験知（身体） ・同時的な知（今ここにある知） ・アナログ的な知（実務）	・客観的な知（組織知） ・理性知（精神） ・順序的な知（過去の知） ・デジタル的な知（理論）

（出所）　Nonaka, I. and Takeuchi, H.（1995）. *The Knowledge-Creating Company: How Japanese Companies Create the Dynamics of Innovation*, Oxford University Press.（野中郁次郎・竹内弘高著　梅本勝博訳『知識創造企業』東洋経済新報社，1996 年）

ェーズを繰り返し行う，循環運動を経ることで，知識が創造されると想定する。

　4 つのフェーズの一つは，共同化（S：Socialization）であり，創発場における対面コミュニケーションを通じて，暗黙知の共有や結合が行われる。経営情報システムは，組織メンバーの間のコミュニケーションを促すことで，このフェーズを補完するだろう。

　第 2 のフェーズは，表出化（E：Externalization）であり，対話場における対話，議論を通じて，暗黙知から形式知への変換が行われる。経営情報システムは，データの可視化やセンシングによって，組織メンバーが「感じているが上手く言い表すことができない暗黙の知」を表現することを補完し得るだろう。

　第 3 のフェーズは，連結化（C：Combination）であり，システム場における情報処理を通じて，形式知の結合が進められる。経営情報システムは，各種データを結合し，組み合わせて分析することを可能にする点において，このフェーズを促進するだろう。

　第 4 のフェーズは，内面化（I：Internalization）であり，研修，OJT などの実践場における学習を通じて，組織が有する形式知を個人が習得し，暗黙知化していく。経営情報システムは，オンライン学習システムなどを通じて，個人の学習を助け，このフェーズを促すだろう。

以上のように，経営情報システムは，企業の中の知識創造を支援し，有意義な知識や情報を創り出して，競争優位の構築に貢献する可能性をもつ。組織による知識創造を意図的に行う仕組みであるナレッジ・マネジメントが，経営情報システムの支援によって促進されるのである。

コラム　グループウェア

現在，多くの企業で利用されているグループウェア（groupware）を含む，各種ITツールの効果と意義も，ここまで述べてきた知識創造理論と経営情報システムの関係を下敷きにすることで，より良く理解できるだろう。グループウェアは共通の仕事や目的を持ったグループが行う作業を支援するためのシステムである。1989年に発売されたロータスノーツ（Lotus Notes）が代表的であったが，現在では，サイボウズなど複数の企業が提供している（図表9.5）。

グループウェアの機能として基本となるのが，文書作成と管理，データベースである。セキュリティ管理機能によって権限のある人のみが情報を見る仕組みを簡単に作ることができる。最近のグループウェアは，スケジュール管理やワークフロー管理，さらにコミュニケーションのための電子メールや電子掲示板なども加わって充実しており，従業員同士の日々のコミュニケーションに用いられる。ただし，このように日常的に使われるようになるには，パソコンが登場し一人一台の体制でコンピュータを

図表9.5　サイボウズ Office 画面イメージ

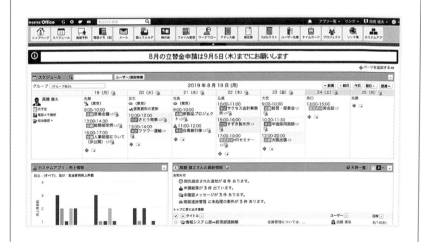

（出所）サイボウズ株式会社 WEB ページ「サイボウズ Office トップページ」
https://office.cybozu.co.jp/function/detail/toppage/

占有できる環境が必要であった。

9.3 終わりに──競争優位の源泉と情報システム

　本章では，企業が他社とは異なる行動を取り，高い利益を上げられるのはなぜか，という問題に取り組んできた。それに対する回答は，企業が独自の経営資源，組織能力を有するからだというものである。

　では，そうした独自の経営資源，組織能力はどこから生じるのか。それは，戦略，戦術によって枠組みが与えられた中で，企業に関わる一人ひとりのヒトが，日々，より良い製品やサービスを提供しようとして振る舞うことによる。さらに，そうした振る舞いが積み重ねられ，集められ，分析され，解釈されることによる。こうした戦略に基づく企業行動，それをミクロなレベルで支えるヒトの振る舞いを支え，より効果的なものにするのが情報システムに期待される役割であろう。

演習問題

　9.1　知識を生み出したり，身につけたりする状況を描いてみよう。その上で，それを SECI モデルにあてはめてみよう。

Ⅲ

発展編

第 10 章

ICTと
イノベーションの創出

　　ICT の発展一つひとつがイノベーションの積み重ねであり，その
成果は私たちの生活や企業経営に大きな影響を与えてきた。本章で
は，イノベーションとは何か，イノベーションを実現するためのプ
ロセスと乗り越えるべき困難とはどのようなものか，について確認
したうえで，ICT の発展によるイノベーションの研究への影響につ
いて見ていくこととする。

○KEY WORDS○
イノベーション，イノベーションのプロセス，魔の川，
死の谷，ダーウィンの海，
ラディカル・イノベーション，インクリメンタル・イノベーション，
分断的イノベーション，持続的イノベーション

10.1　イノベーションとは[1]

○ イノベーションという語

　イノベーションという語を，私たちはさまざまな場面で耳にする。企業経営や戦略に関する議論はもちろんのこと，国家の政策レベルの議論などでも語られることも多い。

　イノベーションの語源はラテン語の "innovare" であり，何かを新しくする，ということを意味する。今日使われているイノベーションを最初に体系づけて理論化したのは，オーストリアの経済学者シュンペーター（Joseph A. Schumpeter）である。

　彼は著書『経済発展の理論（第2版）』の中で，イノベーションとは，「新しいものを生産する，あるいは既存のものを新しい方法で生産すること」であると定義づけた（Schumpeter, 1934）。ただし，ここでの「生産」は，「物を作りだすこと」という一般的な意味だけでなく，「利用可能な物や力（Materials and Forces）を結合すること」という，より広い意味を含んでいる。

　そして彼はこの定義を，よりイメージしやすいように，以下の5項目に分類した。

　第1が，新しい財や，財の新しい品質の開発，第2が，新しい生産方法と，財の商業的取り扱いに関する新しい方法の開発，第3が，新しい販路の開拓，第4が，原材料ないし半製品の新しい供給源の獲得，そして最後の第5が，新しい組織の実現である。また彼は，この5つの新たな組合せをも，イノベーションであるとした。

　必ずしも学術的な用語ではないが，これらを現代的な用語で意訳すれば，それぞれ，①プロダクト・イノベーション（画期的な新製品・サービスの創出），②プロセス・イノベーション（画期的な新しい開発・生産・流通プロセスの創

---

1 イノベーションについてより詳しく勉強したい場合は，近能・高井（2010）『コア・テキストイノベーション・マネジメント』新世社の各章を参考にされたい。

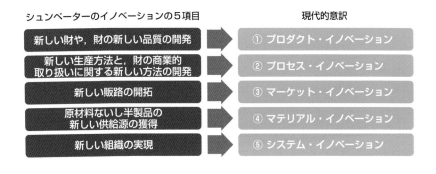

図表 10.1　シュンペーターのイノベーションの定義と現代的意訳

シュンペーターのイノベーションの5項目		現代的意訳
新しい財や，財の新しい品質の開発	➤	① プロダクト・イノベーション
新しい生産方法と，財の商業的取り扱いに関する新しい方法の開発	➤	② プロセス・イノベーション
新しい販路の開拓	➤	③ マーケット・イノベーション
原材料ないし半製品の新しい供給源の獲得	➤	④ マテリアル・イノベーション
新しい組織の実現	➤	⑤ システム・イノベーション

出），③マーケット・イノベーション（新しい市場や流通チャネルの創出），④マテリアル・イノベーション（画期的な新しい部品や材料の創出），⑤システム・イノベーション（画期的な新しいビジネスシステムの創出）ということになる（図表 10.1）。

○ インターネットとイノベーション

　前項でシュンペーターのイノベーションの定義を見てきたが，具体的に，インターネットやインターネット・ビジネスを，この5項目にあてはめてみるとどうなるだろうか。

　①プロダクト・イノベーションは，インターネットでソフト（アプリ）がダウンロードでき，また対戦やコミュニケーションがとれるオンラインゲームといった製品や，インターネットオークションあるいはインターネットフリーマーケットのように，既存の技術では実現し得なかった消費者間，あるいは企業と消費者とをつなぐサービスなどがあてはまるだろう。

　②プロセス・イノベーションは，インターネット書店で見られるような，ネット上で購買の意思決定から決済までを行い，自宅やコンビニなどの指定場所へ配送するといった商品提供の新しいプロセスを開発・実現したことや，イン

ターネットを介して複数拠点での製品開発を同時並行的に行える CAD システムを実現したことなどがあげられるだろう。これまでも専用回線によって実現できていたものはあっても，より安価で幅広く利用できるようになったメリットは大きい。

③マーケット・イノベーションは，後述するオンライン証券で見られるように，自宅や職場で逐次取引ができるようにすることで，若年層など，これまでとは異なった顧客層を中心とした新市場を作り出したことや，インターネット通販を通じて，地方の小規模の店舗が全国どこにでも品物を届けるお取り寄せが実現したことなどがあげられるだろう。

④マテリアル・イノベーションは，インターネットによって，世界中の不特定多数の潜在取引先にアクセス可能になったことなどがあげられる。これによって，完成品メーカーは，現在と比較して高品質で低価格な原料・部品の供給源を新たに開拓でき，一方，部品メーカーも，高い技術を世界中にアピールし，新たな販路を獲得することが可能になったのだ。

⑤システム・イノベーションは，インターネットを通じて世界中の相手と常に低コストで情報をやり取りできるようになり，その結果，バーチャル組織を形成・維持し，その機能を高めることができたことなどがあげられる。新型コロナの感染拡大によって，急速に広まったテレワークやインターネット会議などが該当するが，学校における遠隔授業も新しい教育機関の組織のあり方としてとらえることが可能であろう。

このように，インターネット技術自体はもちろんのこと，インターネット・ビジネスに関わる様々な側面もイノベーションとして把握・分析できる。また，パソコンや携帯電話，テレビ，レンタルビデオ業界といったそれまでも存在していた多くの製品やサービスに大きな影響を与え，さらなるイノベーションを誘引したといえよう。

○ 新 結 合

シュンペーターの定義を詳しく見てきたが，その定義にいかにあてはまるのかという点もさることながら，シュンペーターのより重要なイノベーションに

対するメッセージは「組み合わせが新しければ全てが新しい必要はない」ということである。そうした意味をこめて，シュンペーターはイノベーションを新結合（New Combination）と呼んだ。

　ここで，一つの事例を紹介しよう。2007 年の初代 iPhone のプレゼンテーションで，スティーブ・ジョブズは次のように語った（図表 10.2）。

　「今日，革命的な新製品を 3 つ発表します。一つ目は，ワイド画面のタッチ操作の iPod，二つ目は，革命的携帯電話，三つ目は画期的ネット通信機器。この 3 つです。タッチ操作 iPod，革命的携帯電話，画期的ネット通信機器。iPod，電話，ネット通信機器…。おわかりですね。独立した 3 つの機器ではなくて，1 つの機器です。名前は iPhone。アップルが電話を再発明しました。」

図表 10.2　初代 iPhone のプレゼンテーション

*2007 年 1 月 9 日，アメリカ，サンフランシスコで開催された The Macworld Conference においてベールがはがされた iphone を紹介するスティーブ・ジョブズ。
（写真提供）　AFP＝時事

つまり，iPhone は，それまでも存在していた「3つの製品」を組み合わせることで，新たな顧客価値を生み出した「新結合」である。もちろん，iPhone という製品を実現するには，マルチタッチ（指やペンなどで触れて操作する入力装置において，複数のポイントに同時に触れて操作することができる入力方式）という技術など，それまで民生用として普及していなかった新しいイノベーションも重要であった。しかし，インターネットに接続できる製品，携帯電話，という点では必ずしも全てが新しいという訳ではなく，やはりこれを「使いやすく組み合わせた」という点が大きな価値を生み出したといえよう。

さらに，シュンペーターは，イノベーションが，単なる空想や思いつき，あるいは単なる発見や発明ではないと明確に否定し，イノベーションこそが経済の非連続的発展をもたらし，ひいては長期的な経済発展の原動力になると主張した。いくら，今までに存在していなかったという「新奇性」があったとしても，人々に価値をもたらし，市場で実現する，すなわち売れるものであることを条件とした。つまり，シュンペーターは，顧客が評価して購入し，企業に経済的成果をもたらすものこそがイノベーションであると考えたのである。

10.2　イノベーション・マネジメントの重要性

イノベーションは放っておけば自然と発生するのではなく，戦略的にマネジメントをすることが必須である。このイノベーションのマネジメントの必要性は，特にバブル期以降に日本の経済成長が停滞したころから，大きく叫ばれるようになった。しかし，以下にあげる3つの普遍的な理由によって，時代を超えて，どのような国や地域にとっても重要な概念といえるのである。

第1に，イノベーションは経済成長の原動力になる。

すでに述べたように，シュンペーターは，イノベーションによる創造的破壊こそが資本主義の本質であると主張している。彼は，経済発展には，人口増加や資本の供給増加といった要因よりも，イノベーションが主要な役割を果たす，と考えた（Schumpeter, 1934）。個々の製品や産業は，遅かれ早かれ，いずれ

成熟化の途をたどるので，この限界を乗り越えるように絶え間なく登場する新製品や新産業こそが，持続的な経済成長，ひいては資本主義発展のエンジンになるというのだ。

こうしたシュンペーターの主張は，現在では広く認められており，イノベーションこそ国家間の競争において優位に立つための源泉であるとして，日本はもとより，世界各国でイノベーションを促進するための政策で競い合っている。

第2に，イノベーションはわれわれの生活を根底から変え，社会のあり方まで変えてしまう。

たとえば，鉄道，自動車，飛行機，プラスチック，冷蔵庫，洗濯機，電子レンジ，エアコン，インターネット，スマートフォン…といった，イノベーションによってわれわれの生活は根底から変わってしまった。これらがない生活は，もはや考えられないだろう。

また，イノベーションは，人々の価値観や社会のあり方まで変えた。たとえば，インターネットが普及したことで，パソコンや携帯電話を通じて，いつでもどこでも世界中とコミュニケーションをとれるようになり，それによって人々の価値観や行動パターンが変わり，人と人とのつながり方やビジネスのあり方までが劇的に変わってしまった。

一方で，現代のわれわれは，世界人口の急速な増大，環境問題，資源・エネルギー問題，食糧問題など，地球の持続可能性を脅かしかねない数多くの深刻な問題に直面している。イノベーションには，こうした問題を解決し，安全・安心な上に便利で，一人ひとりが真の豊かさを感じられるような社会を築き上げていくための起爆剤や牽引役としての役割も期待されているのだ。

第3に，イノベーションは企業の競争力を左右する。

イノベーションをきっかけに成功し，成長し，地位を築いていく多くの企業がある一方，磐石の地位を築いていた巨大企業であっても，新たなイノベーションを携えて登場した新興企業に敗れ去り，そのまま市場から退出していくこともある。市場における主役交替はさまざまな理由によって生じるが，イノベーションは，そのきっかけとして最も重要なものの一つといえる。

また，ときには，大きなイノベーションによって，市場そのものが一気に消えてしまうこともある。たとえば，CDの普及によってレコードの市場が，デ

ジタルカメラの普及によって銀塩カメラ（フィルムカメラ）や銀塩フィルムの市場が，それぞれほぼ完全に消えてしまった。

このように，たとえ現在は栄華を極めている企業であっても，その地位から転落しないためには，イノベーションに備えることが必要不可欠である。そのため，新興企業にとっても既存大企業にとっても，イノベーション・マネジメントは，競争上最も重要なマネジメントの一つである。

10.3 イノベーションを実現するための3つの関門

ここまでに，イノベーションは企業にとって重要であることは理解できただろう。しかし，実際にイノベーションを起こして，最終的に成果を得るまでにはいくつかの関門が待ち受けている。そのプロセスと関門について見ていこう。

◯ イノベーションのプロセス

イノベーションのプロセスは，非常に単純化していえば，「研究・技術開発活動」，「製品開発活動」，「事業化活動」という3段階（フェーズ）に沿って進んでいく（近能・高井，2010）。

このうち，研究・技術開発活動とは，新しい製品を実現するための基礎となる重要な要素技術（ベースとなる基本的な技術）を生み出していくものであり，次の製品開発活動とは，実際に市場で販売するための，具体的な新しい製品を生み出していくものである。また，事業化活動とは，開発された新しい製品を市場に投入し，その市場を開拓・拡大し，収益を安定的に確保するための仕組みづくりを行っていく活動である（図表10.3）。

しかし，上記のプロセスには，「魔の川」，「死の谷」，「ダーウィンの海」という3つの乗り越えねばならぬ大きな関門がある。

魔の川とは，研究・技術開発段階から製品開発段階へ移行する際に生じる大きな困難のこと，また死の谷とは，製品開発段階から事業化段階へ移行する際

196

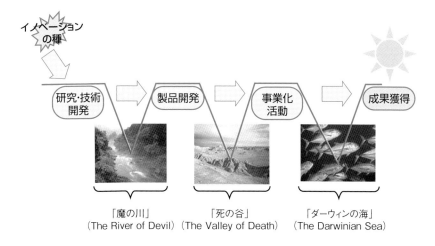

図表 10.3　イノベーションのプロセスと３つの関門

「魔の川」　　　　　「死の谷」　　　　　　「ダーウィンの海」
(The River of Devil)　(The Valley of Death)　(The Darwinian Sea)

（出所）　近能善範・高井文子(2010)『コア・テキストイノベーション・マネジメント』新世社, p.23

に生じる大きな困難のことである。そしてダーウィンの海とは，事業化段階を
無事に突破して成果獲得に至るまでの間に生じる大きな困難のことを指す。

　より具体的にいえば，研究・技術開発活動において，資源を投入した割に優
れた技術を生み出せなかったとか，あるいは，せっかく優れた新技術を開発す
ることができても，それを有効活用して新しい製品の開発に結びつけられなけ
れば，次の製品開発活動へ進むことはできない。これが「魔の川」の障壁であ
る（出川，2004）。

　また，仮にこの障壁を突破することができたとしても，製品開発活動におい
て，具体的な新しい製品を開発することができなかったり，あるいは，せっか
く開発した新しい製品が顧客に受け入れられなかったりすれば，次の事業化活
動へ進むことはできない。これが「死の谷」の障壁である。

　さらに，仮にここまでの障壁を２つとも突破し，無事に市場を立ち上げて拡
大することに成功したとしても，その後に続々と参入してくる競合他社との厳

しい競争に勝ち残り，収益を安定的に確保するための仕組みを作り上げることができなければ，成果を獲得することはできない。これが「ダーウィンの海」の障壁である（Branscomb, 2004）。

　こうした観点からすれば，日本企業に依然として根強い，「良い技術さえ開発していれば，自ずと事業が成長し，収益をあげることができる」という認識は，間違いである。

　イノベーションの果実を手に入れるためには，技術力はもちろん重要だが，それ以上に，そうした技術力をいかに顧客ニーズと結びつけて製品化し，事業を成長させ，競争相手との戦いに勝ち残って収益を確保できるような仕組みを作りあげるのかという点が，より重要となる。すなわち，イノベーションのプロセスのマネジメントは，極めて戦略的なマネジメントなのである。

10.4　イノベーションの研究の流れとICT のイノベーション

○　イノベーション研究の流れ：「既存企業」と「新規企業」との競争

　シュンペーターの考察以降，イノベーションという現象は，経済学，経営学，社会学，歴史学，あるいは心理学を背景とした多様なディシプリンの中で，様々な分析レベルや方法論に基づいて研究されてきた。軽部・武石・青島（2007）によれば，このうち経営学分野のイノベーション研究は，イノベーションを生み出す主体である個人やチームや企業に注目し，科学者や技術者の創造性や生産性，新しい製品・工程開発を通じてイノベーション・プロセスを促進（阻害）する企業組織・戦略のあり方やその特徴，あるいはイノベーションが企業の競争力に与える影響を検討してきた。

　また彼らによれば，この領域は，分析レベルに応じて大別すると3つの研究群を形成して発展してきた。その一つが，「産業と企業」に注目した一連の研究である。ここでは，イノベーションが何に起因して生じ，どのようなプロセ

スを経て発展していくのかという点や，イノベーションによって引き起こされる産業構造のダイナミックな変化，及びイノベーションと企業の競争力の問題が検討されてきた。この「イノベーションと企業の競争力」に注目した研究群では一般に，「イノベーションのタイプの違いによって，イノベーションが既存企業と新規企業の競争力に与える影響はどのように異なるのか」という点に，議論の焦点が置かれてきた（一橋大学イノベーション研究センター，2001）。

そこで以下では，この「イノベーションが既存企業と新規企業の競争力に与える影響」に関する議論とその課題について見ていこう。

○ ラディカル・イノベーション，インクリメンタル・イノベーションと新旧企業の競争力

イノベーションと新旧企業の競争力の議論では，イノベーションを，まずは革新性の程度に応じて，「インクリメンタル・イノベーション（Incremental Innovation）」と「ラディカル・イノベーション（Radical Innovation）」の大きく2つにタイプ分けすることが一般的である。このうち，前者のインクリメンタル・イノベーションは，革新性の程度が相対的に小さく，イノベーションとイノベーションが一定のパターンでつながりながら進展していくというタイプの，連続的，累積的なイノベーションである。一方，後者のラディカル・イノベーションは，革新性の程度が相対的に大きく，既存の製品やサービスに類を見ないようなタイプの，画期的で，非連続的，急進的なイノベーションである。

既存研究では，このようなタイプ分けを行うと，インクリメンタル・イノベーションの場合には，既存企業が変化を主導したり，うまく変化に適応できることが多いのに対して，ラディカル・イノベーションの場合には，新規企業が変化を主導したり，うまく変化に適応することが多いと論じられている（Foster, 1986）。その理由としては，以下のような説明が行われる。

インクリメンタル・イノベーションでは，製品技術や生産技術の革新において，それまで蓄積した情報・知識・経験が役に立つため，先行している既存の企業が優位に立てる。既に確立されている技術をもとに，必要な技術者やスタッフを雇い，訓練し，組織を組み上げていくことによって，技術開発・生産・

販売など，業務活動全体を専門化しながら効率性を上げていくことができる。ここで経験のない新規企業が新たに割り込んで挑戦することは難しい。その逆に，ラディカル・イノベーションでは，既存企業で蓄積された過去のノウハウや知識は役に立たなくなる。この変化に対応するためには，これまで雇ったことのない専門分野の技術者を新たに採用したり，組織のあり方や分業のあり方，仕事の進め方も見直さなくてはならない。つまり，インクリメンタル・イノベーションでは強みであった過去の蓄積が，ラディカル・イノベーションの場合には過去のしがらみに転じてしまうのである。

こうした過去のしがらみを捨て去ろうとしても，実際にはなかなか難しい。通常は，これまで投資してきた工場設備や，これまで蓄積してきた技術や販売チャネル，既存顧客などを捨て去ることをためらってしまう。また，これまで高い成果を上げてきたルーティンを捨てて新たなやり方を模索することには，どうしてもリスクが伴うので，成功している既存企業ほど，大胆な方向転換はできない。あるいは，既存製品の代替となる新しい製品を出すことにすれば，既存製品による売上げを，自社の新製品によって減少させることにつながる。これは「カニバリゼーション（共食い）」と呼ばれ，特に新しい製品によってドル箱である既存の製品の利益が脅かされる場合には，既存企業は厳しい立場となってしまう。

一方で，ゼロからスタートする新規企業には，失うものがないため，このようなことは起きにくい。つまり，既存企業では過去のしがらみからくる葛藤や抵抗が行動を鈍らせ，身軽な新規企業に対して結果的に後れをとり，気づいたときには主役の座から降りなくてはならなくなってしまうのだ。

○ 能力破壊型イノベーション，アーキテクチャル・イノベーションと新旧企業の競争力

一方，条件によっては，「インクリメンタル・イノベーションでは既存企業が優位に立てる可能性が高く，ラディカル・イノベーションでは新規企業が優位に立てる可能性が高い」という一般的な通念に反する状況も起きることが，幾つかの研究によって明らかにされてきた。

たとえばタッシュマン（Michael L. Tushman）とアンダーソン（Phillip Anderson）は，一見するとラディカル・イノベーションであったとしても，ベースとなる技術の性質の違いによって，「能力破壊型（Competence-Destroying）イノベーション」と「能力増強型（Competence-Enhancing）イノベーション」とに区分することが可能であり，後者の場合には既存企業がむしろ有利であることを明らかにした（Tushman & Anderson, 1986）。

　アバナシー（William J. Abernathy）とクラーク（Kim B. Clark）も，市場に関連した能力と技術に関連した能力とがそれぞれ温存されるのか，あるいは破壊されるのかという点からイノベーションを類型化し，一見するとラディカル・イノベーションであっても，市場に関連した能力と技術に関連した能力とが温存される場合には，既存企業が適応することも可能であると論じた（Abernathy & Clark, 1985）。

　これとは逆に，ヘンダーソン（Rebecca Henderson）とクラークは，ある製品システムを構成する個々の部品が変化するのか，あるいはそれらの部品のつなぎ方や製品としてのまとめ方（「アーキテクチャ」と呼ばれる）が変化するのかという観点からイノベーションを分類し，一見するとインクリメンタル・イノベーションであっても，後者，すなわちアーキテクチャの変化の場合には既存企業の適応が困難であるとした（Henderson & Clark, 1990）。その理由として，製品開発に関わる組織の構造やプロセスは，ある一定のアーテクチャを前提に，それぞれの部品を専門に開発できるように機能部門別に編成され，部門間のコミュニケーションや調整のパターンが定型化している。しかし，この部分に変更が必要なタイプのイノベーション（アーキテクチャル・イノベーション）が生じてしまうと，これまで定型化されていた部門間のコミュニケーションや調整のパターンは有効ではなくなるため，新たに製品開発の組織やプロセスなどを作り直していくことが必要になる。この「再構築」の作業には，ゼロから作り上げていく以上の時間と労力を費やさなくてはならないし，そもそも「再構築」の必要性に気づくことすら難しいため，たとえ個々の部品技術のレベルでは既存の技術の蓄積を生かすことができる場合であっても，既存企業は厳しい状況に立たされてしまう，と論じている。

　これらの一連の研究は，イノベーションの新旧企業の競争力に与える影響が，

企業の既存知識にどのような変化を及ぼし得るかによって決定されることを明らかにしたのである。

○ 分断的イノベーションと新旧企業の競争力

　さらに，クリステンセン（Clayton M. Christensen）は，ハードディスク産業における主要技術の世代交代と新旧企業の生き残りについて調査を行い，イノベーションが企業の既存知識に与える変化に関係なく，既存顧客が最初の段階でどのような評価を行うのかによって，イノベーションのインパクトが大きく異なると論じた（Christensen, 1997）。

　彼は，従来の性能評価軸の延長上にあるイノベーションを「持続的イノベーション（Sustainable Innovation）」と呼び，このタイプのイノベーションであれば，それが能力破壊型であっても，あるいは部品のつなぎ方が変わるようなアーキテクチャルなものであっても，既存企業は乗り越えることができると指摘した。つまり，主要なユーザーが新しい技術が重要であると認識してそれを要求するのであれば，既存企業は必死で取り組み，その豊富な資源・能力によって新技術に対応することが可能になるというのである。

　その逆に，クリステンセンは，新しい技術が登場し，既存の評価基準では劣っているために当初は評価されないものの，やがて改良が進んで最終的には既存市場の顧客ニーズに応えられるようになる場合に，こうしたイノベーションを「分断的イノベーション（Disruptive Innovation）」と呼んだ。彼は，こうした分断的イノベーションは，既存の評価軸と異なる価値基準では優れた面があるものの，当初の段階では多くの場合に旧来技術よりも性能的には劣るため，既存の主要なユーザーが望まない技術であることから，既存企業が対応することは極めて難しいと述べている。つまり，合理的な企業は既存の主要なユーザーの声を重視し，一方で未だ存在していない市場のユーザーの声を聞くことはできないため，既存の主要なユーザーが望んでいない技術（＝分断的イノベーション）に対して積極的に投資することはできないのである。しかし，技術進歩によって市場が拡大し，ついに既存の市場も脅かすようになると，既存企業は新技術を過小評価して出遅れていたため，その地位を追われることになって

しまうというのである。

10.5　ICT とイノベーション

○　インターネット・ビジネスと新旧企業の競争力

　このように，新市場の誕生に伴う既存企業と新規企業との競争については，イノベーション研究において数々の議論が行われてきた。こうした既存研究の議論は，今日的な情報技術の発展による企業間競争，経営情報論にとっても，有効な視点を提供してくれる可能性が高い。

　本章の第１節で議論したとおり，インターネット，あるいはインターネット・ビジネスは，ここで議論してきた「イノベーション」である。ここでは，インターネット・ビジネスとして20年以上前に誕生して，競争について一定の評価が出来る時期にある日本のオンライン証券業界の事例にあてはめて考えてみよう。

　日本の証券業界では，インターネットを通じた取引が1996年4月から開始されたが，その競争から約5年で，個人の取引に限ってみると5割を超える規模へと成長を遂げ，その結果，オンライン証券市場はこれまで大勢を占めていた店舗チャネルを介した市場を脅かす存在となった。また，この新規市場では，野村證券，日興證券，大和証券といった既存の大企業が苦戦し，松井証券，SBI 証券（元イー・トレード），楽天証券（元の DLJ ディレクト SFG 証券），といった新規企業が活躍した（高井，2018）。

　前節までで述べた研究成果をもとに，オンライン証券業界において新規企業が既存企業に対して圧倒的な勝利を得ることができた理由を考えると，証券取引のオンラインへの完全移行というイノベーションが，①過去に蓄積された技術ノウハウがほとんど役に立たないようなタイプ（Tushman & Anderson, 1986）であった，②「技術」と「市場」のどちらか，あるいは両方の軸において，既存の経営資源・スキル・知識の価値を破壊してしまうタイプであった

203

（Abernathy & Clark, 1985），③各個別要素のつなぎ方，あるいは製品としての
まとめ方が変化するタイプであった（Henderson & Clark, 1985），④既存の評
価軸とは異なる価値基準をもたらし，したがって顧客との関係の仕方を変えて
しまうタイプであった（Christensen, 1997），という可能性が考えられる。それ
に加えて，既存企業の側では，「過去の蓄積」が「過去のしがらみ」に転じ
てしまい，逆に足かせになってしまったことから，オンライン証券という新市
場に十分に対応できなかった可能性があると議論できる。実際にこれらの仮説
のうち，多くが支持された[2]。すなわち，既存のイノベーション研究の成果は，
その議論がされていた当時には生まれていなかったインターネット・ビジネス
を考えるにあたっても，十分に支えになるといえるのである。

○ 「イノベーションと新旧企業の競争力」に関する既存研究の問題点

　既に述べたとおり，日本のオンライン証券市場において主役となったのは，
長年にわたって圧倒的な地位を築いてきた既存の大手証券会社ではなく，新た
に設立されたり，下位企業が転身したオンライン証券専業の新規企業であった。
このように，ある市場黎明期の競争において，既存研究で指摘されてきたよう
な，新旧企業の競争力の要因のいずれが効いていたのかを明らかにしたり，議
論したりすることは，理論的・実証的に一定の意義がある。

　しかしその一方で，オンライン証券業界では，業界が立ち上がってすぐに新
規企業同士の競争が支配的になった。つまり，前項までに議論してきた従来の
研究の枠組みだけでは，主として新規企業同士の競争によって市場が発展して
いった業界での成功要因を分析することはできない。この分野の既存研究では，
「イノベーションが起きた際にいずれの企業が競争を主導するか」というテー
マが，もっぱら「既存企業 vs. 新規企業」という枠内で論じられてきたため，
新規企業同士の競争は分析からは全く外れていたのである。

　そもそも，「既存企業 vs. 新規企業」という枠組みで見ることの前提には，

---

2 詳しくは高井（2018）を参考にされたい。

既存企業の側が資源・能力や顧客とのつながりにおいて圧倒的に優位性を有している ために，その枠組みを超えた議論をすることに意味がないという暗黙の理解があったと考えられる。しかしながら，近年著しい成長を遂げるインターネット・ビジネスにおいては，大きく事情が異なるのである。

　すなわちインターネット・ビジネスでは，汎用的で，しかも安価に利用できる技術であるインターネットがビジネスの根幹となっているため，ビジネスを立ち上げるまでの投資をかなり抑えることが可能であり，従来までとは異なる新たな取り組みを試してみるためのコストも非常に小さい。そのため，新規参入企業は必ずしも不利にならない。実際，アマゾンなどが主導するインターネット書店業界や，e-bayなどが主導するインターネットオークション業界において，業界を主導し，競争の主体となったのは新規企業群であった。こうした事情は，日本のオンライン証券業界においても同様である。さらには，オンライン証券業界における既存企業の代表格である野村證券が，2006年にインターネット取引専門のジョインベスト証券という企業を新たに設立するなど，「既存企業 vs. 新規企業」という枠組みでは捉えきれないケースも生じた。

　また，いわゆるベンチャー企業が大手の既存企業に友好的に買収されるということも，特に近年，インターネット・ビジネス業界において頻繁に起きている。以前は，ベンチャー企業はIPOで上場を目指すことが多かったが，早く資金調達が出来，大企業の資源を利用してさらなる成長を促すことが可能ということで，双方にメリットがあるとされる。そのため，世界各国で，GAFAに買収されることを目指して，関連するインターネット・ビジネスを起業する優秀な若者が後をたたない。たとえば，2005年に起業されたユーチューブ（YouTube）は2006年にグーグルによって，2010年に起業された写真共有SNSのインスタグラム（Instagram）は2012年にフェイスブック（Facebook）にそれぞれ買収され，いずれも現在は，両社の大きな収益源となっている。

　このように見ていくと，新規参入企業が比較的容易に競争優位を勝ち得る可能性が高いビジネス分野におけるイノベーションの研究においては，「既存企業 vs. 新規企業」という既存の枠組みだけではなく，それを超えた視点や研究が重要となるであろう。

10.1 任意のインターネット・ビジネスについて，シュンペーターのイノベーションの定義でどのイノベーションにあてはまるのかを考えてみよう。

第 **11** 章

いかにして新しい業界を 立ち上げるのか

　新しいイノベーションを立ち上げ，成長させるためには様々な困難が伴うということを前章で議論した。優れた製品やサービスは，他社に模倣されることで優位性が失われる。インターネット上で完結するビジネスでは，そのリスクはなおさら高い。一方，黎明期の市場では，他の企業を市場に呼び込むことで，早期に業界として認められていくという面も重要である。この章では，インターネット・ビジネスで業界として認知されるための一つの視点である，模倣が持つ二面性について見ていきたい。。

○*KEY WORDS*○

製品ライフサイクル，模倣，正当性効果，オンライン証券

11.1　はじめに

　前章で議論したとおり，新しいイノベーションを実現するには，様々な困難が伴う。顧客に新たな価値をもたらすイノベーションによって，やっと製品やサービスを事業として市場で成立したとしても，その立ち上げた「事業」を盛り上げていくには，さらなる困難が待ち受けている。

　利益を拡大するには，ある企業の「事業」から複数企業が参入する「業界」へと，顧客に認知されていくことが重要である。なぜなら，立ち上がった市場がどんどん拡大していくことによってパイが広がっていき，その結果，自社の利益も増えるからである。これまでに市場として全く確立されていない，すなわち顧客に認知されていないビジネスが，製品の購入やサービスの利用によって業界として立ち上がるまでにかなりの時間がかかった例も多い。特に，インターネット・ビジネスをはじめ，それまでに顧客の概念になかった新ビジネスではなおさらであろう。たとえば，アマゾンは，1995 年 7 月にインターネット書店を全米 50 州ならびに世界 45 か国で開いたが，最初の 2 か月におけるその週間売上は，最高でわずか 2 万米ドル（約 200 万円）だったという。

　一方で，「業界が立ち上がる」ということは，その業界の市場性に着目して参入してきた他社と競争するということでもある。そのプロセスでは，自社が起こしたイノベーションが模倣されてしまうことも当然に起きてしまう。その模倣を阻むにはいかにすればいいのだろうか。あるいは，逆に，模倣されるということを業界の立ち上げに役立てるということもあるのだろうか。以下では，顧客の概念にないような新ビジネスを業界として立ち上げ，持続的な競争優位を獲得するということについて，模倣という観点を中心に見ていこう。

11.2 業界の立ち上がり時期
──製品ライフサイクル

　人間を含む生物は，誕生したのち成長して，やがては死を迎える。製品ライフサイクルの概念は，「生き物と同じように製品にも一生があり，やはり似たようなライフサイクルをたどる運命にある」という考え方を出発点にしている（近能，高井，2010）。

　製品によって成長の遅速はあるものの，製品が誕生したのちどのような一生を歩み，それぞれの段階でどのような競争があるかといった共通の特徴が見られる。ライフサイクルの形状は，一般に，製品の売上高を縦軸に，経過時間を横軸にとって，図表 11.1 のように S 字型の曲線で表される。

図表 11.1　製品ライフサイクル

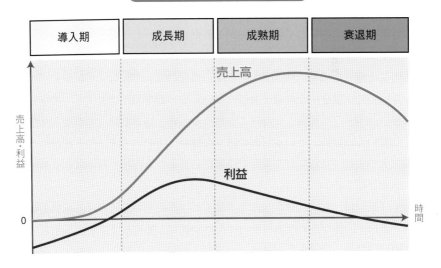

（出所）　近能善範・高井文子（2010）『コアテキスト　イノベーション・マネジメント』新世社，p.49　をもとに作成

この製品ライフサイクルの理論では，製品のたどる段階を，「導入期（Introductory Stage）」・「成長期（Growth Stage）」・「成熟期（Maturity Stage）」・「衰退期（Decline Stage）」という4つに分けている（Kotler, 2000；和田ほか，2006；沼上，2008）。

　ここでは，業界の立ち上がり期にあたる導入期と，成長期について詳しく見ていこう。

　導入期とは，新製品が市場に登場し始めた段階のことで，通常は，新製品が市場で発売された直後から，売上高が成長し始めるまでが該当する。この段階では，企業は，新製品の市場を創造し，より拡大することが必要になる一方，多くの消費者は，その新製品のベネフィット（便益）や使用方法はもとより，その存在にすら気づいていない。そのため，大々的な広告・宣伝活動を行って新製品の知名度を高め，流通業者に取り扱ってもらうよう働きかけねばならない。

　また，製品を構成する基本技術がまだ確立されていない場合が多く，さらには製品に対する顧客ニーズも明確になっていないことが多いので，企業としては，製品のさまざまな使用可能性を求めて次々と新機軸を提案し，それに対応した技術も次々と開発していく必要があるため，どうしても研究開発投資の額が大きくなりがちである。

　この導入期には市場規模はまだ小さく，市場の成長率も低く，競争相手の数も少ないので，競争はそれほど激しくない。その競争相手にしても，市場シェアを奪い合う「ライバル」というよりも，むしろ，協力し合って市場全体を大きくしていく「仲間」という側面のほうが強い。その一方で，売上高が小さく，研究開発や広告・宣伝などに大きな出費が必要となるので，通常は利益のマイナス状態が続く。

　続く成長期は，製品に対する需要が急成長する段階で，通常は，新製品の売上高が本格的に伸び始めた直後から，それが鈍化し始めるまでが該当する。

　この段階では，市場が急成長する一方で，競合企業もこのチャンスを捉えようと続々と参入してきて，導入期には市場立ち上げの「仲間」だった他社が，この成長期になると新規顧客を奪い合う「ライバル」になる。そのため，自社製品に顧客の関心をひきつけ，急成長する市場でのシェアを拡大していくこと

が最重要課題となる。

　また成長期には，市場規模が拡大して各社の生産・販売規模が伸びるとともに，規模の経済性や経験効果によって製品の総コストが低下する。その結果，競争の激化とともに，価格下落の傾向を生み出すことになる。

　この成長期には，市場シェアの維持・拡大が最重要課題となるため，研究開発や広告・宣伝などで引き続き大きな出費が必要となる。しかし，それでも通常は売上高の伸びが製品の総コストの伸びを上回るため，多くの場合に利益は黒字に転じることになる。

11.3　市場が成長するなかで起きる「模倣」

　このように業界の成長期に入ると，業界内で激しい競争を繰り広げることとなるが，その際に，各企業の独自の製品間での競争だけではなく，ある製品やサービスの成功を他企業が「模倣する」ことで起きる競争もある。

　たとえば，1979年にソニーが「ウォークマン」を出すと，翌年にサンヨー，アイワ，東芝らは，ほぼ同じ形状のヘッドホンステレオを発売し，1987年にアサヒビールが「スーパードライ」を出すと，翌年までにキリン，サッポロ，サントリーの全ての企業が，ドライビールという名称だけでなく，スーパードライが特徴として考案した瓶ビールの首の部分につけた小さなラベルまできっちり模倣した（図表11.2）。

　また，米アマゾンが，1995年にオンライン書店のサービスを開始すると，米国最大の書店チェーンのバーンズ＆ノーブル（Barnes & Noble）も1997年にオンライン・ストアを立ち上げ，日本でも，1990年代後半以降，次々とインターネット書店が開店した。日本のオンライン証券では，大手証券の大和証券が1996年にサービスを開始したところ，わずか3年の間に60社以上の企業が参入して激しい競争を繰り広げることになった。

　このような企業間の競争では，先行者の優位性が働くなどして，最初に成功した企業がそのまま逃げ切る場合もあるが，模倣した企業が，先行企業から顧

211

図表 11.2　ドライビールの模倣

＊４社のドライビール

アサヒ生ビール スーパードライ（アサヒビール）
1987 年 3 月 17 日発売

・キリン生ビールドライ（麒麟麦酒）
1988 年 2 月 22 日発売

・サッポロ生ビール★ドライ（サッポロビール）
1988 年 2 月 26 日発売

・サントリードライ（サントリー）
1988 年 2 月 23 日発売

発売当時の「スーパードライ」
大びん・350 ml 缶（出所：アサヒビール『アサヒビールの 120 年』p.133）

客を奪い取ってしまう場合もある。つまり，時間が経てば成功企業と模倣企業
との差は減少していく（Williams, 1994）。特に，世界的な規模で激しい競争が
繰り広げられる現代では，企業の中核的な資源や能力は，たとえ模倣困難なも
のであっても他社に流出していく恐れがあるのだ（Teece, Pisano & Shuen,
1997）。

11.4　模倣を阻むにはどうすればいいのか[1]

　価値があり，かつ希少な資源や能力は，競争優位の源泉となり得る（Barney,
2003）。実際に，そうした資源や能力を保有する企業の多くは，業界における

イノベーターとなる。というのも，それらの革新的企業は，その業界の他企業が必要な資源や能力の欠如からそもそも認識できなかったり，認識していても実行できないような戦略をいち早く察知してそれに取り組むことができるからである。こうした企業は，いわゆる「先行者優位」を獲得することになる（Lieberman & Montgomery, 1998）。

ただし，そうした資源や能力が競合相手に簡単に真似されてしまうのであれば，競争優位は長続きしない。たとえば，消費者に受け入れられそうな技術を開発して製品化したとしよう。消費者からは喜ばれ，その製品は売れるだろう。しかし，それを見ていた競合相手が簡単に技術を模倣して，同じコストで同じものをすぐ作れるのであれば，競合相手との差は生まれない。

どのようにすれば競合企業が，競争優位にある企業の資源や能力を模倣することが困難になりうるのだろうか。多くの研究者が，こうした模倣困難性を生み出す理由について，さまざまな議論を提示しているが，以下では中でも重要な3つの理由を説明したい。

○ 特許（Patents）

一見すると，特許によって，競合企業がある企業の製品を模倣する際のコストが非常に大きくなるように思える。もちろんいくつかの業界では特許はこのような効果がある。たとえば，製薬業界における特許は，それが有効である期間中は，他社が同じ医薬品を販売するのを阻止できる。また，この分野では，特許を回避して代替的な物質を作り出すことも難しい。そのため，特許は模倣コストを著しく上昇させる。

しかし，企業が保有する特許は，模倣コストを上昇させるのではなく，むしろ逆に低くさせることもあり得る。このケースは，製品特許の場合特に顕著である。特許による保護を申請する際，企業はその製品に関する大量の情報を開示しなければならない。つまり，特許を得ることと引き換えに，企業はその技術を模倣する方法に関し，重要な情報を競合企業に公開することになる。さら

---

1 本節は，青島・加藤（2003），淺羽（2001），楠木（1999），Barney（1997）をもとに，再構成して記述している。

213

に，ある業界において発展した技術は，低コストでの模倣に対する免疫はなく，比較的短期間に業界内に伝播する。特許化によってしばらくの間は直接的模倣を抑制することはできるかもしれないが，かえってそのことが同等機能の技術による代替の可能性を増やす結果となる場合もあり得る。

○ 独自の歴史的条件（Unique Historical Conditions）

企業が，競争優位をもたらすようなある特定の資源や能力を形成していく上で，独自の歴史的要因——すなわち，その企業が「いつどこにいたか」——が決定的な影響を与えることがある。この場合，いったんその時点や歴史が過ぎ去ってしまうと，他の企業は，そうした資源や能力を形成することが著しく困難となる。なぜならば，その資源を獲得するには過ぎ去った歴史をもう一度再生しなければならないからである。

こうした独自の歴史が企業に持続的競争優位を与える経路には，二通りあることが知られている。まず第一が，「先行者優位」である。ある企業がその業界で最初に特定の機会に気がつき，それを活用したとすると，「最初である」ことによって，その企業は先行者優位を獲得することが可能になる。この場合，他の企業もその同じ機会を活用できたのかもしれないが，ともかくもその一社が先んじてその機会を捉えたことで，その後他の企業がこの先行企業の行動を模倣することがよりコスト高になり，模倣困難に陥ってしまう。

歴史が企業の競争優位に与えるインパクトの第二は，「経路依存性（Path Dependence）」に基づくものである。あるプロセスが展開するその初期段階におけるイベントが，その後のイベントに大きな影響を与える場合，そのプロセスには経路依存性があるという。企業がプロセスの初期段階にある時には，ある特定の資源の将来における最大の価値がどの程度のものか，判然としない場合が多い。この不確実性ゆえに，企業はその資源が将来実現するかもしれない最大価値よりも低いコストでそれを獲得したり開発したりすることができる。しかし，ひとたびその資源の将来価値が市場で明らかになると，後から入手しようとする他の企業は，その資源の将来価値をフルに反映した価格を支払わねばならなくなる。この価格は，多くの場合，最初の企業が競争優位獲得プロセ

スの初期段階でその資源に支払ったコストよりも大きい。すなわち，模倣に必要とされるコストが，いったんその本来の価値が明らかになった時点で，その価値に等しいレベルにまで上昇するのである。

○ 因果関係の不明性（Causal Ambiguity）

　企業の資源や能力が模倣困難となるケースの三つめは，模倣しようとする企業にとって，模倣対象の企業が保有する資源や能力と，その企業の競争優位との関係がよく理解できない場合である。すなわち，その企業の競争優位との因果関係が不明なため，他企業は模倣しようにも何を模倣して良いのか，曖昧でわからない場合である。これは，少なくとも次の2つの理由で生じる可能性がある。

　まず第一は，競争優位を生じさせている資源や能力が，企業の内部者にとっても外部者にとっても，「目に見えない」存在だというケースである。トップ経営陣のチームワーク，組織文化，従業員間の人間関係，顧客やサプライヤーとの関係など，組織属性としての資源や能力は，企業の内部者にとってはあまりにも当然で，日々の業務に染み込んだ空気のようなものであるため，まさに「目に見えない」存在であろう。こうした「目に見えない」存在が競争優位を生み出しているとき，他社のマネジャーたちは，いったい何を模倣すれば良いのか，非常に困難な判断に直面するだろう。

　第二に，どの資源や能力が競争優位をもたらしたかについて複数の仮説を立てることはできるものの，実際には，特定の何かが単独で競争優位をもたらしたのか，あるいはいくつかが組み合わさって競争優位につながったのか，そのあたりを正確に評価できないケースである。企業の資源や能力が，社会的に複雑な現象のもとで生み出されるものであり，したがって企業がシステマチックに管理したりコントロールしたりすることができない場合には，因果関係の不明性はさらに高まる。これを，「社会的複雑性（Social Complexity）」の条件ともいう。競争優位が，このように社会的に複雑な現象に依拠している場合，他企業がこうした資源や能力を模倣しようとしても，厳しい制約を受けることになる。こうした現象が時の経過とともに自然発生的に醸成されていった場合と

比較して，それを人為的にコントロールしようとすると，そのコストは法外に高くなる可能性があるのである。

11.5　模倣のメリット？——正当性効果

　前項で議論した条件によって模倣を阻むことができれば良いが，苦労して良い製品，良いサービスを生み出したとしても，いったん他社に模倣されてしまうと，顧客が奪われ，自社の利益は失われてしまう。

　ある業界に参入すれば利益を得られるような状況があれば，他社がそこに目をつけるのは当然である。何らかの参入障壁，たとえば極めて大規模な設備投資が必要であるとか，政府による規制によって参入ができない，といった事情がなければ，経済学的には最も効果的な資源配分が実現すると考えられるような「完全競争」状態になるまで，企業は参入を続ける。そして，顧客が求める製品・サービスが特定されれば模倣を行い，熾烈な企業間競争で，利益がなくなるまで競争が行われる。完全競争状態ではなくとも，似たような見た目，ネーミングのハンバーガーや牛丼の値引き合戦や，同じようなスペックの薄型テレビやデジタルカメラが，気の毒なほど安い値段で家電量販店のチラシの目玉となっているのを見たことがあるだろう。そのような商品も，業界が立ち上がった当初は，美味しくておしゃれな食べ物として，あるいは，今までにない高付加価値で最先端な製品として注目され，イノベーションを生み出したその企業が，価値に見合った価格で販売し，利益を得ていたはずである。

　このように，他社の模倣による業界の拡大と激しい競争というのは，どちらかというと避けたい，避けるべき，というマイナスの経営現象として議論されることが多い。しかしながら，「模倣されること」には，企業経営にとってプラスの側面もある。それは，ある業界が立ち上がるときの，いわゆる知名度や信用力を増すといった効果，すなわち「正当性効果」である。

　今まで聞いたこともない企業やサービスを初めて利用するとき，「これ買って大丈夫かな」，「このサービス利用して安全かな」と，不安になることがある。

特に，ビジネスの現場にあっては，「この企業と取り引きして大丈夫か」，「この企業に融資して返済されるのか」という判断はさらに慎重に行われる。ここで，多くの企業が参入し，その製品やサービスが顧客から知名度があり評価されているのであれば，信用力も増すだろう。

この，模倣のプラスとマイナスという2つの側面は，組織生態学の「密度依存理論」（Density Dependence Theory）の考え方によって説明される（Carroll & Hannan, 1989）。一つは，競争効果と呼ばれる，競合が増えることによって競争が増し，資源獲得や生き残りが難しくなるというマイナスの効果である。もう一つは，「正当性効果」という，競合が増えることによって戦略グループが正当性を獲得し，社会的認知度や信用が増していくことを通じて，資源獲得や生き残りが容易になるというプラスの効果である。

淘汰過程が進む中で，次第にある特定の戦略グループおよびその構成企業が，顧客の支持を集めながら成長していく。また，それとともに，その戦略グループには，他企業の模倣によって参入が増加していく。

このように他企業の模倣によって多数の企業が参入した戦略グループでは，競争の激化によって先行企業の取り分が他の競合企業に奪われてしまう割合が増えていく（競争効果）。しかし他方で，企業数の増加によって当該戦略グループの社会的認知・信用が高まり（正当性効果），戦略グループ全体としての成長はむしろ加速していく。

この2つの効果の大小関係は市場のライフサイクルを通じて変化するが，先行企業が他企業の模倣から受ける影響は，市場の確立前後を境にして，前半は競争効果＜正当性効果，後半は競争効果＞正当性効果と，大きく2つの局面に分けることができると考えられる（高井，2018）（図表11.3）。

プラスとマイナスの2つの模倣の効果のうち，プラス面の効果については，あまり言及されることないが，実は，黎明期の新市場ではとても重要な役割を持っている。というのも，ある戦略グループが，立ち上がった初期段階から順調に成長できることは稀だからである。だいたい，戦略グループが立ち上がった際には，社会的認知度も信用も低く，そのため資金や人材など必要な資源を十分得るために苦労する。しかし，模倣によって企業数が増えてくると，この戦略グループは社会的認知度も信用も高くなってくる。たとえば，模倣によっ

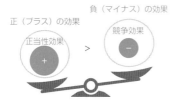

図表 11.3　模倣から受ける影響の二面性とトータルの効果

正（プラス）の効果　　負（マイナス）の効果　　正（プラス）の効果

正当性効果　＞　競争効果　　　正当性効果　＜　負（マイナス）の効果

競争効果

市場の確立前はメリットが大きい　　　**市場の確立後はデメリットが大きい**

て参入する企業数が増えて，いくつかの商品やサービスから購買するものを比較・検討・選択できるようになると，顧客は納得して購入の意思決定を行うことができるようになる（Moore, 1991）。

　また，ニッチ市場や戦略グループ内での競争が激しさを増せば，各社は商品やサービスの魅力や知名度を高めるためにより一層努力を重ねるので，露出が増える効果と合わせて，他のニッチ市場や，あるいは既存の市場からの需要シフトが増える可能性も高い（淺羽，2002）。さらには，そうした結果として，当該戦略グループや彼らが属するニッチ市場に新たなラベルが付与され，各種メディアで言及される頻度が増えることも多い（Navis & Glynn, 2010）。このようにして，次第に企業数が増えてくるにつれて，当該戦略グループは社会的な認知や信用が高まり，たとえば顧客の支持や，金融機関からの資金調達，労働市場からの優秀な人材の確保など，さまざまなステークホルダーからの諸資源の獲得が容易になり，ひいては成長が加速する可能性が高くなるのである。

11.6　模倣の正当性効果
――オンライン証券業界の例

　それでは，実際に模倣の正当性効果というのは，どのようなものなのだろう

か。ここでは，オンライン証券業界が立ち上がった際に繰り広げられた競争を
もとに見てみよう[2]。

○ 日本のオンライン証券の3つの戦略グループ

立ち上がった当初の日本のオンライン証券業界では，主として3つの戦略グ
ループが形成された。

一つめが，松井証券が主導して形成された戦略グループである。松井証券は
1918年創業の老舗地場証券であったが，1996年にコールセンターのみの証券
会社へと転換し，1998年にオンライン専業証券に転換した。そのため，オン
ライン専業証券へ転換する以前から，株式投資の経験が豊富なセミプロ投資家
が主要顧客であると捕らえ，信用取引や定額手数料制といった上級者向けの高
度な金融取引のメニューを導入する戦略に打って出た。

二つめは，松井証券以外のオンライン専業証券5社[3]によって形成された戦
略グループである。彼らはいずれも証券業界の規制緩和の動きを受けて設立さ
れた新規企業であったが，米国の事例などを参考に，「これまで株式投資の経
験に乏しい新しい顧客層が爆発的に増え，それがメインの顧客になる」と考え，
投資初心者を含めた幅広い顧客層を対象に，株式取引だけでなく，さまざまな
金融商品を提供する戦略を展開した。

最後の三つめは，オンライン証券部門を別会社化せずに参入した，大手・準
大手・中堅を含めた大半の既存証券会社によって形成された戦略グループであ
る。しかしこの戦略グループは，消滅こそしなかったものの，早々に競争から
脱落していった。

以下では，オンライン証券業界の競争の中核を担った第一と第二のグループ
を採り上げて，それら企業間の「競争と模倣」について見ていこう。

---

2 本節は，高井（2018）の分析をもとに記述している。
3 イー・トレード証券，DLJ ディレクト SFG 証券，カブドットコム証券，日興ビーンズ証券，
マネックス証券の5社を指す。

○　戦　略　の　模　倣

　既に述べたとおり，第一のグループを主導した松井証券は，株式投資の経験者である中高年の富裕層をターゲットとした戦略をとり，好調な業績で競争をスタートすることができた。一方，松井証券以外のオンライン専業証券5社を中心とする第二グループは，採算ラインを割る価格水準に設定された手数料で「若年層などの新しい顧客」をひきつける戦略に出た。また，そうした新たな顧客層を他社より先に大量に獲得し，いち早く顧客基盤を築くことが重要だと考え，激しい口座数獲得競争を繰り広げ，手数料を急速に引き下げていった。しかし実際には，投資初心者の流入量は予想をはるかに下回ったため，そのわずかな新規顧客を他社よりも先に囲い込むべく，泥沼の価格競争によって，どの企業も体力を消耗していったのだ。

　価格競争が始まってから2年以上が経過した2001年後半になって，第二グループの各社は松井の戦略，すなわち「定額手数料」「信用取引」といった「アクティブユーザー」を対象としたサービスを模倣し始め，模倣を行った企業から順に急速に業績を改善することができた。つまりこの戦略グループは，メンバーの企業が，松井が主導し開拓した第一の戦略グループに順次移行していくことによって，最終的には消滅したのである。

○　模倣のプラスとマイナスの天秤：株券の移管データの分析

　このように模倣されたことによって，松井証券の顧客は，第二グループだった企業に徐々に奪われていくことになった。というのも，模倣した企業は，松井証券よりも少し「定額手数料」を安く，「信用取引」の条件も良くしていたからだ。

　では，松井証券は模倣されて業績は悪化したのだろうか。ここでは，オンライン専業証券各社が次第に松井証券の戦略を模倣していくにつれて何が起こったのかを，限られたデータではあるものの，「株券の移管による入庫・出庫の移動金額」のデータを用いて見てみよう。

　「株券の移管」とは，すでに他社の口座で取引を行っている株券を他社へ移

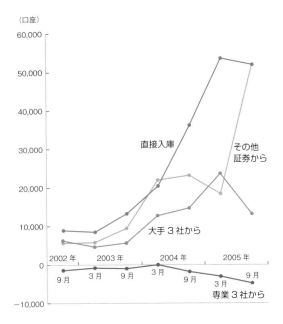

図表 11.4　松井証券への株券の移管

（注）　専業 3 社は，DLJ，マネックス，カブドットコムを，大
手 3 社は，野村，日興，大和を指す
直接入庫は，いわゆるタンス株（自宅等に保管している
上場株式）の入庫のことを指す

すことを意味しており，このうち株券の「入庫」とは株券が移管されて他社か
ら自社に入ってくることを，「出庫」とは逆に株券が移管されて自社から他社
に出て行くことをいう。このデータで模倣・追随による競合企業数の増加がも
たらすプラスの効果とマイナスの効果を計測してみよう。

　まず，松井証券を中心として他社との間でどこにどれだけ株券が移動したか
の推移を示した図表 11.4 を見ると，2002 年から専業証券 3 社（DLJ，カブ
ドットコム，マネックス）に対しては一貫してマイナス（流出）となり，その
幅が徐々に拡大する傾向にあることが見てとれる。これは，全体として，顧客

が松井証券からそれらの企業へと株券を移しているということ，すなわち競争効果による顧客の流出がこれだけの規模で生じていたことを意味している。

しかし，松井証券には，専業証券3社への流出分を完全に打ち消して余りあるほどの株券が，他の証券会社（大手3社＋その他の証券），あるいは直接入庫として流入していることが見てとれる。つまり，松井証券にとっても，松井証券を模倣した他の有力オンライン専業証券各社にとっても，正当性効果は，競争効果をはるかに上回る規模で生じたのである。

○ 模倣による業界の認知と拡大：正当性効果

では，松井証券の戦略に他のオンライン専業証券5社が追随することで，本当に正当性，すなわち「社会的認知度や信用」が高まったのだろうか。高井（2018）の分析によると，ちょうどこの時期，日本のオンライン専業証券6社を指す「ネット証券大手」という用語が使われる頻度が急上昇し，彼らの戦略や業績が，証券業界だけでなく金融業界全体にとって大きな意味を持つことが示されている。

つまり，松井証券がとった，「アクティブユーザーたちに対して上級者向けの高度な金融取引のメニューを提供する戦略」を模倣する企業が増え，社会的な認知度や信用度が増すにつれて，そうした戦略グループに属する企業や，彼らが提供する商品やサービスを採り上げる必要性が増した。こうした事情を背景に，彼らに対して新たに「ネット証券大手」という新たなラベルが付き，その登場頻度が増し，その一方，今までオンラインで証券絡みの商品・サービスを提供する企業，中でもアメリカの証券会社を指すことが多かった「オンライン証券」という用語の登場頻度は減少していったのではないかと考えられる。

ここで，図表11.5の個人取引におけるシェアを見ると，2002年4月には，松井証券，および当時松井証券に追随していたイー・トレード，DLJなどを合わせたオンライン証券5社のシェアがちょうど三大証券のシェアと同じくらいに並び，市場において「一大企業群」として影響力を持つようになっていたことがわかる。そしてこの頃から，松井証券を含めたオンライン専業証券5社の成長スピードがさらに加速していることも見てとれる。

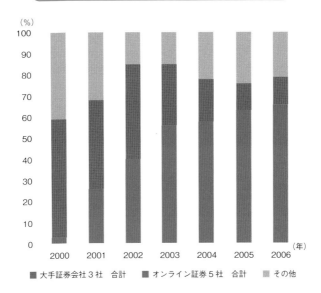

図表 11.5　個人株式委託売買代金のシェアの推移

(%)

■ 大手証券会社 3 社　合計　　■ オンライン証券 5 社　合計　　■ その他

（出所）　松井証券 IR 資料，イー・トレード証券 IR 資料，ストックリ
サーチ社資料より作成

以上から，因果関係の方向性は不明であるものの，2002 年上期頃を境に，松井証券および同社を模倣・追随したオンライン専業証券によって構成される戦略グループへの「社会的認知や信用」が著しく向上し，成長にさらに加速がかかり始めたと考えられるのである。

11.7　インターネット・ビジネス業界の立ち上げにおける一つの視点としての「模倣」

　近年も，アパレルのインターネット通販や，動画の配信事業，フリーマーケットのアプリ，スマートフォンのゲームなど多くのインターネット・ビジネス

で，激しい企業間競争が繰り広げられている。

そもそも，インターネット・ビジネスは，競合企業の商品やサービス体系を容易に見ることができ，実店舗や工場設備など初期投資が大きい固定資産などを使わないことが多く，比較的参入や模倣が容易であることが多い。したがって，インターネット・ビジネスを行うにあたっては，いかにすれば，模倣を阻むことができるか，模倣を阻むことができないならば，いかにすれば，模倣によるデメリットを最小化し，競争優位に立てるのかという，「模倣のマイナスの効果」に通常のビジネス以上に敏感になると考えられる。

日本のオンライン証券業界も，前項であげた通常のインターネット・ビジネスと同様に，商品やサービス，ならびにその成果であるパフォーマンスがリアルタイムに公表されるなど，模倣が容易な環境にあった。しかし，そのリーダー企業であった松井証券の松井道夫社長は，自社の経験に基づいた戦略やその有効性についてマスコミや著書などで積極的にアピールするなど，ある意味，「より模倣を促す」行動をとっていたのだ。

前項のオンライン証券の事例によって，「模倣による戦略の同質化が，競争の激化で自らのパイが減るマイナスの効果だけではなく，戦略グループが正当性を獲得してパイの総量が増大するというプラスの効果の大きさをも考慮するべきである」ということが示されたが，松井証券の松井社長は，自社が命運をかけた「オンライン証券」という事業を継続するにあたって，他社に顧客を取られてしまうマイナスの効果よりも，監督官庁に対して規制緩和を求めるためにオンライン専業証券会社で協議会を作るなど，模倣によって「業界として立ち上がる」というプラスの効果を極めて強く意識し，行動していた。

今まで聞いたこともないインターネット・ビジネスでは，「これ買って大丈夫かな」「このサービス利用して安全かな」と，不安になる。また，「この企業と取り引きして大丈夫か」「この企業に融資して返済されるのか」という判断はさらに慎重に行われる。バーチャルの世界で行われるビジネスであるが故に，多くの企業が参入して信用力も増すということがより重要で，インパクトを与えることに注目していたのである。

市場の立ち上がりにおいては，どの企業が手がけたものであれ製品やサービスが顧客に支持され，市場自体がスムーズに立ち上がることが最も重要である。

市場の立ち上がりが遅いと，その限られたパイの中でいくらシェアが高くても，しょせんは「極小ニッチの一企業」に留まってしまうことになってしまったり，海外市場で成功した外資企業などに入り込む隙を与えてしまうことにもなりかねない。仮に他社との競合が激しくなり，差別化が難しくなるとしても，顧客に評価される製品やサービスに良い意味で集中することによって，市場の成長が促され，最終的には自らの取り分が増えていく可能性が十分高くなることもあるのだ。

　様々な技術やサービスが拡散したり，認知や信用が十分ではないということも一因となって，業界の立ち上がりが進まないインターネット・ビジネスもある。インターネット・ビジネスにおいてイノベーションを起こし，新しい市場で戦う経営者は，「模倣を促すことによって業界を立ち上げる」方が良いという選択肢も，常に頭の片隅に置いておくべきではないだろうか。

$$演 \ 習 \ 問 \ 題$$

　11.1　新しい業界が立ち上がるとき，ある企業がどのような戦略をとっていたのかを調べてみよう。その戦略は，差別化されたものであったのか，また，お互いに模倣が起きていただろうか。さらに，市場の立ち上がりが模倣とどのような関係にあったかを考えてみよう。

225

第12章

プラットフォームの
ビジネス

　ICT を活用した企業間競争では，それをあまり活用しない場合とは異なる現象，マネジメント上のポイントがある。本章と次章では，プラットフォームとコンテンツをキーワードにして，ICT を活用した企業の間の競争を考えていく。本章では，プラットフォームを取りあげ，プラットフォームという概念を理解し，それを経営戦略に活かしていく方法を考えていく。同時に，プラットフォームのビジネスにまつわる特有の課題も検討する。

○KEY WORDS○

ネットワーク外部性，標準，二面市場戦略，
ビジネスモデル，ビッグデータ

12.1　プラットフォームという考え方

○　プラットフォームという視点

ICT は，製品サービスや人々の活動を繋げることに長けている。製品を含めたものの動きや，ものを使う人の動きを一定の手続きでデータ化し，そのデータを処理して，別のものや人の動きを導く仕組み ICT によって実現できるからである。たとえば，第 1 章で紹介した RFM の仕組みを使い，ターゲットにした顧客にクーポンを配信することで，購買や来店を促せる。このことは人を特定の製品サービスに結びつけることだと見なせるだろう。あるいは，第 7 章で紹介した SCM は工場の内外のものの動きを連携させ，適切なタイミングで，特定の場所にものを揃える仕組みだと見なせる。そうした仕組みがあるからこそ，われわれがコンビニエンスストアなどの小売店に行ったときに，欲しいと思ったものが見つかりやすくなる。

こうしたものと人，ものともののつながりを前提にした場合に，企業経営と企業が提供する製品サービスは変わってくる。それを理解するために有効な考え方がプラットフォームである。

プラットフォームは，複数のユーザ（ユーザ・グループ）の相互作用を促す製品サービスと定義される。より詳しい定義によれば，プラットフォームとは，だれもが明確な条件で提供を受けられる商品やサービスの供給を通じて，第三者間の取引を活性化させたり，新しいビジネスを起こす基盤を提供したりする役割をはたす，私的なビジネスと定義される（今井・國領，1994；國領，1995，根来・木村，1999）。

プラットフォームが果たす機能は多様である。主たる役割としては，取引相手の探索，信用（情報）の提供，経済価値評価の提供，標準取引手順の設定，物流機能などがあげられる。プラットフォームを提供する中で，とくに情報の流通を整理し，仲介する企業は，インフォメディアリとも呼ばれる（Hagel & Singer, 1999）。プラットフォームやインフォメディアリの具体例としては，ウ

ェブマネーなど決済機能を提供する企業や，オークションで代金決済確認のサービス（エスクロー）を行う企業などがある。身近な例をあげれば，楽天は，単に商店街のスペースを作っただけでなく，誰でもショップを立ち上げるようにし，電子商店と消費者が取引相手や情報を探す仕組みなどを提供しているので，プラットフォームとだといえる。

○ ネットワーク外部性

　プラットフォームという考え方で重要なのは，その参加者，すなわち，広い意味でのユーザーたとえば楽天の出店者と消費者一の間での相互作用である。ユーザもしくは参加者の間でなぜ，どのように相互作用が発生するかによって，プラットフォームの有用性と影響力は変わる。

　ユーザの相互作用をもたらす現象として，古くから知られているのはネットワーク外部性である（Katz & Shapiro, 1985）。ネットワーク外部性は，使用（利用）するユーザが増えることで，他のユーザの効用，行動が変わる現象を意味する。すなわち，あるユーザの使用という行為が，使用したユーザに満足感（効用）をもたらし，他のユーザの満足感を変化させるので，他のユーザが「（さらに）使ってみよう」という行動を起こすことになる現象だ。

　ネットワーク外部性の古い例は電話である。電話は一人だけが持っていても満足感は得られない。他の人が電話を購入（導入）して利用可能になったときに初めて電話を使うメリットが生じる。さらに，そのメリットは電話の購入者が増えれば増えるほど増す。したがって，ネットワーク外部性が発生し，あるユーザの行動が他のユーザの行動に影響を及ぼす，相互作用をもたらすことが実現したときに，それはプラットフォームとしての機能を果たすようになったと見なせる。電話の例で言えば，電話を二人以上の人が購入して便利さを実感し，音声のやりとりをきっかけに行動を起こすときに，電話がコミュニケーションのプラットフォームになったといえるようになる（図表12.1）。

　ICTが普及した近年は，電話と同等かそれ以上に，ユーザの相互作用を促す技術，製品サービスが増えた。インターネット，携帯電話，SNS（Social Networking Service）などはその典型である。こうした技術と社会の変化を受

図表 12.1　ネットワーク外部性のイメージ図

既存の加入者

電話網

Mac

Windows

こっちのほうが
電話できる
相手が多いな

ハードが売れているから
ソフト作るなら
ウィンドウズ向けだな

ソフトが充実して
いるから買うなら
ウィンドウズだな

新規加入者

電話できる相手が増える

Windows

Mac

けて，プラットフォームとそれを提供する企業に関する研究も，2000 年代以降急速に増えてきた（Gawer & Cusumano, 2002；Rochet & Tirole, 2003；丸山, 2011；立本，2017）。その中でガワー（Annabelle Gawer）とクスマノ（Michael A. Cusumano）は初期の代表的な研究だといえる（Gawer & Cusumano, 2002）。彼らはインテルやマイクロソフトといった企業がプラットフォームを開発し，普及させる先導となり，大きな成功を収めた事実の本質は，プラットフォーム・リーダーシップと呼べるものだと主張した。その上で，プラットフォーム・リーダーシップを持つ企業の経営戦略の特徴を明らかにした。その後の研究は，エコシステム，キーストーン（戦略）といった概念を生み出しつつ，理論と実証の両面で盛んに研究が進んだ。それに伴い，彼らが研究対象とした企業以外も考察されてきた。現在は，プラットフォームのタイプや，プラットフォームの内容（技術，ビジネスのインフラ，ルールの設定）の違いを視野に入れながら，広く深く議論が進められている。この章では，こうした研究を踏まえて，プラットフォームとは何か，それが企業経営に及ぼす影響はどのようなものかを考えていく。ICT をベースにした企業経営を考えるとき，プラットフォームという考え方は欠かすことができない。

コラム　収穫逓増

　収穫逓増とは，投入量を増やしたときに追加的に得られる産出量の増分である「収穫」が次第に増加し，費用（平均費用）が逓減することをいう。通常の財では，投入量が増加しても産出量の増分が減る（収穫逓減）か，あるいは，一定水準までは産出量の増分が増えても，その後に増分が頭打ちになる。このような収穫逓減を仮定して，経済学や経営学では，通常，上に凸の生産関数を想定する。

　たとえば農業であれば，密植によって単位面積あたり生産量が下がる現象が生じる。同様の収穫逓減の現象は，工業生産でも発生すると考えられてきた。他方，鉄道業では，線路用地の買収から駅舎の建設など，輸送サービスを開始する前にかかる初期投資は莫大だが，いったんサービスを開始してしまえば，多くの客を輸送することで，初期の（固定）費用の負担が軽くなり，収穫は逓増する。このように，技術や産業の特性によって，収穫逓減か逓増かが変わり得る（Arthur, 1994；1996）。

　では，プラットフォーム・ビジネスを含む，ネットビジネスではどうだろうか。プラットフォーム・ビジネスでは，鉄道業と同様に，初期にはプラットフォームの構築に多くの費用がかかるが，その後に発生するコストは少ない。プラットフォーム以外のネットビジネスでも，初期の費用は大きいが，事務処理コストや人件費は実店舗に比べてかなり抑えられ，収穫は逓増する。

　収穫逓増が多くの分野，企業で起きることで，大規模なサイトがますます優位に立つようになる。言い換えれば，収穫逓増の曲線を描く産業では，市場が本格的に立ち上がり，一定の規模（クリティカル・マス）に達する時点で，大きな市場シェアをとった企業がその後も競争優位を獲得しやすくなる。

図表 12.2　収穫逓増の概念図

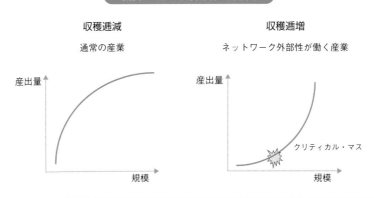

○ プラットフォームの具体例

現在のプラットフォームのわかりやすい事例は，インターネットやSNSだが，それ以前にもプラットフォーム的な製品サービスはあった。ハードウェア製品ではビデオデッキ，光学ディスク（CD，DVD，Blue-ray），MDなどの携帯音楽プレイヤーやPCパーツがプラットフォームと呼ぶことができる製品だった。ソフトウェア製品ではPC用OS，携帯電話用ソフトウェア（iモード，iOS，Android），PCプラグイン（Adobe Reader，Flash）などが代表的な事例だといえる。また，エンタテインメントの分野では，家庭用ゲーム機，オンラインゲームなどもあげられる。さらに，サービスにおいても，ポータルサービス，検索サービス，SNS，オンライン・ショッピング，オンラインストレージ，クラウドなどがプラットフォームの事例としてあげられる。

共通しているのは，これらの製品サービスを通じてユーザの相互作用が発生することだ。製品サービスの使用に伴ってユーザ間の相互作用が生じ，たとえ製品サービスが同じであっても，ユーザ数が増えること自体がユーザの効用を増加させる。つまり，ネットワーク外部性が生じやすい製品サービスになっている。ユーザ数の増加がユーザの効用を増すことは，具体的に2つの経路で生じる。

一つの経路は，他の人がその製品サービスを利用すれば，交流がしやすくなるので効用が増す。SNSがその典型である。このような場合に直接的ネットワーク外部性が働くと呼ぶ。もう一つの経路は，ユーザ数が増えれば，補完的な製品サービス（補完財）が充実することで効用が増す。家庭用ゲーム機であれば，ゲームソフトのバラエティが増える，PC用OSや携帯電話用ソフトウェアであれば，対応するソフトウェア（アプリケーション，アプリ）のバラエティが増える状況である。そうなれば，家庭用ゲーム機やPC，携帯電話を購入したユーザはより多様なゲームソフトやソフトウェア，アプリを利用して，自らの効用を高めることができる。このような補完財を通じた効用の増大が生じる場合には，間接的ネットワーク外部性が働くという（図表12.3）。

直接的ネットワーク外部性と間接的ネットワーク外部性は，それがいかにユーザの効用を増大させるのかというメカニズムは違うが，ユーザ数の増加が一

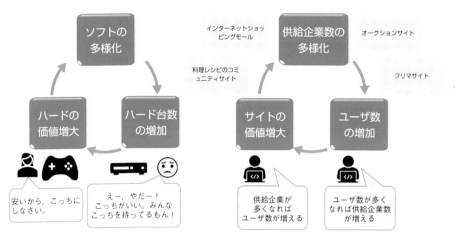

図表 12.3　間接的ネットワーク外部性

人ひとりのユーザの効用を増す点は共通している。そして，ネットワーク外部性を働かせることができるのであれば，製品サービスを共通基盤として多くのユーザが導入（購入）することになる。それはさらに他のユーザの導入を促したり，補完財を提供する企業の参入を促したりするだろう。そうなったときに，製品サービスはビジネスを進める基盤となり，プラットフォームと呼ばれるようになりうる。

○ プラットフォームと標準

　プラットフォームを考えるときに重要なのはどれだけ多くのユーザが利用しているか否かである。多くのユーザが採用すればするほど，プラットフォームを提供する企業はもちろんのこと，それを導入（購入）したユーザのグループにメリットが生じるからである。では，できるだけ多くのユーザに導入をさせるためには，どうすれば良いのだろうか。これについては，標準（Standard）に関する議論が示唆を与えてくれる。

　プラットフォームを構築し，ネットワーク外部性を享受するためには，多くのユーザが利用する，利用したいと思う仕様（規格）を作成し，他の企業やユーザに公開し，それが標準であると認められる（標準を獲得する）ことが重要になる。そのような標準を作成し，獲得できた企業がプラットフォームのビジネスを有利に進めることができるようになる（山田，1993）。たとえば，PC用 OS のマイクロソフト，PC パーツのインテル，SNS のフェイスブック（Facebook），検索サービスのグーグル，インターネット通販のアマゾン，家庭用ゲーム機の任天堂やソニーなどを考えてほしい。いずれもそれぞれの製品サービス分野で一定の仕様を提唱し，多くのユーザ・グループがそれを採用した。そのことによって，その製品サービス分野で「標準になった」と認められた企業であり，製品サービスだ。

○　標準決定の 3 つの道筋

　標準の決定については，3 つの方式があるといわれている。第一に，法律や政府機関によって決定される標準がある。これはデジュール標準と呼ばれる。携帯電話の電波（周波数）などはデジュール標準と言える。第二に，企業間競争で決まる標準がある。ビクターとソニーが競争を繰り広げたビデオデッキや，任天堂とソニーが競争した家庭用ゲーム機，ミクシィ（mixi）やフェイスブックが競争した SNS などは企業間競争の結果で標準が決まった。これをデファクト標準と呼ぶ。第三に，企業が連合して，市場での競争に先立って標準を決める場合がある。インテルが提唱した PC パーツの規格はこれにあたる。この場合は，コンセンサス標準と呼ばれる（図表 12.4）。

　法律や政府機関が決定し，強制力を背景に多くのユーザが利用せざるを得ないデジュール標準を除くと，ある規格をどれほどの企業やユーザが採用するか否かで標準は決まる。言い換えれば，どんなに優れた仕様を策定しても，他の企業やユーザが導入してくれなければ標準たり得ない。したがって，標準を獲得するためには，仕様を提唱した企業がいかにして他企業やユーザに働きかけるかが重要となる。これについて，明らかにしたのが淺羽（1995）の「システムの普及のメカニズム」である。

図表 12.4　標準の決定方法

デジュール標準（公的な標準）

- ・公的な標準化機関が認証した規格
  - ・「国際標準」：ISO（国際標準化機構）など
  - ・「地域標準」：CEN（欧州標準化委員会）など
  - ・「国家標準」：JIS（日本工業規格）など

デファクト標準（事実上の標準）

- ・競争の結果，市場の大勢を占め，事実上の業界標準として機能するような規格
  - ・VTR における VHS 規格
  - ・パソコンにおける DOS/V，ウィンドウズ
  - ・インターネットのプロトコルにおける TCP/IP

コンセンサス標準

- ・市場での競争を経ることなく，事前に企業間の協議を通じて標準とされた規格
  - ・DVD-ROM

　家庭用ゲーム機や SNS を利用し始めるときに，われわれが一つを選ぶ基準は何だろうか。それは，製品サービスそのものの良し悪しだけではないだろう。むしろ，他のユーザがそれを導入するのか，補完財が提供されるのかといった見通しが重要になってくると考えられる。このように，特定の仕様を含む製品サービスの導入に影響を与えるのは，標準獲得に向けた期待である。言い換えれば，他のユーザや企業などが利用するであろうという期待を強く持てる製品サービスをわれわれは導入する。そして，一人ひとりのユーザや，一社一社の企業がそうした期待を持つことによって，結果として普及が進み，標準になってしまう。そして，標準になったと企業やユーザが認識することで，まだ導入や利用をしていない企業やユーザが導入を決めることになる。

　それゆえ，このような予想の自己成就・強化メカニズムを働かせることが，標準の獲得には必要となる。様々な主体に働きかけて，予想を強化することが，標準獲得にとっては重要なのである。具体的には，オピニオン・リーダーやキーパーソンと呼ばれる他のユーザに働きかける人に対する広告宣伝の実施，試供品やベータ版あるいは無料体験機会の提供などによって利用体験を持つユー

ザを増やすこと，補完財の提供を促すような施策などが考えられる。

　ただし，こうした標準獲得につながる企業行動は全ての企業が等しく行うわけではない。標準に関するポジションの違いが企業行動にも影響を及ぼす。ビクターやソニー，任天堂やマイクロソフト，インテルやアップルのような標準の主導者もしくはそれに近い推進者は，様々な主体の期待への働きかけを積極的に行うだろう。他方，それを採用してビジネスを展開したいと考える採用者は，どの仕様が標準を獲得するかを見定めながら行動する。あるいは標準が定まった後でそれを利用しようとする企業も存在するだろう。たとえば，DVDで映画を販売したい企業，ゲームソフトを提供する企業，Windows 対応のソフトウェアや PC 向け周辺機器を提供したい企業は標準形成の成り行きを見て，自らのビジネス展開のタイミングを見計らっている（糸久・安本，2018）。

12.2　プラットフォーム・ビジネスの経営戦略

○　プラットフォーム・ビジネスの利点

　マイクロソフトやアップル，インテルやフェイスブックのように，プラットフォームを活かしたビジネス（プラットフォーム・ビジネス）のリーダー企業は好業績をあげている。それはなぜだろうか。プラットフォーム・ビジネスの利点がいかにして生じるのかを考えていこう。

〈1〉プラットフォーム成立による需要の増大

　プラットフォーム・ビジネスが魅力的な一つ目の理由は，ネットワーク外部性が働くことで需要が増大することにある。プラットフォーム企業にとっては，自らが提唱した標準を活かした製品サービスが普及すれば，その製品サービスの売上が増えるし，それと関連したビジネスも成長しやすくなる。他方，プラットフォームを活用する企業にとっても，多くのユーザ（グループ）が導入したプラットフォームに対応した補完財を提供すれば，多くの売り上げを見込め

る。また，ユーザにとっても，プラットフォームが普及すれば，それ自体で効用を増すこともある上に，充実した補完財を利用できるメリットが生じる。

こうしたプラットフォーム・ビジネスの利点は，規模の経済性に支えられている面がある。ICT を活用したプラットフォーム，とくにソフトウェアの場合には，利用者（採用者）が増えても，それほどのコスト増加が生じない。つまり，製品サービスを提供する限界費用が 0 に近い状況が多く見られる。そのため，利用者が増加すれば，売り上げが大きく増えてもコストがほとんど変わらない状況，すなわち，とても多くの利益を上げられる状況が生じやすい。

このように考えると，ユーザ数の増加に伴うコスト増加の程度がどれくらい大きいのかが重要だと考えられる。ものを作ったり，ものを運んだりする物理的な側面が大きければ，ユーザ数の増加に伴ってコスト増加も大きくなってしまう。その場合には，ICT を利用したプラットフォーム・ビジネスであっても，利益の増加は生じにくくなる。他方，ものを作ったり，ものを運んだりすることを伴わない場合，たとえば，SNS やレビューサイト，AWS（Amazon Web Service）のような SaaS（Software as a Service）であれば，コスト増加が小さいので，ユーザ数の増加に伴う利益増大は大きくなるだろう。

| コラム | SaaS，PaaS，IaaS の提供とビジネスモデル |

本文であげた製品サービスはいずれも最終消費者（エンドユーザ）向けだったが，企業向けに提供されるプラットフォーム，いわゆる B to B のプラットフォームも多く存在する。これらは必ずしもエンドユーザが使用できないわけではないが，規模や維持および運営コストの面から主に企業の利用を想定して作られている。

代表的な事例は，アマゾンが提供する AWS やマイクロソフトが提供する Azure，グーグルが提供する GCP（Google Cloud Platform）だろう。これらは，他企業が利用してビジネスを展開できるようにストレージやデータ処理能力，それらをベースにしたアプリケーションを提供している。他企業から見れば，大きな投資をせずにそれらを利用してビジネスを展開できるために費用対効果が上昇する。アマゾンなどの提供企業に取ってみれば集中的な大規模投資を効果的に利益に結びつける利点がある。さらに，企業間の相互作用を促す効果も見込める点で，ビジネスのプラットフォームになっているともいえる。これらはビジネスを展開する基盤であり，かつアマゾンなどがサービスとして提供していることから，SaaS（Software as a Service），PaaS（Platform Software as a Service），IaaS（Infrastructure Software as a Service）などと呼ばれる。こうした B to B のプラットフォームが成立したことによって，企業規模

などとはさほど関わりなく，多くの企業が新しい，効率の良い IT リソースを利用し，それを基盤にして独自の製品サービスを提供することが可能になっている。

〈2〉市 場 の 独 占

　プラットフォーム・ビジネスが魅力的なもう一つの理由は，プラットフォームを巡る競争の勝者（Winner）になれば，非常に多くの利益を得られることにある。前項で述べたように，プラットフォームを巡る競争では，勝者になる，あるいは勝者になるだろうという予想が成り立てば，実際に勝者になりやすくなる。その上，勝者になればそれを導入するユーザや企業をさらに増やしやすくなる。つまり，プラットフォームを巡る競争は勝者がより勝ちやすい構造を有している。

　そのため，他のプラットフォーム，その他の企業を市場から駆逐でき，「勝者総取り（Winner takes all）」の状況を生じさせることも可能になる。つまり，ある製品サービスの領域で独占や寡占に近い状態，もしくは高いシェアを作り出すことができる。かつての任天堂のゲーム機はまさに独占に近い状態だったし，現在でも検索サービスのグーグルやスマートフォンの iOS，マイクロソフト社のオフィス・アプリなどは高いシェアを獲得し，維持している事例である。

　独占まではいかなくても，とても高い市場シェアを築き上げれば，多くの利益を上げられる。他方，プラットフォーム・ビジネスになっていない製品サービスの分野では，50％を超えるようなシェアを有する企業は稀で，プラットフォーム・ビジネスのような勝者総取りの現象はあまり見られない。

　こうした構造を前提にして，プラットフォームを提唱する企業は是が非でも勝者になろうとする。それは魅力的なプラットフォームを開発し，ユーザに利用を促し，補完財を充実させる，といった戦略的行動に多くの費用と時間を掛けて取り組むことを意味する。

　ただし，プラットフォーム間の競争に勝ったとしても，獲得できる利益の大きさはビジネスモデルの影響を受けることには注意が必要だろう。ビジネスモデルが稚拙であれば，たとえプラットフォーム間の競争に打ち勝っても，プラットフォームを利用する企業に利益を奪われる可能性もあるからだ。先にあげ

たゲーム機やスマートフォンのOSなどでは，プラットフォームを提供する企業は補完財であるゲームソフトやアプリ提供企業から一定の利益の配分を受け取る契約をしている。検索サービスの場合には，広告収入が得られるようにしている。逆に言えば，こうした仕組みをしっかり持たないとプラットフォームが普及しても利益を上げにくい状況に陥ってしまう。

　難しいのは，ビジネスモデルという観点で考えると，プラットフォームの提唱企業とそれを採用する企業の関係には2つの側面があることだ。プラットフォームが標準を獲得するまで，プラットフォームを普及させるためには両者は協調関係にある。協調してプラットフォームを多くのユーザに採用してもらわなければ，そもそも利益を生じさせるビジネスの基盤が成立しないからである。

　他方，プラットフォームが標準を獲得した後，プラットフォームを利用して利益を回収する際には，両者は利益を配分する上で競合関係になる。プラットフォームの普及を実現するために協調関係を維持しつつ，プラットフォーム普及後の利益配分では自らの利益を最大化するために，適切なビジネスモデルを持つ。これら2つの課題を乗り越えることが，プラットフォーム・ビジネスを支えるために重要である。

○ 二面市場戦略

　2つの異なるユーザのグループをつなげるプラットフォームに関する戦略やビジネスモデルを考える際に有用なのは，二面市場戦略（Eisenmann, Parker & Van Alystyne, 2006）の考え方である。ここでは，プラットフォームを前提にしたビジネスモデルがどのようなメカニズムを持っているのかを理解しよう。

　二面市場という言葉で表されているように，プラットフォームは2つ（複数）の市場を結びつける（図表12.5）。2つの市場はそれぞれ支援市場，収益市場と呼ばれる。たとえば，ミクシィやフェイスブックのようなSNSの場合，いわゆるユーザはSNSというプラットフォームを魅力的にするものの，利益には直接貢献しない。このような存在は支援市場の参加者と見なされる。他方，SNSに広告を出したいと考える企業はプラットフォームを運営する企業に利益をもたらす。利益をもたらす存在が形成する市場，この場合で言えば広告出

239

図表 12.5　プラットフォームのイメージ図

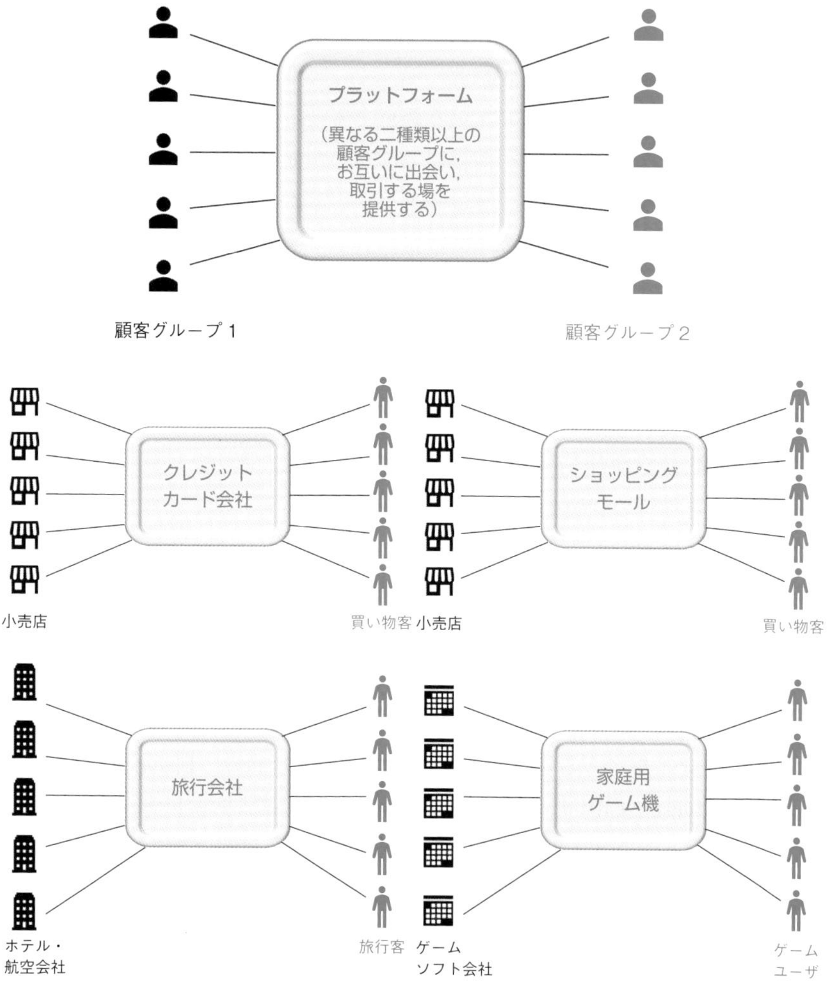

プラットフォーム

（異なる二種類以上の
顧客グループに，
お互いに出会い，
取引する場を
提供する）

顧客グループ1　　　　　　　　　　顧客グループ2

クレジット
カード会社

小売店　　　　　　　　　買い物客

ショッピング
モール

小売店　　　　　　　　　買い物客

旅行会社

ホテル・
航空会社　　　　　　　　旅行客

家庭用
ゲーム機

ゲーム
ソフト会社　　　　　　　ゲーム
ユーザ

稿企業が形成する市場は収益市場と見なされる。すると，SNSというプラットフォームは，SNS上で無料の情報発信をしたいと思う多くのユーザと，ユーザに対して広告を見せたいと考える企業，2つの異なるグループが形成する，2つのタイプの市場をつなぐ役割を担っているといえる。

　ここにおいて重要なのは，プラットフォームでつながれる2つの市場では，プラットフォームを「使用」するユーザ・グループ毎に価格弾力性に違いがあることだ。SNSの例でいえば，情報発信したいと考えるユーザは無料が当たり前だと考えていて，少しでもおカネを払うことになれば使用をやめてしまう人も少なくない。つまり，一般的なユーザは価格弾力性が非常に高い人達である。他方，SNSに広告を掲載したいと考えるグループ（広告出稿企業）は有料であっても広告を出したいと考えていて，広告掲載の費用をSNS運営企業に支払ってくれる。つまり，広告出稿企業の価格弾力性は高くない。この価格弾力性の違いを活かすことが二面市場戦略では重要となる。

　では，収益に貢献しないから一般的なユーザが不要かといえば，そうではない。一般的なユーザがいなければ，広告の効果は発生せず，収益市場の参加者はプラットフォーム提供企業に支払いをしてくれないからだ。したがって，プラットフォーム提供企業の利益には直接貢献しない支援市場の参加者，一般的なユーザを，無料にしてでもつなぎ止める必要がある。

　二面市場戦略の考えに立てば，重要なのは価格弾力性が違いつつ，相互作用をする複数のユーザ・グループを見出すことになる。この違いを上手く見出し，利用している例はSNS以外にもある。たとえば，オンラインゲームでは，無料で遊ぶユーザと，お金を支払ってでも楽しみたいと思うユーザ（課金ユーザ）を一つのゲームで受け入れ，アイテム課金などの仕組みで収益をあげている。また，インターネット・オークションでは，出品は有料で受け付けて，入札は無料で可能にしている場合がある。これは「手持ちのものを売りたい」と思う出品者と，「できるだけ安くものを買いたい」と考える入札者を組み合わせた例だと考えられる。

　このような価格弾力性の違いを利用するためには，価格弾力性を識別するためのメニューの提供が必要になる。ユーザの価格弾力性は，プラットフォーム提供企業を含めた企業からは見えにくい利用者の状態である。だからこそ，有

料と無料，高価格と低価格，現在の価格と将来のオプションといった，複数の製品サービスをメニューとして提示する。そして，メニューの中からユーザに選んでもらうことで，企業からは「見えない」価格弾力性の違いを活かせるようにする。つまり，適切なメニューを提示して，ユーザの価格弾力性を適切に識別できれば，それに応じたプラットフォーム利用料金を設定でき，多くの利益を上げられると考えられている[1]。

> ### コラム　マッチング・ビジネス
>
> 　第4章で紹介したデル・コンピュータの成功例に見られるように，ネットビジネスが広まると，卸や小売店などの中間業者はなくなっていくといわれた。インターネットでは住んでいる地域などとは関係なく誰とでも自由に取引することができるので，メーカーや生産者と消費者が直接結びつくようになり，卸売業や小売業の意味合いがなくなるという主張であった。
>
> 　だが，インターネットはいつでも，誰とでも直接取引ができるため，潜在的な取引相手の数が膨大になるという問題も生じた。流通論で以前からいわれていたように，卸や小売などの中間業者が取引に関する情報の流れを管理することで，取引を希望する企業や個人に適切な情報を届ける機能を果たすようになったのである。
>
> 　ただし，ネットビジネスで必要とされた中間業者は，かつての卸売業，小売業と全く同じではない。膨大な情報を扱い，商品と潜在的取引相手が非常に多く存在するインターネットでは，売り手と買い手とを結びつける役割を果たす，新しいタイプの中間業者が求められた。新しい中間業者が果たす役割——売り手と買い手を結びつける（マッチさせる）こと——に着目し，彼らが中心的な役割を果たすビジネスをマッチング・ビジネスと呼ぶ。マッチング・ビジネスは，EC サイトで見られるように，商品の売り買いに留まらない。Uber に代表される配車サービスなども含むようになる。共通しているのは，潜在的な需要と供給を出会わせて取引を実現させることが目的となっており，取引を実現させたことへの対価として手数料などを受け取るビジネスモデルである。
>
> 　インターネット・オークションは，ネットビジネス成立期からあったマッチング・ビジネスの典型例である。街中のリアルな店舗では，買いたいと思う（需要はある）のに売っているところがない（売り手）とか，売りたいと思う（供給はある）のに買ってくれる人が見つからないと言うことがある。このように，買い手と売り手が上手く

---

[1] このようなメニューの提示と，それを裏付けるユーザの行動を見定める（モニタリングする）機能もまた，ICT によって可能になる。この意味において，ビッグデータ分析などに基づくユーザ行動の分析は二面市場戦略の洗練にも役立つ。ただし，行き過ぎた二面市場戦略の遂行は，プライバシーの侵害，価格差別などの問題も引き起こす可能性もあり，この点に注意を払う必要があると考えられる。

結びつかないことを，取引摩擦と呼ぶ。

インターネットというビジネス環境では，この摩擦を減らすことができる。この取引摩擦の軽減がわかりやすく現れるのがインターネット・オークションだ。オークションは，売り手と買い手が集まり，自らの売る意思や買う意思を表明する。だが，現実のリアルなオークション会場では売り買いの意思表明がなされても価格などが折り合わずに取引が成立しない場合がある。それに対し，インターネットのオークションでは，居場所の違いを越えて多くの人が集まることができるので，現実世界ではなかなか出会えない売り手や買い手に会うことができ，取引が成立する可能性が高まる。多くの人々の間で，商品を巡る価格発見が行われるともいえるだろう。

オンラインのオークションは，オランダの花卉市場やディーラー間の中古自動車取引など企業間（B to B）で始まり，その後，消費者（C）にも広がっていった。インターネットの登場後，企業と消費者の間のオークション（B to C）が始まった。1995年にアメリカのOnsale（オンセール）は，企業の過剰在庫など，店頭では売れない商品を効率的に販売するために，インターネットを使い，競売を始めた。競売の形式を取ると，買い手の入札によって価格が決まるため，安すぎたり売れ残ったりするリスクが小さくなる。しかも，地理的に離れた顧客も取り込めるので，リアルなアウトレットストアよりも多くの需要が見込むことができる。こうしたメリットがあることから，効率的な在庫販売チャネルとして，他企業も追随した。その後，アメリカのeBayや日本のヤフーオークションやメルカリのように，一般消費者が売り手にもなるC to Cのビジネスが現れた。いずれも，フリーマーケットに参加するような楽しさを演出し，安いものを買いたい消費者はもちろん，楽しく買い物をしたい，買い物行為自体を楽しみたい消費者をひきつけることを目指した。

楽天市場に代表されるオンラインモール（電子商店街）もまた，マッチング・ビジネスとしての要素を持っている。というのも，インターネットの商店（電子商店）という売り手と，消費者という買い手を結びつけているからである。いまや日本最大のオンラインモールになった楽天市場は，創業当時は13店舗からスタートした。先行するオンラインモールもあったが，それらへの出店には数十万円かかり，しかもページ更新にも数万円かかるという条件であった。こうした条件では，インターネット通販のために多額の予算を確保できない中小企業はオンラインモールに出店できなかった。楽天は，先行した企業とは違い，予算が少ない中小企業に裾野を広げようと考え，ウェブサイト制作とショップ管理のシステムを独自開発し，それらを出店企業に安価で提供するサービスを始めた。さらに，「ワープロレベルの知識と作業で，誰でもページがつくれるシステム」をモットーに，ショップ画面の制作から受注管理などをトータルに行う店舗運営システムをつくり，出店料月額5万円で会員になった店舗に導入した。こうした出店費用の引き下げに加え，店舗向けに運営支援講座「楽天大学」など啓蒙活動を行いながらモール加入への営業活動を積極的に行った（楽天「楽天の歴史」）。中小企業という新しい出店企業への着目，自社開発による低価格で使いやすいシステム，地方の中小企業を含む多くの企業を対象とした出店要請などが組み合わさ

れたことで，楽天への出店は増えた。その後，多くの電子商店があることから顧客が集まりやすくなり，顧客が集まるので出店が増えるという好循環が働いた。結果として，後発にも関わらず楽天が日本最大のオンラインモールへと成長したのである。

○ IT化がもたらす「柔軟なビジネスモデル」

プラットフォーム・ビジネスが示すように，ICTは複数の製品サービス，複数の市場をつなげることに長けている。複数の市場を結びつけ，トータルで利益が上がるようにすれば良いと考えることができれば，いわゆる一物一価にこだわる必要もなくなる。

SNSの場合，ユーザが投稿すればそれに対応するコストが発生するわけだが，それに対して課金する企業はほとんどない。コストを度外視して投稿を無料で受け付けてSNSを活性化させ，その一方で，活性化したSNSを広告媒体として使いたい企業や，投稿以上の特別な（プレミアムな）サービスを受けたいと思うユーザからはコスト以上の支払いを受けている。このようにして，SNS全体で利益が上がるようになる。

このようなコストと収入のアンバランスは，オンラインゲームでも，インターネット・オークションでも見られる。つまり，製品サービスを提供するために必要なコストとは，ある程度切り離して，収入を得る（支払を要求する）機会を設計することが可能になっている。言い換えれば，収益を獲得する機会の自由度は高まっている。このような柔軟なビジネスモデルを組み，戦略的に価格付けを行い，トータルで利益を上げるのが，ITベースのプラットフォーム・ビジネスの特徴の一つだと考えられる。

ただし，戦略的な価格付けは，ITが普及する以前にも，いくつかの企業が実現していた。古典的には，ジレット社が始めたシェーバーと替え刃がそうであったし，家庭用ゲーム機向けのゲームソフトや，インクジェット・プリンタのインクビジネスなども代表的な事例である。これらのように，いわゆる補完財を利用したビジネスでは，戦略的な価格付けを行うことで利益の最大化を目指していた。

ICTを利用した製品サービスの場合，複数の製品サービスを結びつけること

ができ，さらに限界費用が非常に低い場合があること，さらには，様々な製品サービスに組み入れることによって戦略的な価格づけの適用範囲を広げたことに，きわだった特徴があるといえる。IT によってこうした条件が加わったことで，従来からのビジネスモデルが「さらに」柔軟性を増したともいえる。自由度が増し，柔軟性を増したからこそ，良いビジネスモデルや経営戦略を作り上げることが，さらに重要になったともいえる（國領，1995：1999）。

12.3　ビッグデータとデータマイニングの発展

プラットフォーム，マッチング，戦略的な価格づけ，といった前節のビジネスの要素の成否を左右するのがデータである。プラットフォーム上でユーザが相互作用を行う一因はデータがそれを促すからであるし，マッチングのためにも売り手と買い手（支払い手）の情報がなくてはマッチさせることができない。戦略的な価格付けのためにも，ユーザの価格弾力性を推定するために，過去に支払った金額のデータが有用である。

このように，IT をビジネスに応用することが広まるにつれて，データの重要性が認識されるようになり，より多くのデータに基づいて，より効率的なビジネスを目指す企業が増えている（The Economist, 2017）。ここでは，より多くのデータを集めることと，活用することの可能性と課題を，非常に多くのデータ，すなわち，ビッグデータをキーワードにして考えていこう。

ビッグデータとは，従来の一般的な技術では管理するのが困難な大量のデータ群をいう。最先端の技術を使ってそれを分析することで，新たなビジネスの機会が切り開かれると期待されている。従来の一般的な技術では管理するのが困難になるのは，その構造と規模によると考えられている。たとえば，現在の企業データベースの主流を占めるリレーショナル・データベースでは管理ができない複雑な構造のデータを指す。あるいは，ボリュームが増大した結果，データに対するクエリ（問い合わせ）の応答時間が許容範囲を超える膨大なデータを指す。ビッグデータのボリュームは，2010 年現在の数十テラバイトから

数ペタバイトの単位であり（テラは 10 の 12 乗，ペタは 10 の 15 乗），将来の技術進化によってこの数値は変化するだろう（城田，2012）。

1990 年代のデータマイニングは，POS レジで集めたレシートデータの分析だった。単品単位の売上分析や併売分析が行われた（第 7 章）。インターネット通販になると，顧客一人ひとりの名前と住所がわかるようになり，ID 付きの購買データが入手可能になった。さらにデータマイニングをプログラム化し，瞬時に併売分析を行い，一人ひとりに異なるおすすめ商品の情報を提示するレコメンド・システムが実現した。

2010 年代には，扱うデータの質と量がさらに変化した。これまでの購買データだけでなく，購買に至る前の顧客の行動データも分析対象となった。購買ボタンにたどりつく前のサイト閲覧を示すログデータや，ソーシャル・ゲームのゲームプレイの段階を示すデータなど，購入してもらえそうな兆しを行動データから拾い上げるのである。特に，無料で基本サービスを提供しながら有料会員の獲得を目指すフリーミアムのビジネスモデルでは，顧客が支払をするか否かを判断するために行動データの活用が重要である。

ビッグデータの活用が可能になったのは，分析するための新しい技術が実現したからでもある。たとえば，大量のデータを高速処理できるソフトウェア技術であるハドゥープ（Hadoop）が登場した。ハドゥープは，グーグルが発表したマップリデュース（MapReduce）などを中心に，複数の技術からなるソフトウェアであり，オープンソースで開発が進められており，公開されている（Dean & Ghemawat, 2004）。

かつては大規模データを分析するには相応の処理能力を持つ大型コンピュータが必要であり，大規模なデータを分析できるのは，NASA のような研究機関や一握りの大企業に限られていた。それに対し，ハドゥープは複数のコンピュータで分散的な処理を可能にする。データを複数台のコンピュータに割り振って処理をさせ，その結果を集約するので，コンピュータ一台に掛かる負荷が小さくなり，使用するコンピュータの性能が必ずしも高性能である必要はない。そのため，大規模で高度なデータの分析を，多くの企業が実行可能になった（The Economist, 2010；城田，2012）。

ハドゥープを使ったビッグデータの分析と活用は，ネット広告や EC サイト，

検索エンジンサイト，SNS など，大規模データが発生するサービスを展開している企業を中心に進んでいる。その一つが，スマートフォン・ゲームの業界である。第 13 章で述べるように，スマートフォン・ゲームでは全ユーザの 1 割ほどしか支払いをしない。基本のゲームは無料で開放し，全ゲームユーザのプレイ動向を分析しながら，有料でプレイをしたくなるパターンを見つけてゲームプログラムを改変していく。データマイニングの精度が，ゲームの売上を決める。顧客が実際にどのようにゲームを進行していき，どのボタンを押し，そしてどこで飽きて止めるか。あるいは有料アイテムの購入ボタンまでたどり着くのか。その一連の行動履歴をとり分析しながらビジネスを進めることを，データ・ドリブン（データ駆動型）という。

携帯ゲームのプラットフォームであるモバゲーを成功させたディーエヌエーは，他社に先駆けてハドゥープを導入した企業である。以前は膨大なログの転送だけで 10 時間以上かかり，バッチ処理の負荷や処理時間が大きな負担となっていた。だが，ハドゥープを導入することによって，ログを 15 分以内に格納できるようになり，随時分析ができるようになったという（山田，2011）。

ビッグデータとその分析が重要視されるにつれ，データを分析し，有用な意味や洞察を引き出せる人材が求められるようになった。彼らはデータ・サイエンティストと呼ばれ，日本のみならず世界中で活躍の場を広げている。

演 習 問 題

12.1　よく利用しているプラットフォームは何だろうか。そのプラットフォームについて，ビジネスモデルを調べてみよう。

第 13 章

コンテンツのビジネス
——現状と課題

　前章に引き続き，ICT を活用する企業ならではの経営戦略，マネジメントを取り上げる。本章で取り上げるのは，プラットフォームと補完的な関係にあるコンテンツのビジネスである。映画や音楽，ゲームといったコンテンツのビジネス展開と ICT の発展はどのような関係にあるのか。コンテンツ・ビジネスの現状と課題を理解し，考えていこう。

○KEY WORDS○
デジタルコンテンツ，ネットコンテンツ，収益モデル，
データ駆動型（data driven），フリーミアム，メタデータ

13.1　コンテンツのデジタル化

　コンテンツとは，動画や静止画，音声，文字，プログラムなどの表現要素によって構成される「情報の内容」である。多くの場合，何らかの媒体と共に流通している。たとえば，新聞の場合，紙が媒体（Media：メディア）であり，そこに記されている記事がコンテンツである。音楽では，CD は媒体であり，そこに記録されている楽曲がコンテンツである。

　コンテンツが，ゼロかイチの信号のみで構成されるデジタル形式で記録されている場合，デジタルコンテンツという。デジタル形式に変換して記録すると，コンピュータによって扱いやすくなる。コンピュータとデジタルなデータを組み合わせれば，データの移動やコピーが容易になり，コピーをしても劣化しにくくなる。そのため，通信網を用いてデジタルコンテンツのみを流通させること（ネットコンテンツ）が可能になる。それは，新聞の内容を紙という媒体から切り離したり，音楽を CD という媒体から切り離したり，映画や映像をDVD などの媒体から切り離したりして，インターネットで配信することである。こうした技術変化は，われわれの生活はもちろん，コンテンツを扱う企業の戦略や行動に変革を迫ってきた（河島，2009；2020；河島・生稲，2013）。

　日本のデジタルコンテンツ市場は毎年拡大しており，2018 年において 8 兆9666 億円である（図表 13.1）。コンテンツ市場全体は 12 兆円 6590 億円であるので，そのうちデジタルコンテンツが占める割合は 70.8%になる。コンテンツ別にみると，デジタルの動画が 4 兆 1685 億円，ゲームが 2 兆 1712 億円，デジタル化された静止画・テキストが 3,312 億円，デジタルの音楽・音声が8,477 億円，複合型のデジタルコンテンツが 1 兆 4480 億円である。各コンテンツにおけるデジタルコンテンツの割合を示すデジタル化比率は，ゲームおよび複合型は 100%，動画 95.4%，音楽・音声 61.7%，静止画・テキスト 10.1%であった（デジタルコンテンツ協会，2019）。

　ゲームはそもそもデジタルデータであったため，CD-ROM などのメディアに記録されてパッケージとして販売されるゲームもインターネットで配信され

図表 13.1　日本のコンテンツ市場

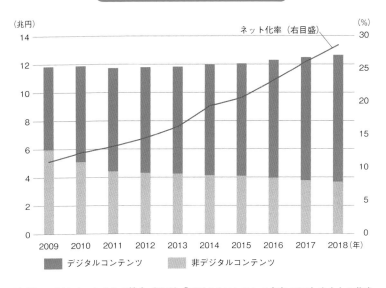

（出所）　デジタルコンテンツ協会（2019）『デジタルコンテンツ白書 2019』をもとに作成

るオンラインゲームも，すべてデジタルコンテンツに分類され，デジタル化率は 100％と計算される。デジタル動画の市場規模は，主に 2011 年に完全移行したテレビの地上デジタル放送と映画スクリーンのデジタル化を示している。音楽および音声については，レコード・カセットテープから CD に切り替わった時代に音源がデジタル化したのでデジタル化比率が高いが，コンサートとラジオというアナログの領域が残っている。他方，静止画やテキストのデジタル化比率が少ないのは，新聞や雑誌，書籍といった紙メディア（アナログ）の市場規模が依然として大きいためである。2007 年末に米国アマゾンが発売した電子書籍専用端末キンドル（Kindle）から火がつき，2010 年には日本でも複数メーカーから発売され，「電子書籍元年」といわれたが，デジタル化への移行はまだ進んでいない。

　デジタルコンテンツの他にネットコンテンツという言葉がある。これはコン

テンツの流通方法に着目した言葉である。パソコン，携帯電話（フィーチャーフォン），スマートフォンなどの機器を使い，インターネットなどの通信ネットワークによってユーザに届けられるコンテンツがネットコンテンツである。ネットコンテンツは，紙やディスクなど物理的な媒体を用いないため，生産や在庫の管理にかかるコストは削減できるが，デジタルデータを配信するサーバや通信網，著作権の管理などには費用と手間が掛かる。そうした事情もあり，コンテンツがデジタル化されても，ネットコンテンツとして流通するか否かは企業や業界の考え方によって違っている。ネットコンテンツ市場は 2018 年では 3 兆 6086 億円であり，前述の約 12 兆 6590 億円のコンテンツ市場全体に占める割合は 28.5％であった（デジタルコンテンツ協会，2019）。過去 10 年の市場規模の推移は，図表 13.1 に示す通りである。

　それでも，基本的な傾向として，とくに 2000 年代以降，コンテンツのデジタル化とネットコンテンツとしての流通は広がりを見せている。ネットコンテンツの成長は，インターネットの常時接続環境が整った 2000 年代に入ってから進んだ。NTT が 2000 年に高速データ通信の ADSL（Asymmetric Digital Subscriber Line：非対称デジタル加入者線）のサービスを消費者向けに開始してから，映像，音楽，ゲームなどの大容量の情報をインターネットで視聴することが容易になった。2001 年には Yahoo!BB が高速で安価な ADSL サービスを始めるなど，通信事業者間の競争が激しくなった。

　NTT が常時接続サービスを提供するまでは，個人ユーザがインターネットに接続する方法はダイアルアップ接続であり，「1 分あたり」で計算される従量制の料金を支払わねばならなかった。これでは，デジタルコンテンツ，とくにネットコンテンツを利用しようとしても，通信料金がネックになってしまう。だが，通信料が定額料金制になり，ADSL を提供する事業者間の競争を通じて料金低下とサービス充実が実現したため，多くのユーザが料金に気兼ねせずにインターネットを利用できるようになった。実際，ADSL が普及した 2001 年は「ブロードバンド元年」といわれ，これを契機にインターネットを活用したコンテンツのビジネスが伸び始めたのである[1]。

13.2 コンテンツの無料流通と収益モデルの再検討

　ネットコンテンツのビジネスのメリットは，ウェブサイトを通して消費者に直接販売することで，販売のための時間とコストを大幅に削減できることにある。ネットコンテンツのビジネスの場合，それに加え，デジタルコンテンツをインターネット経由で視聴させたり，ダウンロードさせたりできるので，商品の物理的な配送も必要ない。すなわち，ネットコンテンツのビジネスは商品在庫や配送システムといった物的制限から開放され，ネットですべての購買プロセスが完結する。この点において，ネットコンテンツのビジネスはインターネットの特質を最大限に活かせるビジネスだといえる。

　インターネット上で完結するがゆえにビジネスとしての将来性に期待が集まる一方，特有の課題もある。それは，コンテンツを無料で提供する企業や個人が存在することである。無料で流通するコンテンツが豊富だと，わざわざ有料で購入しようという人が減ってしまう。コンテンツの無料流通の要因は，大きく分けて，企業がビジネスモデルを考えて無料化している場合と，デジタルコンテンツのコピーが勝手に作られて無料になってしまっている場合に分けられる。ここではまず，ビジネスモデルに裏付けられ，意図された無料化について考え，勝手に作られるコピーコンテンツの問題（デジタルコンテンツの違法流通の問題）をその後で考えていこう。

　そもそもインターネットは，研究者が論文やデータを自由に共有するためのアーパネットにルーツがあり，オープンで自由な情報交換を促すメディアとしての特性を持つ（第 2 章 25 頁コラム参照）。言い換えれば，有料コンテンツを販売する場所としてはそもそも構想されていなかった。そのこともあり，現実空間のようにお金を払った人だけが閲覧できるという場所作りのノウハウが十分とはいえなかった。インターネットは当初，無料で閲覧できる情報があふれ，

---

1 現在では，ADSL よりもさらに高速な光通信を利用する人が多くなっている。ADSL はアナログ電話回線を利用するのに対して，光通信はデータ通信専用の光ファイバー回線を利用する方法である。

その情報量は年々増え続けている。特に 2000 年代以降は，Web2.0 という考え方（第 14 章）が主張され，コンテンツの対価を獲得して収益を上げるビジネスモデルだけではなく，コンテンツが集まる Web サイトやコミュニティを作り，それを広告の媒体にして収益を得るビジネスモデルも現れた。企業やユーザが作り出すコンテンツを集め，無料で提供することで Web サイトへのアクセスを増やし，広告収入を得るビジネスモデルである。

こうした変化は，インターネットのメディアとしての特性と，コンテンツのデジタル化が組み合わされたときに，ビジネスモデルが多様化した結果である。そこで，現代の企業は，自社が提供するインターネット上のサービスやコンテンツで収益をあげるにはどうしたら良いのかを，あらためて考える必要が生じた。

このとき，企業の選択肢としては大きく 2 つのビジネスモデルが考えられる。一つは，デジタル化，ネットコンテンツ化以前のビジネスモデルを維持してコンテンツ自体に支払をしてもらい，収益を上げるビジネスモデルである。もう一つは，デジタルコンテンツの無料化を前提に，二面市場戦略などを応用して新しいビジネスモデルを組み立てることである。現実には，この 2 つのビジネスモデルを採用した企業行動が見られる。順次見ていくことにしよう。

○ コンテンツ自体での収益化——有料化の「壁」と消費者心理

音楽や映画やゲームの制作やそれを販売する企業（コンテンツ・プロバイダー）は，長らくコンテンツの対価を得て，収益を確保するビジネスモデルを実行してきた。同様のビジネスモデルを継続しようとすれば，広告収入に依存するのではなく，コンテンツを有料で販売し，収益をあげることを目指す。従来のビジネスモデルの維持は，コンテンツ・プロバイダーの立場からだけからではなく，コンテンツの価値や利用者の利便性の観点からも意味がある。同じコンテンツを CD や紙などの物理的なメディアを用いて提供した場合より，ユーザにとって便利さが増したはずのネットコンテンツの場合のほうが，価格が下がったり，対価が得られなくなったりするのは，おかしな現象だからである。

だが，インターネットの普及に伴って，ユーザ側の意識は変化してきた。多

くのユーザがインターネットで多くの情報に接するようになり，インターネットで見られるものは無料であるという「常識」が消費者に根づいてしまった。インターネットの登場に伴うユーザの意識の変化は，インターネット通販の黎明期にも浮上した問題であった。たとえば，インターネット黎明期には，現物を見ずに書籍をインターネットで買うことにかなりの人が抵抗を示した。第2章で紹介した知覚リスクの問題である。それでも，現在ではアマゾンなどの成功により，インターネット通販に抵抗を示す人は減った。このことを考え合わせれば，ネットコンテンツの価格づけに関しても，ビジネス側からの働きかけによって変わっていく可能性がある。

企業からユーザに働きかけて，それまで無料で提供していたコンテンツから対価を徴収するように変え，収益化することをマネタイズ（**Monetize**）という。広義のマネタイズは金銭化全般を指すが，ここではインターネットのコンテンツやサービスの有料化と収益化を意味している。ただし，マネタイズはデジタルコンテンツの実務で使われることが多い言葉であり，同じインターネットを使った販売でも物販にはあまり使われない。インターネットの物販では，試供品を除けば，商品は対価との交換で配送されることが多いので，無料から有料への転換のために働きかけの必要性は低いからであろう。言い換えれば，無料だったコンテンツやサービスを有料へと転換するという考え方は，デジタルコンテンツ特有の問題なのである。

考えてみれば，物材を中心とした従来のビジネスでは，商品には何らかの価値があり，それに見合った価格がついていることが当然だと考えられていた。その背景には，物材を創り出すためには原材料や製造過程で発生するコストが存在しており，そうしたコストなどをカバーする価格がつけられることは疑われず，消費者も納得していた。他方，コンテンツの場合には，最初にコンテンツを創り出す時には制作費用などが掛かる[2]ものの，それ以降はコピーをすることが容易であり，コストもそれほど掛からない。そのため，「一つあたりの製造コスト」という考え方が馴染みにくく，コンテンツ提供にかかる総コストが高いのか低いのか判断しにくい。こうしたコスト構造があるために，価格づ

---

2 音楽のマスター版の制作費，映画の撮影費用，ゲームの開発費用などがあげられる。

けの根拠に乏しく，コンテンツの価格設定に関して消費者を含めたコンセンサスが成り立ちにくい。それゆえに，あらためて，マネタイズを支える理論と手法が必要になった（野島，2008）。

マネタイズに関し，アンダーソン（Chris Anderson）はデジタルコンテンツの価格自体の高低ではなく，価格が正当なものなのか判断すること，心理的なハードルが問題であると主張する（Anderson, 2006; 2009）。デジタルコンテンツの場合，無料と有料の間に大きな溝があり，たとえ1円であっても売れない場合がある。1円でも値段をつけてしまうと，「それに見合うものなのか」といちいちユーザに考えさせてしまい，心理的取引コストが発生するからである。この心理的なハードルが越えられなければ，どんなに良いコンテンツを提供してもマネタイズは難しく，コンテンツを無料のままにせざるを得ないという。

○ フリーミアム・モデルとデータ駆動型マネジメント

こうしたデジタルコンテンツの価格づけの根拠に関する問題－コンテンツ・プロバイダーとユーザの間の認識の違い，価格の妥当性に関するコンセンサスの不在－を前提にすると，コンテンツを有料化しないという選択肢も考えざるを得ない。コンテンツを有料化せずに，コンテンツ・プロバイダーが収益をあげるビジネスモデルが必要な場合もあり，実現可能なのだ。その一つの典型がフリーミアム・モデルである。

フリーミアムとは，フリーとプレミアムを組み合わせた造語である。無料もしくは自由を意味するフリーと，追加的もしくは特別なという意味を込めたプレミアムを，デジタルコンテンツもしくはサービスの提供に組み込んでいく。フリーとプレミアムの両方の要素を盛り込むことによって，全体としての収益化を目指すのがフリーミアム・モデルのビジネスモデルだといえよう（Anderson, 2009；田中・山口，2015）。

無料コンテンツだからこそ，世界中にコンテンツが広がる。無料のコンテンツが持つ，この爆発的な威力を使って消費者をひきよせ，一部について有料化をする。たとえば音楽では，楽曲自体は無料で提供して認知を高めた後で，熱狂的なファンに向けてプレミアム版の販売やライブなどを有料展開する方法が

13
コンテンツのビジネス——現状と課題

ある。ユーザの多くが無料で使うものの，一部の人，追加的な要素や特別なサービスを欲するユーザが支払をすることで，そのコンテンツのビジネスが成り立つようにする。

　他のフリーミアム・モデルの成功事例は，オンラインゲームとソーシャル・ゲーム，スマートフォン・ゲームである。いずれもインターネットを通じて提供されるゲームであり，オンラインゲームは 1996 年頃からパソコンを中心に発展し，ソーシャル・ゲームは 2007 年頃からパソコンのソーシャル・ネットワーキング・サービス（SNS：Social Network Service）の上に展開され，日本では携帯 SNS サイトを中心に発展した。スマートフォンのゲームは，スマートフォン経由でゲームコンテンツや付随するサービスを提供する分野であり，2010 年代以降急速に利用者を増やしている。

　これらのゲームのビジネスでの料金体系は，「基本無料・アイテム課金制度」と呼ばれ，フリーミアム・モデルに等しい。ユーザがゲームを遊ぶだけであれば，すなわち基本のゲームサービスは無料で受けられるが，ゲームを有利に進めるために必要となるゲームのアイテム，たとえば鎧や剣やレアカードなどは，有料で購入する必要がある。ユーザ毎に，あるいはユーザがゲームを遊ぶ局面毎に，プレミアムなサービスを受けたいと感じ，それをアイテム購入という形で満たすのである。多くの場合，アイテム課金型ゲームで支払をする有料ユーザは，10％前後といわれ，大多数が無料でプレイしている。それでも，1 割のユーザから得られる収入で，ゲーム全体の開発および運営の費用が賄われる。このビジネスモデルと顧客に支えられて，市場規模は拡大してきた。

　実は，アイテム課金は元々，パソコン向けオンラインゲームで 2006 年に広がった料金体系である。それ以前のパソコン・オンラインゲームは定額料金を月ごとに支払う定額課金（サブスクリプション型）が多かった。だが，ユーザ数を増やすために，そして収益増加のために，アイテム課金が採用されるようになった[3]。

　そこでの成功を受け，2008 年から始まったソーシャル・ゲームでは当初か

---

3 このように，コンテンツの料金制度，有料化の手法は変化するものである。現在は，サブスクリプション型の課金が音楽配信など一部のコンテンツ・ビジネスで再び採用されていることを想起されたい。

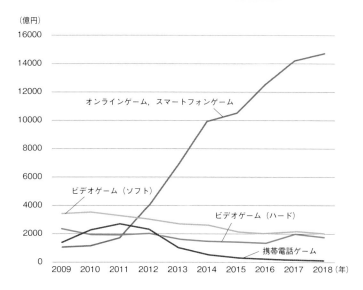

図表 13.2　ゲーム産業の日本市場規模

（億円）

オンラインゲーム，スマートフォンゲーム

ビデオゲーム（ソフト）

ビデオゲーム（ハード）

携帯電話ゲーム

（出所）　CESA ゲーム白書，DCAJ デジタルコンテンツ白書の各年版に基づいて作成

　らアイテム課金を採用する企業と，ゲームタイトルが現れた。ソーシャル・ゲームは市場が立ちあがって 3 年で 2000 億円の市場になり，従来主流であった家庭用ゲーム機向けゲームソフトの市場規模に迫るほどの急成長を遂げた。その後，スマートフォンのゲームも同様にアイテム課金を採用し，企業も市場も急速な成長を遂げた（図表 13.2）。

　ソーシャル・ゲームやスマートフォン・ゲームは高い収益性を実現したので，ベンチャー企業が多数参入した。しかしながら，すべての企業，ゲームタイトルが成功を収めたわけではなく，有料ユーザを獲得し，アイテム課金でビジネスを成功させるノウハウを持ち，オペレーションを実行した企業のみが生き残った。1 割の有料ユーザで全体をまかなう構造を作るには，「これなら有料で良い」と有料ユーザに思わせ，一方で「無料ならこれで良い」と無料ユーザに

思わせる，ゲームの内容，ゲーム・バランスの実現が必要だったのである。言い換えれば，有料利用と無料利用とでユーザの不公平感をなくすようなサービス内容とアイテム価格を実現することが必要だった。

　そうしたバランスの実現においては，ゲーム開発者や企業経営者の経験や勘だけでは十分ではなく，ユーザのゲームのプレイ履歴データを分析しながら，リアルタイムでゲーム内容の改変やアイテム価格調整などを行う手法が用いられた。さらには，アイテムの変更やイベントの実施で生じるユーザ行動の変化に関する仮説を事前に立て，その仮説をデータで検証しながらゲーム内容を変更していく手法も作られていった。こうしたデータを活用したマネジメントは，データ・ドリブン経営やデータ駆動型マネジメントと呼ばれた（第12章）。データに基づくマネジメントは，プレイ履歴という膨大なデータ（ビッグデータ）を蓄積し，処理する技術を作り出す必要を生じさせ，各社がデータの収集，蓄積，分析の組織能力を形成した。そこで培われた経営資源と組織能力は，現在のコンテンツ・ビジネスはもちろん，他のインターネット上のサービスのマネジメントへとつながっている（野島，2008：2010）。

○　デジタルコンテンツの違法流通への対応

　コンテンツのデジタル化，ネットコンテンツの広がりは，コンテンツの価格付け，マネタイズの手法，そしてデータを活用したマネジメントの実現といった変化をもたらした。だが同時に，デジタル化されたコンテンツの違法なコピーがインターネットを通じて拡散し，コンテンツ・ビジネスの成立を脅かすという問題も生じさせた。

　ユーザによるコピー流通は，そもそもコンテンツのデジタル化に端を発する。コンテンツがデジタル化されることにより，コンピュータを利用してコピーを作ることが容易になる。たとえば音楽の場合，デジタル化されていなかったアナログのレコードの時代には，マスターテープからレコードを製造するには，専用の設備とノウハウが必要だった。だが，デジタル化の進展とともに，それが不要になってしまった。さらに，インターネットの普及は，コピーしたデジタルデータとしてのコンテンツを不特定多数の人に配布することを容易にした。

生産と流通の両面で変化が生じたことで，コンテンツのコピーをしたり，コピーを他人に渡したりすることが増え，コンテンツのビジネスを脅かすようになったのである。デジタルコンテンツを容易にコピーし，他人からもらうことができるようになれば，わざわざおカネを支払って正規のデジタルコンテンツを買おうという人が減ってしまう。

　もちろん，コンテンツに関わる権利を有する人に無断でコピーをすることも，配布をすることも法律で禁止されている。また，コンテンツの制作者や権利者を保護するための法律や，技術的対応策も整備された。法整備は著作権法の改正によって行われた。技術的にはコピーを抑止する技術を導入したコピーコントロール CD や，デジタル録画のコピー回数を制限する DVD レコーダー（ダビング 10）などのプロテクト技術が開発された。また，サーバ側で正規な流通経路を経たコンテンツなのか，違法コピーなのかを判定する認証の仕組みも，技術的対応策である。それでもコピーと違法流通を防止するための方策が開発され，実用化されると，それらを解除する方策もまた現れてくるため，いたちごっこの状況が続いている。デジタル化とオンライン化という情報化社会の本質に根づいている以上，デジタルコンテンツのコピー流通を完全に撲滅することは難しいとも考えられる（新宅・柳川，2008）。

　こうしたデジタルコンテンツの違法コピーと流通が大きな問題となった初期の例が，アメリカのナップスター（Napster）である。ショーン・ファニング（Shawn Fanning）やショーン・パーカー（Sean Parker）が設立したナップスターは，ユーザがもつ音楽ファイルを共有するプログラムを開発し，配布した。だが，このソフトウェアとサービスを通じて流通した音楽コンテンツは，その多くが著作権を侵害したコピーコンテンツだった。その後，全米レコード工業会（RIAA）等から著作権訴訟を起こされ，敗訴し，サービスを終了した。しかし，それまでの間，類似のファイル共有プログラムも出現し，音楽コンテンツは多くのコピーが流通した。音楽コンテンツの場合，デジタル化した時のデータ容量が小さいため，インターネットが普及し始めたときの低速回線でもコピーを配布することが可能であり，音楽業界はコピーコンテンツの経済的被害を真っ先に受けることになってしまったともいえる。

　その後，コピーコンテンツの中心は音楽だけではなく，よりデータ量が大き

い動画やゲームなどにも広がっていった。インターネット上には，正規のデジタルコンテンツはもちろん，違法コピーのコンテンツも出回り，両者が混在する状況になった。動画に関していえば，2005年設立の動画投稿サイトのユーチューブ（YouTube）が大きな問題になった。ユーチューブも同様に，著作権侵害にあたる動画のアップロードを容認しているとして米国バイアコム社等のテレビ局から損害賠償10億ドルの訴訟を起こされた（Fritz, 2007）。

ただし，ナップスターが著作権者や音楽企業と法廷で激しく対立した2000年前後とは違い，2000年代中盤のユーチューブ以降，コンテンツの権利所有者の対応も，社会の受け止め方も変わってきた。ユーチューブもナップスター同様に，権利所有者に訴えられたのだが，米国連邦地裁は2007年にバイアコムの訴えを退け，ユーチューブはサービスを続行している。というのも，ユーチューブが著作権侵害を防げるような技術を採用したり，著作権者がマネタイズの機会を作れたりするような変更を加えたからである。

具体的には，ナップスターはユーザがアップロードしたり，ダウンロードしたりする際に利用するコンピュータ（サーバ）を分散化し，コピーコンテンツの配布を妨げることが困難にしていた。また，ナップスターなどのサービス運営者と，音楽企業などのコンテンツの権利保有者の関係も友好的とはいえなかった。それに対し，ユーチューブ以降は，ナップスターの敗訴の影響もあり，アップロードされたデジタルコンテンツをサーバ側で集中的に管理して著作権違反のコンテンツを削除したり，アップロード動画の時間やクオリティを制限したりする技術と運用を採用した[4]。

こうした技術と運用の変化により，音楽CDやテレビ番組，映画といった正規コンテンツをユーザがコピーし，インターネットを通じて交換したり配布したりしようとしても，制限がかかり，ユーザは正規のデジタルコンテンツにおカネを支払うようになり，既存のコンテンツ・ビジネスに及ぼす影響を小さくすることができた。

さらに，コンテンツの権利所有者の側も，インターネットを通じて共有され

---

4 現時点においてもP2Pという技術を使って，デジタルコンテンツなどのデータを分散化し，管理が行き届く中央サーバで管理しない技術や企業への抵抗感は強い。日本において，P2P技術を採用したWinnyが否定され，その開発者の金子勇氏が訴追されたのはその表れであろう。

るデジタルコンテンツをプロモーションに活用したり，フリーミアムのビジネスモデルに組み込んだりするようになった。現在では，ユーチューブなどの動画共有サイトを使って映画の宣伝をして映画館に観客を誘導したり，低画質の動画を無料で提供すると同時に高画質版を有料化したりといった使い方が行われている。さらに，ユーチューブ自体がデジタルコンテンツを発信する媒体となり，それを目指したYouTuberやコンテンツ制作企業，広告代理店のビジネスなども展開されている。

　このように，違法流通が問題となったインターネット上のデジタルコンテンツ流通では，2000年代半ば以降，技術的な対応，企業のマネタイズとビジネスモデルの変更，ユーザ行動の変化などが生じた。このことにより，正規のデジタルコンテンツと違法コピーの関係も変わった。依然，緊張関係にはあるものの，両者がインターネット上で併存するようになってきた。

コラム　　メタデータと新しい情報流通

　メタデータとは，データに関する情報（Data about Data）であり，データ作成日や著作者，タイトルや関連キーワードなどを指す。データについてのデータであるため，メタ（根本の）データと呼ばれる。

　インターネット創出期から続いてきた情報検索方法は，リンク構造で結び付けられたウェブページを追うか，あるいは，ウェブページに掲載される文字情報（テキスト情報）を拾い出すキーワードに頼る検索であった。この場合，テキストで書かれたウェブページであればキーワードを含めた言葉を頼りに求める情報にたどりつくことができるが，画像や映像などはテキスト，すなわち言葉と紐づいていないのでたどり着けなくなってしまう。そこで，画像や映像などのコンテンツ自体とともに，文字で表されたメタデータも流通させ，メタデータを手がかりにして画像や映像などの検索をできるようにする試みが始まった。

　画像や映像，音声やウェブサイトに意味を付加し，インターネット利用者が見つけやすくするメタデータを機軸にしたウェブ構想を「セマンティック・ウェブ」という。これは，ワールド・ワイド・ウェブ（WWW）の提唱者ティム・バーナーズ・リー（Timothy "Tim" John Berners-Lee）が1998年に提唱した構想である。

　メタデータは，インターネット上のデータを言語と紐づけ，その言葉の意味に基づいて処理可能にする（Berners-Lee, 1998）。たとえば，絵画のコンテンツに作者や作成時期に関するメタデータが付与されていると，「江戸初期の狩野派」というキーワードでも絵画の画像データが検索可能になる。図表13.3の例の場合，「絵画」という対象領域には，絵画のタイプ（西洋画，日本画）や，作者，作成時期といった項目が

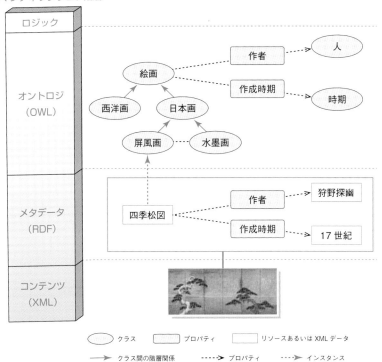

(出所)　赤埴淳一（2006）「セマンティックウェブの意義」，曽根原登・岸上淳一・赤埴淳一編著
『メタデータ技術とセマンティックウェブ』4章，東京電機大学出版局

あり，作者の場合のメタデータの値は「人」であると決められ，それに沿って文字情
報が付与される。セマンティック・ウェブ以前には，データに含まれる値が文字か数
かというチェックしかできなかったが，メタデータが付加されると，ある言葉が「人」
を表すのかあるいは「地名」を表すのかが明確になり，意味を考慮したデータの探索
や検索が可能となる（赤埴，2006）。たとえば，同じ「オバマ」という言葉であっても，
地名なのか，人名なのかがわかれば，より妥当な画像を探し出すことが可能になる。
　メタデータが付与されたデータをインターネット上で流通させたり，探し当てたり
する方法としては，タグと RSS 配信がある。タグは文書に埋め込まれた付加情報で
あり，画面に表示される文と別に，文書全体の特性や目的を表す機能をもつ。たとえ
ば，書式や文字飾りを指示する html 言語のタグや，検索用のキーワードを指定する

タグなどを使えば，画面に表示される文章や画像とは異なるキーワードでも検索にかけることが可能なる。

　他方，RSS はウェブサイトのタイトル，アドレス，見出しや要約，更新時刻などのメタデータを記述し，流通させるフォーマットである。これを外部に配信することを RSS 配信（フィード）という。ユーザは配信される RSS に自動アクセスする RSS リーダーというツールを使うことで，お気に入りのウェブサイトの新着情報を入手することができる。具体的には，RSS を使うことで，ニュースサイトやブログの更新情報や新着情報を拾い上げることができる。

　セマンティック・ウェブは，意味を考慮した情報流通の基盤として着目された。近年では，画像自体の類似性をコンピュータの処理能力で判定したり，コンピュータの性能を活かして前後の文字情報を加味して利用者の意図を汲み取る処理を行えたりするようになってきてもいる。だが，データに意味を持たせるというセマンティック・ウェブの発想自体は変わっていない。

　振り返れば，これまでの IT は情報流通の量的な拡大を志向してきた。だが，今日のようにデータと情報が溢れる時代を迎えると，人間による解釈，すなわち意味を考慮した情報処理を取り入れることが望ましい。それによってわれわれは自らがアクセスしたいと望む情報にたどり着きやすくなり，データを使った情報や知識の創造が進むからである。

演 習 問 題

　13.1　デジタルコンテンツにおカネを払うのはどのような場合だろうか。支払をするコンテンツの種類と支払の場面，支払をする理由を考えてみよう。

第 14 章

情報流の変化
——検索, CGM, SNS

　プラットフォームの広がりと, コンテンツ・ビジネスの成立は, インターネットを通じて流れる情報の流れ方を変えてきた。情報の流れ——情報流——の変化を, 検索サービス, 消費者が参加するメディア, ソーシャル・ネットワーキング・サービスなどに着目しながら見ていこう。そして, 情報流の変化とともに成立したビジネスや, 成長した企業を題材にして, これからのビジネスの可能性を考えてゆこう。

○KEY WORDS○

情報検索, ネット広告, ユーザ参加, 集合知, ソーシャル・グラフ

14.1 情報検索サービスとネット広告
——情報の流れをビジネスにする企業

◯ グーグルの登場と成長

　IT 業界における競争は，ネットスケープやマイクロソフトといったソフト
ウェア企業に，Yahoo!（ヤフー）などのサービスを提供する企業，さらにア
マゾンなどのインターネット通販企業（EC 企業）が加わり，多面的になった。
その中で，急速に成長した企業がグーグルであった。

　グーグルは 1998 年，スタンフォード大学の学生だったラリー・ペイジ（Lary
Page）とサーゲイ・ブリン（Sergey Brin）が立ち上げたベンチャーで，機械
型の検索エンジンを生み出した会社である。ヤフーなどがそれまでに提供して
いた検索エンジンよりも精度が高い検索結果を返すことで人気を集め，急成長
した。

　ヤフーなど，当時の多くの企業が採用していた検索エンジンはディレクトリ
型と呼ばれており，エディターと呼ばれる人の手によってカテゴリに分類し，
検索のキーワードに合致するサイトを表示するようにしていた。それに対し，
グーグルの機械式検索は，アルゴリズムによって自動的に適切なサイトを提示
する仕組みである。ウェブページにはクリックをすると次のページに移るハイ
パーリンクが貼られている（第 2 章）が，それをたどるだけでは手当り次第に
ネット・サーフィンをすることになる。グーグルは，ハイパーリンクの特性を
巧みに利用し，単にページ同士をつなぐものではなく，ウェブページの重要性
を測るルールとして用いた（Brin & Page, 1998 : 2012）。より多くのリンクが
貼られているウェブページは評価が高いなどといったルールを作り（ページラ
ンク：Page Rank），ルールに基づいて順位づけし，高い順から検索結果とし
て返せば，利用者が探したいと思っていたページにたどり着きやすくなるとい
う考え方である。技術進歩と，多くの人がウェブサイトを開設して情報を発信
していく社会変化の中で，ウェブサイトの数は爆発的に増えていき，検索エン
ジンの主流も，人力によるディレクトリ型からアルゴリズムによる機械型に切

り替わってきたのである。

◯ ポータルサイトを巡る競争

　検索エンジンを持つウェブページは，多くの人がインターネットに接続すると最初に表示されるページとして設定することが多かった。その実態を反映して，入り口のサイト，ポータルサイトと呼ばれるようになった。

　最初にポータルサイトとしての地位を獲得したヤフーは，自社サイトへのアクセスを増やすために，検索エンジン以外の機能を持たせた。電子メールやインターネット通販などの会員サービスを手掛け，天気やニュースなどの各種情報を掲載し，雑誌のページのように賑やかにした。

　ヤフーを含むポータルサイトの収入源は広告収入であった。自社サイトへのアクセスが増えれば，広告を目にする人が増えるので，広告収入は増えた。そこで，トップページの魅力を増し，多くの利用者をひきつけることがポータルサイト間の競争の焦点となった。というのも，広告料金の算定基礎となるのがサイトのアクセス数，PV（Page View）であったからである。PV に基づいて広告単価の相場が決まり，それに広告主の広告が表示される回数（広告露出回数）を組み合わせて，広告料が算定されたため，多くの PV を稼ぐことが収益にとって重要であり，競争の焦点になったのである。当時は，利用者が多い，人気サイトには新聞や雑誌に匹敵する広告効果が期待されたので，ページに表示されるバナー広告の掲載料金は新聞雑誌同様に固定され，高額になっていった。

　多くのポータルサイトのトップページが賑やかになったのに対して，グーグルのサイトは白地に検索エンジンの窓が中央にあるだけの，非常にシンプルなデザインである。アクセスが最も多いグーグルのトップページは広告がないのだが，いったん検索結果のページに切り替わると，多数の広告が表示される。というのも，グーグルは訪問者に広告を見せるのではなく，訪問者が入力したキーワードに関連した広告を表示し，検索結果と共に広告に見せるからである。こうした広告を検索連動型広告という。グーグルの検索連動型広告は，アドワーズ（AdWords）と呼ばれ，非常に大きな成功を収めた。グーグルの広告収

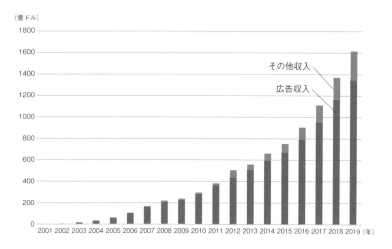

図表 14.1　Google の成長

(億ドル)

その他収入

広告収入

（注）　2013 以降，セグメント別の売上の集計方法が変わっている。
（出所）　http://investor.google.com/financial/tables.html をもとに作成

入は 2019 年度では 1348 億ドルの巨額にのぼる（図表 14.1）。

　グーグルが急成長したのは，検索アルゴリズムやトップページのデザインだけが理由ではない。検索連動型広告という仕組みも，多くの広告を集めることに役立ったのである。というのも，検索の利用者が入力するキーワードは，その利用者がその時に最も関心寄せている言葉である。したがって，その言葉に関連した広告を表示すれば，利用者は広告をクリックしてより多くの情報を得ようとする可能性が高い。広告料を支払う側から見れば，自社の製品サービスの情報を不特定多数に提供するのではなく，検索するキーワードを手掛かりに興味のある人にターゲットを絞ることができるので，高い効果を期待できる。

　同時に，グーグルはキーワードを入力して検索をする利用者にも配慮していた。検索サービスの利用者からすれば，自分が知りたい事柄と，企業が広告として見せたい事柄が混ざって表示されては，本当に知りたい事柄を見つけにくい。実は，検索連動型広告を最初に提供したのはアメリカのゴートゥードット

コム（GoTo.com）だったが，検索結果と広告を分けて表示していなかった。このことが利用者の反発を招いてしまった。自分が知りたいことに対する「答え」だと思ったことが，企業の広告だと知ったときに，利用者は不満を覚えたのである。それに対し，検索結果と，広告主が付いているがために表示する結果（スポンサーサイト）を分けて表示し，利用者が選べるようにしたことで，グーグルは検索連動型広告のビジネスを軌道に乗せた。

　検索連動型広告は，広告を出し，広告料を支払う企業や団体にも変化をもたらした。グーグルの場合，広告はテキストの3行ほどであり，画像や動画を使ったバナー広告と違って，小さなスペースで表示できる。小さなスペースであるため，複数の広告を一度に表示することができ，1クリックあたり数十セントから1ドル程度というように広告料金を低く抑えられる。さらに，広告料の算定も，広告主自らが表示回数を指定することができるようにしたので，月数万円という低額の予算枠でも広告を出すことができた。ヤフーなどの大手ポータルサイトの場合，バナー広告であってもかなりの費用を要したが，検索連動型広告では少額でも始められる点がメリットであった。広く薄く広告収入を集めた点に，グーグルのビジネスモデルの長所があるともいえる。

　広く薄く広告料収入を集めるビジネスモデルは，広告主の募集方法にも表れている。広告主としてアドワーズを使うには，グーグルの専用サイトに広告主としてアカウントを登録すれば良く，インターネット上のみで広告出稿の手続きが完了する。広告代理店などの企業を通す必要はなく，誰でもいつでもインターネット経由で手続きを行うことができた。この簡便さが多くの広告主を集めることにつながった。

　検索連動広告への実際の広告出稿にあたっては，まず自社サイトに連動させたい検索ワードを決める。人気の検索ワードは他の広告主との入札（オークション）で価格が決まる。入札の結果，上位数社がその順に検索結果表示画面の上位にある広告主枠の部分に表示される。1回表示する毎の金額は，数円から数千円までと，入札状況によってばらつきがある。広告主は，他の広告主が考えついていない検索ワードを考えるなど，創意工夫することで，低い費用でグーグルへの広告出稿をすることができる。

　とはいえ，広告宣伝費を多く使えた方が有利であるのもまた事実である。一

つには，広告の単価が入札で決まるため，人気がある検索ワードを使いたい場合には，他の広告主と競わねばならず，より高い広告費用が必要となる。もう一つには，効果的な検索連動型広告の出し方を考えるために，専門のコンサルティング企業に委託する場合がある。コンサルティング業者は，広告主の広告の表示順位を上げるだけでなく，別に表示される一般枠での表示順位を上げる方策も提案し，総合的に検索順位を上げるサービスを展開している。検索ランキングの上位に載るためにサイト設計を行うことを，検索エンジン最適化（SEO：Search Engine Optimization）という。一般枠の検索順位を決めているグーグルのアルゴリズムは非公開であり，正確，公平に関連度が高く人気のあるサイトが上位に表示されるようになっているとされている。だが，ウェブサイトの文章を校正して検索対象になりやすくすれば，表示順位を上げることが可能であるともいわれている（Vise & Malseed, 2005；NHKエンタープライズ，2007；牧野 2010）。

> ### コラム　グーグルのビジネスモデル
>
> 　グーグルの創立理念は「全世界の情報を収集し整理すること」だという。IT業界の一つの競争の焦点は，インターネット上を流通する情報の流れ（情報流）をコントロールすることである。グーグルが無料で展開している各種事業は，インターネット上に行きかうデータの種類と量の種類を増やすことであり，それらが増えれば交通整理を担う検索エンジンの魅力が増し，グーグルのビジネスの可能性が広がる。
>
> 　前述の図表 14.1 が示すように，グーグルはほぼ 9 割を広告収入に頼っている。グーグルは，莫大な広告収入を原資にし，様々なコンテンツとツールをインターネットで無料提供することで，インターネット上を行き交うデータの増大を加速した。グーグル自身の取り組みもあり，文字しか認識できなかった検索エンジンが画像で検索できるようになったり，世界中の図書館の本をスキャンしてデジタル化したり（ブックサーチ），世界中の場所が地図と航空写真で表示できるようになった。検索サービスはもちろん，電子メール，地図（Google Map），書籍（Google Book），OS（アンドロイド，クロム），日本語入力サービスなどが提供されている。さらに，マイクロソフトの主力商品であるワードやエクセルと互換性のあるほぼ同じ機能のソフトすら無料で提供した。そのため，グーグルと同様の製品サービスを有料で提供する競合企業は，それがパッケージソフトであろうとネットビジネスであろうと，無料で提供するグーグルに対して対抗することが難しくなってきている。
>
> 　こうしたグーグルの戦略とその実行の結果，人々が扱うデータの種類と量が飛躍的に増し，検索エンジンの必要性が益々増している。同時に，ネットの世界で大きな力

○ ネット広告の変化

　初期のネット広告の主体はバナー広告であり，ヤフーなどの大規模サイトがその媒体であった。また，広告料金は期間固定料金であった。その後，広告掲載期間に加え，規定の広告露出回数を定めるインプレッション保証型が現れた。インプレッション保証型では，実際に広告が何回ユーザに見られたのかを広告主に保証していた。さらに，ネット広告の効果をより正確に反映した料金制度が現れた。実際に広告がクリックされた回数分だけ広告料金が発生するクリック課金（PPC：Pay Per Click）である。ヤフーのような人気サイトでは固定料金のバナー広告も根強かったが，アクセス数自体が少ないサイトでは広告媒体としての価値が低いと考えられたため，広告主は少なく，バナー広告も掲載されにくかった。だが，クリック課金にすることで，サイト自体のアクセス数は少なくても，クリックさえ得られれば広告収入が得られるようになったため，多くのサイトがネット広告を掲載するようになった。さらにその後，クリックした後に実際に商品購入までたどり着いたときに初めて広告料金を支払うタイプ（成果報酬型広告）も現れた。これはよりアクセス数が増えにくいサイト，個人ブログやメールマガジンなどが広告媒体になる可能性を開いた（図表14.2）。

　このようなネット広告の多様化は，広告主側のリスクを減らした。固定料金がかからず，実際に広告の効果があった場合にだけ料金を支払えば良いので，どのサイトに広告を出せば良いかを緻密に考える必要性が低くなり，気軽にインターネット上で広告宣伝を実施できるようになったからである。

　この他に，広告効果を向上させるために，ユーザを限定して広告を見せることをターゲティング広告という。広告の対象である商品やサービスに関わりの深いコンテンツを提供するウェブサイトに掲載することで，より高いクリック率を期待することができる。またサイト内のテキスト情報からキーワードを抽出し，自動的にコンテンツにマッチしたキーワード広告を掲載する方法は，通販サイトや動画サイトなどで導入されている。ターゲティング広告を効率的に

図表 14.2　様々なネット広告

	種　類	形　態	特徴・効果
1	テキスト広告	テキスト（文字）で掲載	Yahoo! などのポータルサイトのトップに出ることが多い
2	バナー広告	旗（バナー）型の小さな画像や動画が表示	社名やブランドなどを常時掲載できるメリット
3	フローティング広告	「浮かんでいる」状態で動く	高い注目率
4	エキスパンド広告	マウスオーバーやクリックで定型の広告が「拡大」	より情報量を増やせる
5	ポップアップ広告	別のウインドウを立ち上げる	アニメや動画を再生
6	フルスクリーン広告	一時的に全画面を使ったあと，普通に戻る	高いインパクトが期待

した場合，ユーザ一人ひとりに別の広告を提示することになる。ユーザの年齢や性別などのプロフィール情報，嗜好・関心を示すデータに応じて，最も効果的な商品やサービスの広告を提供する。これらは，第2章で紹介した One to One マーケティングの一部であり，現在では通販サイトや会員制のメールニュースなど，ユーザのプロフィールや購買履歴情報が得られる場合に用いられている。

14.2　Web 2.0——ユーザが参加する情報流

○　Web 2.0 の提唱

　インターネットは当初，通販や広告など，企業から消費者へと情報が流れるチャネルとして見られていた。第2章で取り上げた初期のインターネット・ビジネスや，前節で取り上げたヤフーが成長した時代のポータルサイトやバナー広告はその典型である。

　だが，2000 年代半ばになると，新しい考え方が生まれた。双方向性という

インターネットの特性を活かし、消費者から企業へ、あるいは消費者から他の消費者へという情報の流れが増え始めたのである。

　この新しい動きを反映したビジネス論理を説明する概念として、Web 2.0（ウェブ ニテンゼロ）が唱えられた。個人の情報発信といえば、当初はウェブサイトに限られていたが、その手段もブログや SNS へと変化した。同時に、企業から個人への B to C のコンテンツ配信サイトに代わり、ウィキペディア（Wikipedia）やユーチューブなど、ユーザがコンテンツの投稿を行い、それをユーザが楽しむ、個人から個人への情報発信（C to C）のサービスが人気を呼ぶようになった。こうしたインターネットの変化を捉え、ソフトウェアのバージョンアップになぞらえて「2.0」と表現したのである（図表 14.3）。

図表 14.3　オライリーによる Web 2.0 の説明

Web 1.0		Web 2.0
DoubleClick	→	Google AdSense
Ofoto	→	Flickr
Akamai	→	BitTorrent
mp3.com	→	Napster
Britannica Online	→	Wikipedia
個人ウェブサイト	→	ブログ
evite	→	upcoming.org and EVDB
ドメイン名の投機	→	検索エンジンへの最適化（SEO）
ページビュー	→	クリック単価
スクリーン・スクレイピング	→	ウェブサービス
パブリッシング	→	参加
コンテンツ管理システム	→	wikis
ディレクトリ（分類学）	→	タグづけ（人々による分類（folksonomy））
スティッキネス（個々のサイトに対する顧客の忠誠度）	→	シンジケーション（サイトの垣根を越えた連携）

（出所）　O'Reilly, T.（2005）. "What is Web2.0"
　　　　（http://oreilly.com/web2/archive/what-is-web-20.html）
　　　　を改変（訳は CNET JAPAN「Web 2.0：次世代ソフトウェアのデザインパターンとビジネスモデル（前編）」を参照（https://japan.cnet.com/article/20090039/）

273

Web 2.0 のコンセプトは 2004 年頃から広まったが，特定の技術を指している訳でもなく，明確な定義があるわけでもない。企業から個人へを中心とした，当初のインターネットの情報流に代わる，新しいウェブサイトやインターネット・サービスの総称として使われた。オライリー（Tim O'Reilly）は，Web 2.0を様々なウェブ技術やコンセプトの集合体として捉えた（O'Reilly, 2005）。Web 2.0 は，インターネットの情報流のあり方をさらに掘り下げ，情報と情報，人と人とを結ぶ「プラットフォームとしてのウェブ」を表す言葉だともいえる。

Web 2.0 と総称された変化の下で，企業の新しい競争の焦点は，どれだけ大量の情報を流通させ，情報の流れ（情報流）を自社サイトにひきつけるかに移った。マイクロソフトが OS の標準になることで PC 市場を支配したように，IT 企業はインターネットの情報流を左右するプラットフォームとなり，ビジネスの主導権を握ることを目標とするようになった。

ウェブサイトで企業が基本的な機能を提供したとしても，様々な情報や機能がユーザの手によって追加され，それらが互いに組み合わされたり加工されたりして発展した。従来は，多くの場合，サイト制作者である企業が配信した情報を受け止めるだけだったユーザが，自ら情報を発信し，サイトのコンテンツ・サービスに参加する立場へ変化する。これによって，完全にではないものの，ユーザによる情報のコントロールが実現したのである。以下，Web 2.0 を構成した概念や現象を見ていこう。

◯ ユーザ参加と集合知

インターネット登場後のコンテンツ・ビジネス，すなわち B to C のコンテンツのビジネスでは，企業が販売対象としてコンテンツをネット配信していた。そのため，提供されるコンテンツは制作費用をまかなえるだけの価格と量に制限されていた。それに対し，ユーザが投稿してコンテンツが提供される C to Cのサイトでは，多数のユーザが制作や配信に参加する。ユーザは必ずしもビジネスとしてコンテンツを制作する訳ではないからコンテンツ制作に掛ける費用を低くするなどして価格を安くできる。また，一人ではなく複数のユーザ，多くのユーザがネット上で協力してコンテンツを制作することもできる。結果と

して，インターネット上を流れるコンテンツの量も増えた。

　ただし，ユーザは専門的な知識を持つとは限らず，十分な費用を掛けられる
わけではないので，コンテンツの質に関してはBtoCサイトで提供されるコ
ンテンツ，プロが制作するものに比べると劣ることが多かった。それでも，ユ
ーザがコンテンツを作る，ユーザ参加型のサイトでは適切な仕組みを備えるこ
とによってコンテンツの質が向上する場合がある。ユーザが集まり，集団とし
てコンテンツを作り，改善して良質なコンテンツへと仕上げていく現象は，集
合知と呼ばれる。集合知とは，多くのユーザが参加して情報を出し合い，それ
らが蓄積されることで，全体として巨大な知が形成されるという考え方である。
もし集合知の形成に成功すれば，利用者が増えるに従って，コンテンツやサー
ビスが改善され，企業が提供するものと同等かそれ以上の品質が実現されるよ
うになる。集合知は，ソフトウェア開発（オープンソース・ソフトウェア），
百科事典の編集，動画作成など，多くの成功例を生み出しつつ，現在に至って
いる。

　たとえば，第2章で取り上げたオンライン百科事典のウィキペディアは，ユ
ーザが自発的に記事を投稿し，編集を加えることで記事が作られる。記事の内
容は多くのユーザの目にふれ，その校閲によりバージョンアップされる。つま
り，情報の真偽や信頼性を担保するのに，集合知のメカニズムが使われる。こ
の仕組みのおかげで，ユーザが増えれば増えるほど，提供される情報の量が増
えるだけでなく，提供されるコンテンツの質が高まる。さらに，コンテンツの
質が高いがゆえに，多くのユーザがそれを利用し，制作に参加するようになる
という好循環が実現する。

　グーグルの日本語入力ソフトも，ユーザ参加を組み込むことで，従来にはな
い低コストと品質を両立した例である。競合する*マイクロソフトIME*では，
日本語の言語解析を行って専門家が辞書を作成していた。これには膨大な手間
と，高度な作業が必要とされた。それに対してグーグルは，グーグル検索に入
力されたキーワードを辞書化したり，日本語入力ソフトを利用したユーザから
得られるデータを用いたりして，日本語入力，とくに漢字変換の精度を上げて
いった。ユーザによる自発的な入力によって自動的にアップデートされるので，
専門家の作業は少なくなり，低コストで質の高い日本語入力ソフトが作りあげ

られる。ユーザが使用し，入力する言葉は，専門家が編集する場合に比べ言語としての正確性は劣っている。だが，日本語入力ソフトの使用状況が自動的にグーグルに送信され，ソフトの改善に役立てられるので，多数の人が関与することになり，ソフトに内蔵される辞書の誤りや偏りがならされていく。さらに，人々の生の言語が日々追加されていくため，現代語に強い辞書，実際に使われている言葉の変換に強みを発揮する（牧野，2010）。

　動画配信サービスもまた，集合知やユーザ参加によってコンテンツの質と量を豊かにする考え方を取り入れている。動画サイトはB to Cの配信サイトとC to Cの動画投稿サイトに分けることができる。B to Cの配信サイトは視聴料金をユーザから徴収することで成り立っており，ユーザは動画コンテンツそのものに商品価値を認めている。それに対してユーチューブなど，C to Cの動画投稿サイトは，ユーザが投稿した動画をユーザ間で共有する場として運営されている。誰でも自由に動画を発信し視聴できる場であることが最大の価値であり，場が持つ集客力をもとに広告収入を得るビジネスモデルである。ユーザは単なるコンテンツの買い手ではなく，動画を投稿したり，視聴したりすることでサイトに滞在し，サイトの価値を向上させる参加者と位置づけられる。このことから，C to Cの動画投稿サイトでは，コンテンツそのものに価値をおくのではなく，コンテンツを流通させる場に価値をおいているといえる。ただし，現在ではB to Cの配信サイトでもユーザの投稿を受けつけたり，C to Cの動画投稿サイトに企業が動画を提供したりするようになっており，両者の境界は曖昧になっている。それとともに，動画サイトの収益源も，ユーザから徴収する視聴料金と広告を組み合わせるようになっている。そのため，コンテンツそのものが価値を生み出すのか，動画というコンテンツを共有する場が価値を生み出すのかも曖昧になってきている。現在では，ユーストリーム（Ustream）やニコニコ生放送，AbemaTVなど，リアルタイム性のある放送もユーザ参加型コンテンツを取り入れるようになっている。

　このように多様化している動画サイトではあるが，いずれの場合も，動画の視聴や投稿のためにより多くのユーザを集めることが重要なことは共通している。すなわち，ユーザを集めることで動画を集め，動画を集めることによってユーザを集めるという好循環の実現が重要である。これは，多くのユーザが集

うことを重要視する Web 2.0 の特性を表している。同時に，集客のためには
当面の収益性を度外視しても集客を優先する企業が登場した現象とも整合的で
ある。

○ 消費者生成メディア

　前項で挙げたウィキペディアやユーチューブなど，Web 2.0 を代表するサー
ビスはユーザが制作したコンテンツによって成り立つ。ユーザが制作したコン
テンツを UGC（User-Generated Content：ユーザ生成コンテンツ）といい，
UGC が主たるコンテンツになるサイトを CGM（Consumer Generated Media：
消費者生成メディア）と呼ぶ。UGC や CGM と呼ばれるようになった消費者
による情報発信は，全く新しい現象だとはいえない。IT 化の前からも，マン
ガやイラストを共有する同人誌や投稿中心の雑誌，展覧会や映画祭は開催され
ていたからである。

　ただし，IT の進歩と普及に伴って，ユーザが作り，発信できるコンテンツ
の種類が増えた。さらに，ユーザがコンテンツを作って発信するために必要な
スキルが下がり，情報発信の敷居が下がって，「だれもが」様々なコンテンツ
を作り，公開することが可能になった。これが，近年の大きな変化である。こ
のことを，ユーザがネット上で情報発信を行ってきた文章（テキストデータ）
の発信と消費の変遷に即して見ていこう。

　テキストベースの情報発信でインターネット普及以前から行われていたのは，
電子掲示板などである。その後，個人が Web サイトを作り，情報を発信する
ようになった。さらにその後，ブログと SNS が登場した。

　ブログは，「ウェブ上に残される記録」を意味する weblog の短縮形であり，
日々の出来事をつづるように継続的に更新するタイプのウェブサイトである。
最新記事から時系列に表示され，過去の記事は適宜カテゴリにわけて表示され
る。ブログ以前に広く使われていた Web サイトの場合，ユーザはサイトのデ
ザインからコンテンツの作成までを自分で行い，それを HMTL 言語で記述し，
手動でアップロードしなければならなかった。それに対してブログは，専用の
ブログツールやブログサイトを利用して，既に用意されたレイアウトを選び，

文章や写真などを入力すれば良い。専用ソフトや言語の習得が不要で携帯電話からの更新もできるなど，気軽さと手軽さがあったことで普及した。

　作成と投稿の容易さに加えて，ブログは他のサイトとの連携や交流が簡単に行える点も，それ以前の Web サイトとは異なっていた。初期の Web サイトでは，他サイトとのつながり（リンク）は相手サイトの URL を記述するのみで一方通行であり，相互参照するには，その相手に依頼して自分のサイトの URL を記述してもらわねばならなかった。それに対し，ブログのトラックバックという機能は，リンクしたい作成者が他者のブログにリンクを申請することができる。関連する話題を扱うブログサイト同士のリンクが，より容易に行われるようになり，ブログ同士が連携することで，ユーザ主導の情報流がより太くなる。だからこそ，ブログの誕生はインターネットの革新とすらいわれたのである。

　ブログの後に登場した SNS は，ブログよりもさらに他ユーザとの交流に重点をおいている。SNS は，2002 年に米国でフレンドスター（Friendster）が登場して以来，世界中に普及した。ブログ同様に日記やアルバムなどの個人ページが用意されているが，どちらかというと友人の日記へのレスポンスやメッセージなど会員間のコミュニケーションに重点が置かれる。SNS では，誰と誰が友人登録しているかというフレンドリストがサービスの骨格となっており，情報の中身そのものよりも誰が発したかという属人性が重視される。

　ブログは，各ユーザが独立的に開設するものであり，他者との連携は，レスポンスやトラックバックによって，記事掲載後に行われる。それに対して SNS は，最初にユーザ同士のつながり，ネットワークが作られ，そのネットワークを通じて記事などの情報共有が行われる。友人や知人との連携が第一義的なサービスである。他のユーザとの交流が先にあって記事が後に続く点において，SNS はブログと異なる。

　このように，テキスト情報だけに限ってみても，インターネット上のユーザ間交流は変化し，ユーザの振る舞いも変わった。CGM にはいろいろなタイプのコンテンツやユーザ間交流の有り様が含まれるが，共通しているのは，コンテンツの流通に関するユーザの意識が変化した点である。コンテンツは企業からユーザに向かって配信されるという常識から逃れ，ユーザが自らコンテンツ

を作り出して配信する考え方への転換である。Web 2.0 を提唱したオライリー
は，こうした変化をパブリッシュから参加の概念への変化と表現している
（O'Reilly, 2005）。

14.3　ソーシャル・メディアとその応用
── 属人的な情報の流れ

○　属人的な情報流通

　インターネットで流通する情報が増えるに従い，さらに，ユーザが情報を発
信する手段と機会が増えるに従い，膨大な情報の流れを交通整理する新しい枠
組みが必要となった。その一つのアプローチとして，第1節で取り上げたグー
グルのように，アルゴリズムで自動的に多くの情報を処理するアプローチが現
れた。一方で，ユーザという人の関係性を軸にした情報の流れの整理，属人的
な情報流というアプローチも現れた。既に見知った人が発信する情報，あるい
はそうした人を介して伝わってくる情報は，見も知らぬ人や企業から送られて
くる情報よりもわれわれの関心を引く。こうしたユーザの特性を活かし，友人
関係など，既にある関係性，人のネットワークを通じて情報を流し，整理しよ
うという情報流の作り方である。

　属人的な情報流の代表は SNS である。SNS など，個人ユーザが情報発信す
るサイトは，ソーシャル・メディア（Social Media）とも呼ばれる。ソーシャ
ル・メディアという概念は，ユーザの関係性やユーザ同士の双方向的なコミュ
ニケーションから新たな情報や知識，価値が生まれる点に着目する呼称であり，
属人的な情報流を基盤にしたメディアとしての特徴をよく表している。

　ユーザの人間関係を中心においたインターネット・サービスの設計は，SNS
以外でも取り入れられた。そして，インターネットで他者と情報を共有し，共
同で行動を行うことを，総じてソーシャルと呼ぶようになった。たとえば，ソ
ーシャル・ブックマークは，良く使うサイトの URL の一覧（ブックマーク）
を公開し，他の人のブックマークを利用したり，ブックマークから推し量れる

嗜好を通じて他人と交流したりするものである。他にも，友人の口コミ情報によってネット通販を利用するソーシャル・コマースや，共同でゲームを遊ぶソーシャル・ゲーム，インターネット上で読書体験を共有するソーシャル・リーディングなど，新しいインターネット・サービスがソーシャル，すなわちユーザの関係性を基軸にして作り出されてきた。

　同時に，多数の人々の双方向的なコミュニケーションによって，知識や情報，人と人との新たなつながりが生み出されることに着目すれば，「ソーシャル」とはいわないが，前節で取り上げた CGM も同様の情報流を作り出しているといえる。すなわち，電子掲示板や，ブログ，SNS，オンライン百科事典，口コミサイト，動画投稿サイトなどは，コンテンツをユーザが創り出す点に着目すれば CGM である。だが，コンテンツの創造がユーザ間のコミュニケーションの中で行われ，それがユーザの関係性を基盤に置いていることに着目すればソーシャルなサービスである。

　属人的な情報流，ソーシャルなインターネット・サービスの特徴は，ユーザが自律的にコンテンツを生み出すことにあるだけではない。面識のある人，既に何らかの関係性を持つ人から流れてくる情報を我々は信用しやすいため，ソーシャルなサービスを通じて流れる情報は，その受け手が信頼を寄せ，それに基づいて行動する可能性が高いと考えられる。それゆえ，口コミ情報ともいわれる属人的な情報の伝達は，消費者の行動にも大きな影響を持つ。ある商品の購入を検討する場合，商品情報を調べる他に，友人に相談するという方法がある。企業のホームページや検索サービスを起点とした商品情報の流通が従来の情報流だとすれば，ソーシャル・メディアは信頼する友達の推薦情報が流通する新しい情報流であるともいえる。

　ソーシャル・サービスの特性，それを利用する人々の行動の傾向は，ソーシャル・メディアが高い情報伝播力を持つ，と言い換えることもできる。そして，この高い情報伝播力を企業のプロモーション活動に活用すると，製品サービスの認知や購買意欲の向上を効果的に達成することができる。それは，企業がユーザへと一方的に情報を発信していた従来のマスメディアとは違う役割，もしくは補完的な役割を果たす，プロモーションのチャネルである。たとえば，アメリカのペプシコは，2010 年，30 秒枠で約 300 万ドルを要するスーパーボー

ルのテレビ CM から撤退し，代わりに地域の社会貢献活動を支援するキャンペーンをソーシャル・メディアで行った。これは，マスメディアからソーシャル・メディアへの変化を象徴する事例といわれた。自社とその製品サービスを広く知って欲しい企業の側も，新しい情報流を視野に入れ，あるいは複数の情報流を組み合わせようとしているのである。

○ ソーシャル・グラフとそのビジネス利用

　ソーシャル・メディアでは，個人と個人のつながりが積み重ねられることによって，情報が流れるルートが形成される。そうした人と人のつながりによって形作られる，情報流の経路を表すものがソーシャル・グラフ（Social Graph）である。ユーザ間の関係性を示すデータでもあるソーシャル・グラフは，たとえば SNS の場合，誰と誰が友達としての登録をしているのかをネットワーク図として表したものである。

　ソーシャル・グラフの概念は，2007 年にブラッド・フィッツパトリック（Brad Fitzpatrick）が提唱した（Fitzpatrick, 2007）。ソーシャル・グラフは，人を表すノード（点）と関係性を表すエッジ（辺）を用いて人間関係を表現する。ソーシャル・グラフの元データは，友人登録など，人と人の関係性の有無を表したデジタルデータである。ある人とある人に友人関係があれば 1，関係が無ければ 0 として記録する。このデータをネットワーク図として描けば，ソーシャル・グラフが描ける。具体的には，図表 14.4 に示すように，人を点で，関係性を線で表し，関係があれば点同士を線で結ぶ。本来，人間関係は関係性の強さや種類など質的情報も有するので，用途によっては線の太さや向きでそれを表現することもできる。だが，あえて単純な点と線で描くことでソーシャル・グラフを活用したビジネスが開けてくる面もある。

　第 1 に，個々人とその関係を単純化することで，ネットワーク全体を俯瞰できるようになる。グラフという言葉は，数学の一分野であるグラフ理論に基礎をおいていて，その理論を応用できることを見越している。社会ネットワーク分析という研究領域では，専用のソフトを利用して解析を行い，ネットワークの密度や集中度といった構造的な特徴を表す指標を算出する（安田，1997）。

図表 14.4 ソーシャル・グラフの表しかた

ネットワークの表しかた

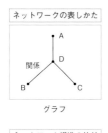

	A	B	C	D
A	0	0	0	1
B	0	0	0	1
C	0	0	0	1
D	1	1	1	0

1：関係有り　　0：関係なし

グラフ　　　　　　　　　行　列

ネットワーク構造の比較

密度が濃い

中心性

（出所）　安田雪（1997）『ネットワーク分析』新曜社，p.43，p.79，p.86
　　　　を参考に作成

　ソーシャル・グラフのネットワークとしての構造や特徴を調べれば，人から人へと情報が伝播していく可能性や難易度を検討できる。それをビジネスに応用すると，たとえば，あるソーシャル・グラフを前提に，製品サービスに関する口コミが波及していく様子などをシミュレーションをしたり，推測したり，検討することが可能になる。

　第2に，人と人の関係性を単純なデータにすることで，情報量を圧縮し，移動と複製が容易なデジタルデータに変換できる。そのようにデータ量が圧縮されたソーシャル・グラフは，処理がしやすく，インターネットなどを通じて流通可能になる。ソーシャル・グラフを入手することが容易になると，SNSなど，ソーシャル・グラフが作成された元のサービスから離れ，他の企業がサービスを運営する時にデータやモジュールとして転用できるようになる。

　たとえば，2007年にアメリカのSNSのフェイスブックは，ソーシャル・グ

ラフを API（アプリケーション・プログラミング・インタフェース）というプログラムの要素（モジュール）へと変換し，外部企業にその利用を開放した（Axon, 2010）。API を公開し，外部企業がフェイスブックのソーシャル・グラフを組み込んだコンテンツやサービスなどを展開できるようになったので，ゲームのプログラムと組み合わせ，友人知人とゲームを一緒に遊ぶソーシャル・ゲームを他企業が開発できるようになった。ユーザにとっても，SNS に登録したプロフィール情報や友人情報，自らの SNS 上での活動履歴と連動した内容のゲームを遊ぶことができるのは，新たな楽しみになった。

　ソーシャル・グラフが作られ，活用されるようになる前は，インターネット上の人と人の関係はコミュニティという言葉で表現されるに留まっていた。コミュニティはデジタルデータ化されず，曖昧に認識され，さらに特定のサイトやサービスから離れがたいものだと思われていた。コミュニティという言葉は，インターネットの掲示板など，ユーザたちが交わす言葉が表示され，アクセスが集中する場を尊重している意味合いを持っている。ユーザが実際に交流をする場で形成される人間関係は，URL で表現されるインターネット上のスペースだけではなく，ユーザの愛着や帰属意識といった目に見えない要素を含めて語られ，活用方法が考えられていた。

　それに対して，ソーシャル・グラフは，それが生成される SNS という場から引き離すことができる。生成された SNS から分離可能だからこそ，他のサイトやサービスと結びつき，新しい製品サービスを創出することができる。たとえば，フェイスブックの「Like（いいね！）ボタン」は，フェイスブック上はもちろん，EC サイトなど，他のサイトやサービスにも組み込まれている。ユーザがこのボタンを押せば，そのアクションがフェイスブックのデータに記憶され，フェイスブックのソーシャルグラフを通じて伝播する。ユーザは，このボタンが搭載された提携サイトであれば，初めて訪れるオンラインストアであってもフェイスブックの友人が過去にそこで何を買ったのか，お薦め商品が何であるかを知ることができる。反対に，自らが訪問したオンラインストアの情報をフェイスブックを通じて共有することになるので，その友人達もオンラインストアの情報を知ることができる。こうしたソーシャルグラフを介した情報の共有，すなわちシェア（Share）は音楽，書籍，レストラン，食品などあ

らゆる種類のオンラインストアに広げることができる。結果として，ユーザ個人の商品やサービスの好みを示すリストができあがる。人と人の結びつきに関する情報であるソーシャルグラフを，多数の，多様なサイトの商品情報やサービスと組み合わせることで，新しいネットの情報流，ネット上のユーザ行動が作られる。この意味において，人間関係をデジタルデータ化し，それを各所で利用可能にしたソーシャル・グラフの登場は，インターネット・ビジネスの新しい可能性を切り開いたといえる（野島，2011）。

コラム　CGM としてのツイッター

　Web サイトを横断し，属人的な情報が流れる他の成功例として，ツイッター（Twitter）がある。ツイッターは，短文の投稿によるコミュニケーション・サービスであり，2006 年に開始された。それ自体が単体で機能するソーシャル・メディアであると同時に，他の Web サイトに組み込まれて，その一部（モジュール）として機能する。

　ツイート（つぶやき）は投稿できる文字数に制限があった。文字数が限られ，文章が短くなる分，ブログや SNS に比べると表現できる内容は少ないが，短文であるがゆえに伝播力が高い。少ない文字数は読みやすい上に，引用や転載がしやすいので，他のユーザのツイートを使って自らのツイートを作りやすく，結果，元のツイートが伝播しやすくなるのである。また，短文だからこそ，短い間隔で，次々に自分の意見を表明しやすすことも，ツイートを通じたユーザの発信力と伝播力を高めている。

図表 14.5　Twitter の画面例

ツイッターと同様に短い間隔で発信できるメディアとしてはチャットがあげられる。だが，チャットのログは消滅するが，ツイッターの投稿内容は消えにくい。さらに，他のユーザや，外部の検索サービスを使って検索可能になっている。投稿したつぶやきは，誰が発したかという属人性によって整理できるだけでなく，投稿ごとに固有のURLが割り当てられ，キーワード検索やハッシュタグ，メタデータからトピックス毎にまとめることができる。属人的な情報とメタデータの双方を使って，ユーザが自らの関心を寄せる事柄を中心に情報を集め，共有できる点にツイッターの強みがある。

演 習 問 題

　14.1　CGM もしくはソーシャル・ネットワーキング・サービスの利用において，あなたが信頼する情報はどのように流れてくるのだろうか。

第 15 章

ユーザの役割
——ユーザ・イノベーション，ユーザの組織化

　Ⅲで見てきたように，利用者，ユーザの動向は，多くの企業に影響を与えるようになっている。いまや，ユーザは企業から受動的に製品サービスを購入するだけの存在ではなく，能動的にネット上で行動する主体になりつつあるのだ。そのようなユーザと企業の変化は，企業が顧客とより良い関係を築き，ビジネスを展開するための手法や考え方の再検討を迫っている。最終章では，ユーザの行動に焦点をあてて，今後の企業の行動を展望していく。

○*KEY WORDS*○
ユーザ・イノベーション，リード・ユーザ，
オープンソース・ソフトウェア（OSS），
コミュニティ，ユーザの組織化

15.1　ユーザによるイノベーション

○　ユーザを巡る変化——「ユーザ・イノベーション」の背景と源泉

　近年，ユーザは積極的に情報を発信し，企業や他のユーザとコミュニケーションをとるようになった。ICT は，経済社会を構成する主体間のコミュニケーションを変化させている。

　このコミュニケーションの変化は，企業という境界を越えた変化である。具体的には，コミュニケーションのスピードが速くなり，形式知化されて可視化され，多様なチャネルでコミュニケーションが行われて複線（複合）化している。このことが，インターネット上の「組織（化）」の変化をもたらしている。コミュニケーションの変化がもたらしている変化のうち，社会的な影響をもたらしているのが，ユーザの開発活動やイノベーションへの参加である。

　現在のわれわれは，イノベーションは企業がもたらすものと暗黙のうちに決めがちである。そうした暗黙の前提に対して，イノベーションの「源泉」は企業とは限らない，と最初に主張したのはフォン・ヒッペル（Eric von Hippel）の先駆的業績だった。フォン・ヒッペル（von Hippel, 1988）は科学機器や医療器具の研究を通じて，企業が開発した機器の改良や，新たな機器の開発がその使用者によって行われることを示し，ユーザ・イノベーションという概念を提示した。

　では，なぜ企業ではなく，ユーザがイノベーションの担い手になり得るか。フォン・ヒッペルによれば，情報の粘着性が鍵となる。製品は実際に使ってみないと分からないことがあり，たとえ使ってみてわかったことも，それを他者（企業）に伝えられるとは限らない。このように，企業側ではわからない，ユーザが製品の使用を通じてわかった情報が発生し，しかもそれはユーザから企業へ伝えられないという情報の粘着性があるために，ユーザが自分自身で製品を改良したり，作ったりしなければならなくなる。その結果，ユーザがイノベーションの担い手となる。ユーザ・イノベーションの概念は，フォン・ヒッペル

自身を含め，後続の研究者が採り入れ，多くの実証研究が積み重ねられている。たとえば，小川（2000）は流通（コンビニエンスストア）の事例によって，情報の粘着性を中心に，ユーザ・イノベーションを実証的に明らかにした。

　このようにしてユーザがイノベーションを起こすとしても，やはり企業側もそれに対応しなければならない。その場合の考え方の一つは，いかに粘着性が高い情報を企業が学び取るのか，粘着性の高い情報をどのように企業に移転して企業がイノベーションを起こすのか，を考える立場だろう。この立場に立ったときの方法論として，フォン・ヒッペルらが提唱するのが，リードユーザ法である。リードユーザ法は，粘着性の高い情報を表現，移転（教授）できるユーザを探す方法だとされている。ユーザと一口にいっても，彼らが情報を表現し，伝達できる能力には違いがあるため，その違いを捉えて「教えることが上手なユーザ」から企業が教えを受けようという考え方だ。

　もう一つは，積極的にユーザにイノベーションを起こしてもらい，それを企業が活用すれば良い，という立場だ。この考え方に立てば，ユーザがイノベーションを起こしやすいように，彼らの技術，能力，可能性を高めることが有効だと考えられる。つまり，ユーザ自身がイノベーションを起こせる条件を，企業側が積極的に整える。具体的には，ユーザがイノベーションを起こす際に利用するツールキットを提供したり，ユーザ教育を充実させたりすることが考えられる。

○　ネット利用とユーザ・イノベーション研究

　フォン・ヒッペルが提唱したユーザによるイノベーションは，1990年代にインターネットとソフトウェアの利用が拡大していく中で，広がりを見せる。技術進歩によるコンピュータの性能向上と，通信手段としてのインターネットの普及，そしてソフトウェアの変化によって，ユーザがソフトウェアを開発，改変，配布することが容易になったからだ。ユーザによるソフトウェア開発，ソフトウェアに関するフィードバックの提供がソフトウェア開発を変えつつあるという報告は1990年代後半から増え始めた。たとえば，インターネットを閲覧するアプリケーション・ソフトであるブラウザーの初期の競争において，

巨大企業のマイクロソフトと，新興企業のネットスケープ（Netscape）は対等の競争を繰り広げた背景には，ユーザの力を活かしたネットスケープの取り組みがあった（Iansiti & MacCormack, 1997；Cusumano & Yoffie 1998）。さらに，1990 年代後半に Windows に対抗する OS（Operating Software）として注目を浴びた Linux を中心として，ソースコードを共有して開発を進めるオープンソース・ソフトウェア（OSS：Open Source Software）が急速に増えた[1]。それを受け，オープンソース・ソフトウェアを対象とした実証研究が加速した。

　OSS の事例で興味深いことの一つは，それまで別だと考えられていた開発者とユーザが，渾然一体となったコミュニティをネット上に形成したことだ。そこで，ソフトウェア開発を担うネット上のコミュニティに着目が集まり，OSS プロジェクトの「成功」要因の研究が進められている。そうした研究では，ソフトウェアのライセンス，開発コミュニティ参加者の属性，開発に参加する人々のモチベーション（動機づけ），プロジェクトのガバナンス（組織運営方法）に焦点をあて，どのような場合に，良い開発コミュニティが形成，維持され，ソフトウェア開発を成功させることができるのかが論じられている。そうした研究成果を踏まえ，フォン・ヒッペル（von Hippel , 2005）や小川・藤川・堀口（2011）では，イノベーションのあり方が変わり，「民主化する」のではないか，という見通しを示している。

----

1 ただし，ユーザ自身がソフトウェアを開発し，コンピュータを自由に利用しようという運動は，OSS 以前からあった。最も有名な運動は，ストールマン（Richard M. Stallman）の「フリーソフトウェア運動」である。それ以外にも，フリーウェアやシェアウェアといった形態で，企業が開発しない，開発できないソフトウェアを提供しようという人達も少なからずいる。

くことで，品質が継続的かつ迅速に向上していく。

　その一方で，インターネットの中で成り立つ開発組織では，企業組織で行われるような厳密な管理ができない。そのため，ミスやバグの発見や対応が問題となる。こうした問題に対しては，OSSよりも古くから有志による自由なソフトウェア開発（フリーソフトウェア運動）を主導したレイモンド（Eric S. Raymond）が「目玉の数さえ十分あれば，どんなバグも深刻ではない」と述べたように，多数の参加者がバグの発見と対応をすることで，事後的にはバグやミスが訂正され，完成度が高まっていくと考えられている（Raymond, 1999）。実際，2000年代以降活発化したOSS，もしくはそれに類するインターネット上のソフトウェア開発は，現在に至るまで開発プロジェクトが増え，開発成果であるプログラムやアプリケーションも多様化している。

15.2　ユーザ参加の現在

　2000年代以降，インターネットの普及と，ICTの進歩と低価格は1990年代に比べてさらに進み，ソフトウェア開発に興味がなかったり，ソフトウェア開発ができなかったりするユーザもインターネットを利用するようになってきた。そうした利用者の増加と変化に伴い，ソフトウェア開発以外への参加，ユーザによる開発，情報発信が行われるようになった。第14章で紹介したように，インターネット（Web）を再定義する「Web 2.0」というスローガンやCGM（Consumer Generated Media）がそうした現象を表現してきた。具体的には，ブログを利用したユーザの情報発信，SNS，ネット・ジャーナリズムなどがあげられる。

　ただし，ソフトウェアや記事（テキスト情報），画像や音声を発信しなくても，ユーザは情報を発信し，「ネット」を魅力ある場に変えていっている。身近なところでは，インターネット・オークションへの参加，口コミ評価サイト（ネット口コミ，WoM：Web of Mouth）での発言，知識検索や知識共有への参加が，ユーザ参加の姿である。また，オンラインゲーム，ソーシャル・ゲームなどのコンテンツ・ビジネスは，ユーザが参加すること自体が価値を向上させることを前提にして作られており，参加して時間を費やすことが意味を持つ場合もあ

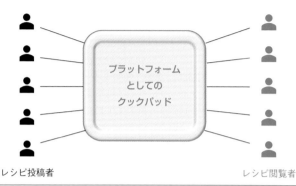

図表 15.1　クックパッドにおけるユーザ参加

プラットフォーム
としての
クックパッド

レシピ投稿者　　　　　　　　　　　　　　　　レシピ閲覧者

・レシピ投稿者が多いほど，ユーザーが多く　　・レシピ投稿者が多いほど，レシピ投稿者が
　集まる　　　　　　　　　　　　　　　　　　多くなる（サイトの魅力）
・集まるユーザーが多いほど，レシピ投稿者　　・レシピ閲覧者が多いほど，集まるレシピ閲
　が多くなる　　　　　　　　　　　　　　　　覧者が多くなる（口コミ情報など）

クックパッドにおける４つのネットワーク外部性

る。

　このように，インターネットはユーザの参加によって変化し，企業としても
いかにしてユーザの参加，ユーザの情報発信，開発活動やイノベーションへの
関与を活用していくのかを考える必要がある。同時に，企業がインターネット
を介してユーザと接点を持ち，ユーザと協働していく活動も，開発活動のみに
留まらず，マーケティング（広報活動），資金調達（マイクロ・ファイナンス
など）というように広がっている。

コラム　P to P

　ユーザ同士で交換するのは自ら作り出した情報だけではない。音楽や動画など，プ
ロのアーティストや企業が著作権を有するコンテンツのコピーが，ユーザ同士の交換
によって，勝手にインターネット上で広がる現象も発生した。
　ユーザが著作権のあるデジタルコンテンツを交換するようになった最初期の事例は，
第13章で紹介した，ナップスターである。ショーン・ファニングが1999年に興した

ベンチャー企業，ナップスターはP to P（Pier to Pier：ピア・トゥー・ピア）の技術を利用し，不特定多数の個人間でファイルが交換できるサイトを作った。これは，互いのコンピュータのハードディスクに保存したデータを交換する仕組みであり，ユーザが互いに他人のハードディスクにアクセスすることで，他人が持っているファイルをコピーできる，共有できる仕組みだった[2]。

ファニングが始めたナップスターでは，主に音楽ファイルが交換された。当時のデファクト・スタンダードであった圧縮方式MP3を使って音楽ファイルを小さなデータファイルにしたことで，当時の低速な回線を使ってもかなりのファイルを交換，共有することができた。それまでお金を払って購入していた音楽コンテンツが「無料」で手に入ることになったため，このサービスは学生を中心に大きな人気を集め，2001年のピーク時には8,000万人もの人々がナップスターのソフトウェアをダウンロードし，音楽ファイルを無料で交換していた。

だが，著作権が保護されている音楽を，著作権者の許諾を得ることなく交換したり，ダウンロードしたりすることは著作権に違反する行為であり，音楽企業が受けた被害も大きかった。そのため，音楽企業は，1999年にMP3の推進企業に対して訴訟を開始し，2000年半ばにナップスターを標的として告訴した。告訴を受けたナップスターは知的財産権を尊重し，権利を有するアーティストや音楽企業に対価を支払う方向に転換することを迫られた。長い法廷闘争を経て，ナップスターは2002年に破産宣告をした（Cusumano, 2004）。

ナップスターに類似した音楽ファイル交換サイトはその後も現れたが，いずれも違法として摘発され，サービスを長く続けることはできなかった。その後，アップルのiTunesストアが権利問題をクリアした有料の音楽配信サービスを行うようになり，音楽コンテンツのビジネスの主流となった（第3章参照）。

さらに，ユーザでありながら参加するという明確な意識を持たなくても，われわれはインターネット上のサービスに参加し，その内容の向上に貢献している。その最も身近な例の一つがオンラインゲームである（野島，2008，2013）。

オンラインゲームのビジネスでは，インターネットの特性を活かして，早くからユーザの要望を受け付ける機能をゲームに持たせていた。そこでは，ソフトウェアにユーザからのフィードバックを受け付ける機能を埋め込むだけではなく，GM（Game Master）に代表される人を配置し，サービスの運営状況を把握し，適切な手を打つ権限を持たせていた。オンラインゲームを提供してい

---

2 ただし，P to Pの純粋形は，中心となるサーバがなくてもユーザ間でデータを交換できるようになっているものであると定義される。それゆえに，ナップスターのように中央サーバを備えて，利用者のコンピュータの管理を保管しているシステムはP to Pの純粋形とはいえない。

た企業は，これらを含めた様々な施策を講じて，ゲーム内でユーザが相互作用して形作るコミュニティ，場合によってはゲーム外でユーザが勝手に作り出すコミュニティも視野に入れていた。なぜなら，オンラインゲームというコンテンツは，ゲームそのものの面白さだけではなく，むしろ，ゲームの内外でユーザが作り出すコミュニティが重要だと考えられていたからである。逆にいえば，ゲームの内外，ネット上で形成されるユーザのコミュニティを心地よいものにしてゆけば，ユーザがネット上で過ごす「居場所」ができ，その居場所の心地よさが新しいユーザを掘り起こしたり，既存ユーザを維持したりすることにつながった。その結果，ユーザが満足し，企業も利益をあげることが可能になった。これはユーザが参加することでオンラインゲームというサービスの魅力が増し，それがビジネスの成功につながった好例だろう。

　こうした「成功の道筋」を早くから理解していたので，企業はユーザからの要望を待ったり，GM による運営状況の把握をしたりするだけではなく，ユーザのゲーム（サービス）への参加状況，ゲーム内での行動を把握し，積極的にユーザの満足度を高める手がかりを得ようとした。この際に，オンラインゲームがインターネットを通じて，つまりコンピュータにログが残る形で提供されていることが大きな意味を持った。ユーザがゲームというサービスを利用した状況を写し取ったコンピュータのログを解析すれば，従来の手法よりもはるかに精確に，細かく，ユーザの行動を理解できるからだ。

　初期のオンラインゲームで確立されたマネジメントのスタイルは，その後のハードウェアの高性能化，ソフトウェアおよび情報処理技術の高度化を追い風にして，急速に進歩し，普及した。いわゆるソーシャル・ゲームでは，ゲームに参加するユーザの行動，ユーザ間の相互作用に関するデータに基づく開発運用，すなわち，データ駆動型のマネジメントが行われた（第 13 章）。そこでは，ログを含む様々なデータに基づいて仮説を立て，施策を立案し，施策の効果をデータとして測定し，データの解析を通じて施策を評価してさらなる仮説構築を行う「仮説検証型の開発運営」が企業で実施されている。

　ただし，こうしたマネジメントを行うには，欲しいログが蓄積されるような仕組みを持ち，さらにはそのログをどのように解析して役立てるのかを事前に計画しておく必要がある。ただ単にログを取って解析しただけでは，ユーザの

行動，相互作用を意味のある形でつかみ取り，情報や知識を得ることはできない。また，こうした体系的なユーザ行動の解析は，学術的な研究の手法と親和性がある。それゆえ，少なからぬ企業がデータ解析を通じてユーザの動向を把握するために，学術的な研究の手法を身につけた専門家を含むデータ解析チームを編成し，オンラインゲームの開発運用を実施するようになった。

オンラインゲームの事例は，現在のユーザの参加がプログラムのコードを書いたり，文章を書いたり，イラストや動画を投稿したりといった能動的な行動だけではないことを示している。企業が提供するコンテンツを素材にして，それを利用する——オンラインゲームを遊ぶ——という行為，消費行動自体が，企業にとっても重要な参加行動なのである。そして，こうしたユーザの参加行動を，自社のビジネスに活かしていくためには，相応の戦略とオペレーションが企業にも求められることも示唆している。

15.3　ユーザの組織化

◯　ユーザが作る組織

前節までで紹介したような企業とユーザの協働をどのように捉えるべきだろうか。企業かユーザかという対比的な捉え方もできるが，「組織（公式組織）」という概念の定義に立ち戻ってみると，異なる見方もできる。

高橋伸夫の一連の研究（高橋, 1995：2003：2006：2016：高橋, 2000）によれば，企業と組織は別の概念だとされている。企業は制度あるいは境界の概念で，組織は実態として機能しているネットワークだという見方である（図表15.2）。この企業と組織の概念としての違いを受け入れると，開発やマーケティング，製品サービスの評価といった活動が，現在では，企業の境界を超えて広がり，ユーザをも含めた組織としての活動になっていると見なすことができる。われわれユーザは，企業の境界の外にいるものの，時と場合によっては「組織メンバー」となり，製品サービスに関する様々な活動の一端を担ってい

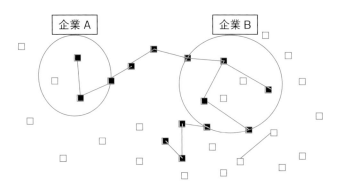

図表 15.2　企業の境界と組織の広がり

企業 A　　企業 B

（出所）　高橋伸夫（1995；2003；2006；2016）『経営の再生』有斐閣，高橋
伸夫（2000）『超企業・組織論』有斐閣より作成

る。オンラインソフトウェアの開発と配布や，インターネット上のサービスの
事例研究に基づいて，より詳しく考えてみよう（藤田・生稲，2008；生稲・藤田，
2011）。

　現在では，ネットをコミュニケーション・チャネルにした組織の成立が随所
に見られる。これをユーザの組織化と呼んでみよう。そのとき，ユーザの組織
化には高低があり，それは主に 3 つの観点で評価できると考えられる。第一に，
ユーザと開発者が直接コンタクトを取れる場合にユーザの組織化は高いといえ
る。第二に，ユーザと開発者の間で情報を頻繁にやり取りできる場合にユーザ
の組織化は高いといえる。第三に，ユーザであると同時に開発に関与する「イ
ノベーティブ・ユーザ」が存在する場合に，ユーザの組織化の程度が高いとい
える。これらの 3 つの事柄が観察されるときに，ユーザと企業，ユーザ同士は，
インターネットを介してコミュニケーションを取り，そのコミュニケーション
の中から共通の目的を見出し，そして，自らが何かをしたいという意欲（貢献
意欲）を持つようになる。言い換えれば，インターネットを基盤として，バー
ナード（Chester I. Barnard）が定義した公式組織の成立条件（Barnard, 1938）

が満たされたときこそ，ユーザの組織化が最もよく実現された状態である。

　ユーザの組織化が高い程度で実現しているときには，開発者（開発主体）に速く，大量に情報が流れ込む。より具体的にいえば，ソフトウェアやサービスなどを提供している企業に，多種多様，大量のフィードバック情報が寄せられる。「この製品サービスをこうして欲しい」といった提案や要望，情報である。その場合には，開発者が速い情報の流れに対応する必要が生じる。それと共に，ユーザが開発などの活動の一部を担うことになるので，速いペースで製品サービスを向上させる可能性が高まる。

○　ユーザの組織化のために

　オンラインゲーム，特にソーシャル・ゲームで成果を上げたデータ駆動型のマネジメント・スタイルは，現在の多くのサービスの運用にも通底する。アクセスログなどのユーザ行動に関する情報をきめ細かく集め，それを解析して，有効な施策についての仮説を立ててそれを検証するというスタイルのマネジメントである。多くのデータを集めれば，これまで見えなかったユーザの行動もしくは心理をつかむことができ，それを活かすことで企業経営をより効率的，効果的なものにできる。この発想は，現在のビッグデータ分析やビジネス・インテリジェンス（Business Intelligence）の考え方にも通じる。

　ただし，ユーザの行動もしくは心理をこれまで以上に精確に把握し得たとしても，それに企業が応えられなければ，成果を上げることは難しい。したがって，ユーザから寄せられる多種多様，膨大な情報を処理できる仕組みが必要である。それには，開発者を含む企業とユーザの結びつきを強め，ユーザから寄せられるフィードバック情報を処理しやすくする企業内部の業務設計も必要だろう。具体的には，サポート部門と開発部門の「垣根」を低くするためにサポート部門と開発部門の間の人事ローテーションをしたり，同じチームとして運用したり，ミーティングで情報共有を図ることが有効だと考えられる。

　加えて，ユーザからのフィードバックを効果的に集める施策も必要となる。そのためには，フィードバック手段を多様化したり，あるいはフォン・ヒッペルが提唱しているように，ユーザが開発に関与できるように情報を提供したり

することも有効だろう。たとえば，ツールキットや API の公開，さらにはソースコードの共有などを行えば，ソフトウェアやサービスの改良に関して，ユーザが関与しやすくなるといわれている。

◯ ユーザの組織化を見据えたマネジメント

ユーザからデータや情報を集めて，それを製品サービスの改良に役立てようとするマネジメント・スタイルは広く見られるようになり，実際に効果をあげている企業も，製品サービスもある。製品サービスを提供する企業と，それを購入し，使用するユーザの関係は変わっている。しかしながら，ユーザの組織化の観点に立てば，そうした変化を受け入れるために，企業は新たな課題に直面している。

まず，フィードバックのタイプを検討する必要がある。ユーザの組織化といった場合には，ユーザが「製品サービスを良くしたい」という意図を有して発信する情報，意図的なフィードバックを前提にしていた。だが，オンラインゲームの事例で分かるように，自動的な（意図的ではない）フィードバックを集めることも現在では可能である。自動的なフィードバックの場合，ユーザの意図が読み取りにくいと考えられるし，そもそもユーザは自分自身の行動や考えをフィードバックしたいと思ってはいないかもしれない。そうした形で寄せられるユーザからの情報は，ユーザの心的な抵抗（「こんなこと知られたくない」）もあるだろうし，何より情報としてノイジーである。そうしたノイズはデータ分析の手法を改良すれば取り除けるという考え方もできるだろうが，フィードバックの目的である製品サービスの改良，開発の方向性を明確にし，それに役立つような，ノイズが少ない情報を集めるほうが良いと考えられる。

第二に考慮すべきなのは，製品サービスが何であるのかをユーザが読み解くときには違いが生じることだ。すなわち，製品サービスの解釈には多義性がある。新しい，画期的な製品サービスであればあるほど，その多義性は高い。多義性が高い場合には，ユーザの一人ひとりの立場で，あるいは企業の立場で，何がよい製品サービスなのかの合意（Consensus）を形成しづらく，「どうすれば」より良い製品サービスになるのかが異なり，方向性が定まらない状況が

生じ得る。こうした場合には，多くの人が合意する製品サービスを改良する方策も得られないし，さらには製品サービスが使用されない状況も生じる。そうした事態を避けるためには，企業として製品サービスの有用性や意義を提示し，ユーザ側の解釈の多義性をコントロールする必要があると考えられる[3]。

最後に，ユーザの組織が進行する場合には，ユーザを含む組織メンバーの動機づけが必要だという点をあげておこう。組織を活性化させ，意味のある情報を生み出すには，組織メンバーの動機づけが重要であることを，これまでの経営学の研究は示している。従業員はもちろんのこと，ユーザにも「製品サービスやサービスを良くしたい」という気持ちがなければ，その製品サービスを良くするためにできることを考えたり，良くするために行動したりすることはない。OSS を題材にしたインターネット上のコミュニティの研究は開発者の動機付けについて示唆を与えてはくれるものの，まだ十分とはいえない。企業という境界の中に所属する従業員だけではなく，ユーザをも動機づけるためにはどのようなマネジメントが必要なのか。それは今後の学術的，実務的な課題だと考えられる。

演習問題

15.1　企業に意見や要望などをフィードバックするのはどのような場合だろうか。それが企業の中でどのように活かされるのかもあわせて，考えてみよう。

---

3 さらにいえば，イノベーションという現象そのものも，企業が中心となりつつ，ユーザと共に実現していく現象である。そこでは，社会全体として，新しい製品やサービスに関する「学び」が行われていると考えられる（生稲・藤田，2012）

参 考 文 献

英文文献

Abernathy, W. J., & Clark, K. B.（1985）. Innovation: Mapping the winds of creative destruction. *Research Policy*, 14, 3-22.

Anderson, C.（2006）. *The Long Tail: Why the Future of Business is Selling Less of More*, New York, NY: Hachette Books. 邦訳，クリス・アンダーソン（2006）『ロングテール：売れない商品を宝の山に変える新戦略』篠森ゆりこ訳. 早川書房.

Anderson, C.（2009）. *FREE: The Future of a Radical Price*, New York: NY, Random House. 邦訳，クリス・アンダーソン（2009）『フリー〈無料〉からお金を生みだす新戦略』小林弘人・高橋則明訳. 日本放送出版協会.

Arndt, J.（1967）. Word of mouth advertising and informal communication. In D. F. Cox（Eds.）, *Risk Taking and Information Handling in Consumer Behavior*（pp. 188-239）. Boston: Harvard University Press.

Arthur, Brian. W.（1994）. *Increasing Returns and Path Dependence in the Economy*, Ann Arbor, MI: University of Michigan Press. 邦訳，ブライアン・アーサー（2003）『収穫逓増と経路依存：複雑系の経済学』有賀裕二訳. 多賀出版.

Arthur, Brian. W.（1996）. Increasing returns and the new world of business. *Harvard Business Review*, 74(4), 100-110. 邦訳，ブライアン・W・アーサー（1997）「複雑系の経済学を解明する"収穫逓増"の法則」『ダイヤモンドハーバードビジネス』21(1), 5-16.

Barnard, C.I.（1938）. *The Functions of The Executive*, Boston, MA: Harvard Business School Press. 邦訳，チェスター・I・バーナード（1968）『新訳　経営者の役割』山本安次郎・田杉競・飯野春樹訳. ダイヤモンド社.

Baran, P.（1964）. On Distributed Communications: I Introduction to Distributed Communications Networks. *RAND Corporation Research Memoranda*, RM-3420-PR.

Barney, J. B.（1997）. *Gaining and Sustaining Competitive Advantage*. New York: Addison-Wesley Publishing Company. 邦訳，ジェイ・B・バーニー（2003）『企業戦略論：競争優位の構築と持続（上）（中）（下）』岡田正大訳. ダイヤモンド社.

Bauer, R.（1960）. Consumer behavior as risk taking. In R. Hancock（Eds.）, *Dynamic Marketing for a Changing World*（pp. 389-398）. Chicago: American Marketing Association.

Bechtel, C., & Jayaram, J.（1997）. Supply chain management: a strategic perspective. *The International Journal of Logistics Management*, 8(1), 15-34.

Berners-Lee, T., & Fischetti, M.（1999）. *Weaving the Web: The Original Design and Ultimate Destiny of the World Wide Web by Its Inventor*. San Francisco: Harper. 邦訳，ティム・バーナーズ=リー（2001）『Webの創成：World Wide Web はいかにして生まれどこに向かうのか』高橋徹監訳. 毎日コミュニケーションズ.

Branscomb, L.（2004）. Where do high commercial innovations come from? *Duke Law &*

Technology Review, 5, 1-27.

Brooks, Jr., F. P.（1995）. *The Mythical Man-Month: Essays on Software Engineering, 20th Anniversary Edition*. Reading, MA: Addison-Wesley. 邦訳，フレデリック・P. ブルックス，Jr.（2010）『人月の神話 新装版』滝沢徹・牧野裕子・富澤昇訳. ピアソン桐原.

Brin, S., & Page, L.（2012）. Reprint of: The anatomy of a large-scale hypertextual web search engine. *Computer Networks*, 56(18), 3825-3833.

Bucklin, L. P.（1965）. "Postponement, Speculation, and Structure of Distribution Channels," *Journal of Marketing Research*, 2(1), 26-31.

Bucklin, L. P.（1966）. *A Theory of Distribution Channel Structure*, Institute of Business and Economic Research, University of California, Berkeley: CA. 邦訳，バックリン（1997）『バックリン 流通経路構造論』田村正紀訳. 千倉書房.

Campbell-Kelly, M. & Aspray, W.（1996）. *Computer: a History of the Information Machine*, Basic Books, New York: Harper Collins Publishers. 邦訳，M・キャンベル-ケリー，W・アスプレイ（1996）『コンピュータ 200 年史：情報マシーン開発物語』山本菊男訳. 海文堂.

Carr, Nicholas.（2008）. *The Big Switch: Rewiring the World, From Edison to Google*, New York, NY: WW Norton & Company. 邦訳，ニコラス・G・カー（2008）『クラウド化する世界』村上彩訳. 翔泳社.

Carroll, G. R., & Hannan, M. T.（1989）. Density dependence in the evolution of populations of newspaper organizations. *American Sociological Review*, 54(4), 524-541.

Christensen, C. M.（1997）. *The Innovator's Dilemma: When New Technologies Cause Great Firms to Fail*. Boston: Harvard Business School Press. 邦訳，C・クリステンセン（2001）『イノベーションのジレンマ：技術革新が巨大企業を滅ぼすとき』玉田俊平太監修，伊豆原弓訳. 翔泳社.

Clark, K. B. & Fujimoto, T.（1991）. *Product Development Performance*, Boston, MA: Harvard Business School Press. 邦訳，藤本隆宏，キム B. クラーク（1993）『製品開発力』田村明比古訳. ダイヤモンド社.

Cusumano, M. A.（2004）. *The Business of Software*, New York, NY: Free Press. 邦訳，マイケル・A・クスマノ（2004）『ソフトウェア企業の競争戦略』サイコム・インターナショナル監訳. ダイヤモンド社.

Cusumano, M. A. & Selby, R. W.（1995）. *Microsoft Secrets*, New York, NY: Harper Collins Business. 邦訳，マイケル・A・クスマノ，リチャード・W・セルビー（1996）『マイクロソフト・シークレット 上・下』山岡洋一訳. 日本経済新聞社.

Cusumano, M., & Yoffie, D.（1998）. *Competing on Internet Time*, New York: Free Press. 邦訳，マイケル・クスマノ，ディビッド・ヨッフィー（1999）『食うか食われるか ネットスケープ vs. マイクロソフト』松浦秀明訳. 毎日新聞社.

Davis, G. B.（1974）. *Management Information Systems: Conceptual Foundations, Structure, and Development*, New York: McGraw-Hill.

Dell, Michael with Fredman Catherine（1999）. *Direct From Dell: Strategies that Revolutionized an Industry*, HarperBusiness. 邦訳，マイケル・デル，キャサリン・フレッドマン（1999）『デルの革命：ダイレクト戦略で産業を変える』國領二郎監訳，吉川明希訳. 日本経済新聞社.

Eisenmann, T., Parker, G., & Van Alstyne, M. W.（2006）. Strategies for two-sided markets. *Harvard Business Review*, 84(10), 92.

Emery, James. C.（1987）. *Management Information Systems: The Critical Strategic Resource*, Oxford University Press. 邦訳，ジェームス・C・エメリ（1989）『エグゼクティブのための経営情報システム：戦略的情報管理』宮川公男監訳，佐藤修，佐原寛二，上田泰訳．TBS ブリタニカ．

Evans, P. B., & Wurster, T. S.（1997）. Strategy and the New Economics of Information. *Harvard Business Review*, 1997, September-October）, 19. 邦訳，P・エバンス，T・ウールスター「ネットワーク経済が迫るバリューチェーン再構築」『Diamond ハーバード・ビジネス・レビュー』（1998 年 1 月）. 114-127.

Foster, R. N.（1986）. *Innovation: The Attacker's Advantage*. New York: Summit Books. 邦訳，リチャード・フォスター（1987）『イノベーション：限界突破の経営戦略』大前研一訳．TBS ブリタニカ．

Gallagher, J. D.（1961）. *Management Information Systems and the Computer*. New York: The American Management Association Inc. 邦訳，J・D・ギャラガー（1967）『MIS マネジメント・インフォメーション・システム』岸本英八郎訳．日本経営出版会．

Gawer, A. and Cusumano, M. A.（2002）. *Platform Leadership: How Intel, Microsoft, and Cisco Drive Industry Innovation*, Boston: Harvard Business School Press. 邦訳，アナベル・ガワー，マイケル・A・クスマノ（2005）『プラットフォーム・リーダーシップ：イノベーションを導く新しい経営戦略』小林敏夫訳．有斐閣．

Gorry, G., & Scott Morton, M. S.（1971）. A Framework for Management Information Systems. *Sloan Management Review*, 13（1）, 55-70.

Hafner, K., & Lyon, M.（1996）. *Where Wizards Stay Up Late: The Origins Of The Internet*. New York: Simon & Shuster. 邦訳，ケイティ・ハフナー，マシュー ライアン（2000）『インターネットの起源』加地永都子，道田豪訳．アスキー．

Hammer, M., & Champy, J.（1993）. *Reengineering the Corporation: a Manifesto for Business Revolution*, London: Nicholas Brealey Publishing. 邦訳，M・ハマー，J・チャンピー（1993）『リエンジニアリング革命：企業を根本から変える業務革新』野中郁次郎監訳．日本経済新聞社．

Hagel, J. III. & Singer, M.（1999）. *Net Worth: Shaping Markets When Customers Make the Rules*, Boston, MA: Harvard Business School. 邦訳，ジョン・ヘーゲル，マーク・シンガー（2001）『ネットの真価：インフォミディアリが市場を制する』小西竜治監訳．東洋経済新報社．

Henderson, R. M. & Clark, K. B.（1990）. Architectural innovation: The reconfiguration of existing product technologies and the failure of established firms. *Administrative Science Quarterly*, 35（1）, 9-30.

Hiltzik, M.（1999）. *Dealers of Lightning: XEROX PARC and the Dawn of the Computer Age*, New York, NY: Harper Business. 邦訳，マイケル・ヒルツィック（1999）『未来を作った人々：ゼロックス・パロアルト研究所とコンピュータエイジの黎明』エ・ビスコム・テック・ラボ監訳，鴨澤眞夫訳．毎日コミュニケーションズ．

Hoffman, D. L., Novak, T. P. & Peralta, M.（1998）. Building Consumer Trust Online. *Communications of the ACM*, 42, 80-85.

Iansiti, M. and McCormick, A.（1997）. Developing Products on internet time, *Harvard Business Review*, 75（5）, 108-118. 邦訳，マルコ・イアンシティ，アラン・マコーマック（2001）「インターネット時代の製品開発」『ネットワーク戦略論』第 3 章．DIAMOND ハーバード・

ビジネス・レビュー編集部訳．ダイヤモンド社．

Inmon, W. H.（1990）．*Building the Data Warehouse*, Hoboken, NJ: Wiley. 邦訳，ウィリアム・H・
インモン（1995）『初めてのデータウェアハウス構築』藤本康秀，小畑喜一訳．インター
ナショナルトムソン・パブリッシング・ジャパン．

Isaacson, W.（2011）．*Steve Jobs: The Exclusive Biography.* New York, NY: Simon and Schuster.
邦訳，ウォルター・アイザックソン（2011）『スティーブ・ジョブズⅠ・Ⅱ』井口耕二訳．
講談社．

Kay, A. C.（1977）．Microelectronics and the personal computer. *Scientific American*, 237（3），
230-245. 邦訳，アラン・C・ケイ（1992）『アラン・ケイ』浜野保樹監修，鶴岡雄二訳．
アスキー出版社．

Katz, M. L. and Shapiro, C.（1985）．Network Externalities, Competition, and Compatibility,
American Economic Review, 75（3）．

Keen, P. G. W., & Scott Morton, M. S.（1978）．*Decision Support Systems: An Organizational
Perspective*, Reading, MA: Addison-Wesley Inc.

Kollock, P.（1999）．The Production of Trust in Online Market. *Advances in Group Processes*, 16,
99-123.

Kotler, P.（2000）．*Marketing Management*（10th edition）．New Jersey: Prentice Hall. 邦訳，フィ
リップ・コトラー（2001）『コトラーのマーケティング・マネジメント：ミレニアム版』
恩藏直人監修．月谷真紀訳．ピアソン・エデュケーション．

Kotler, P., Kartajaya, H. & Setiawan, I.（2010）．Marketing *3.0: From Products to Customers to the
Human Spirit*, Chichester, GB: John Wiley & Sons. 邦訳，フィリップ・コトラー，ヘルマ
ワン・カルタジャヤ，イワン・セティアワン（2010）『コトラーのマーケティング3.0：ソー
シャル・メディア時代の新法則』恩藏直人監修，藤井清美訳，朝日新聞出版．

Kotler, P., Kartajaya, H. & Setiawan, I.（2016）．*Marketing 4.0: Moving from Traditional to Digital*,
Hoboken, New Jersey: Wiley. 邦訳，フィリップ・コトラー，ヘルマワン・カルタジャヤ，
イワン・セティアワン（2017）『コトラーのマーケティング4.0：スマートフォン時代の究
極法則』恩藏直人監修．藤井清美訳．朝日新聞出版．

Kurt Salmon Associates.（1993）．*Efficient consumer response: Enhancing Consumer Value in the
Grocery Industry.* Washington DC: USA, Kurt Salmon Associates.

Lieberman, M. B., & Montgomery, D. B.（1988）．First-Mover Advantages. *Strategic Management
Journal*, 9, 41-58.

Levy, S.（1994）．*Insanely Great: The Life and Times of Macintosh, the Computer that Changed
Everything.* London: U.K., Penguin Books. 邦訳，スティーブン・レビー（1994）『マッキ
ントッシュ物語：僕らを変えたコンピューター』武舎広幸訳，翔泳社．

Little, J. D. C.（1970）．Models and managers: The concept of a decision calculus. *Management
Science*, 16（8），B466-B485.

Nonaka, I. and Takeuchi, H.（1995）．*The Knowledge-Creating Company: How Japanese Companies
Create the Dynamics of Innovation*, Oxford: U.K., Oxford University Press. 邦訳，野中郁次郎，
竹内弘高（1996）『知識創造企業』梅本勝博訳．東洋経済新報社．

Moore, A.（1991）．*Crossing the Chasm: Marketing & Selling Technology Products to Main Stream
Customers.* New York: Harper Business.

Navis, C., & Glynn, M. A.（2010）．How new market categories emerge: Temporal dynamics of legimacy, identity, & entrepreneurship in Satellite Radio, 1990–2005. *Administrative Science Quarterly*, 55, 439–471.

Oliver, R. K.; Webber, M. D.（1992）. Supply-chain management: Logistics catches up with strategy（reprint from Outlook（1982））In M. Christopher（Eds.）*Logistics: The Strategic Issues*,（pp. 63–75）. London, Chapman & Hall.

Penrose, E. T.（1995）. *The Theory of the Growth of the Firm*（3rd edition）. Oxford: U.K., Oxford University Press. 邦訳，エディス・ペンローズ（2010）『企業成長の理論』日高千景訳. ダイヤモンド社.

Peppers, D., & Rogers, M.（1993）. *The One to One Future: Building Relationship One Customer at a Time*. New York: Doubleday. 邦訳，D・ペパーズ，M・ロジャーズ（1995）『ONE to ONEマーケティング：顧客リレーションシップ戦略』ベルシステム 24 訳. ダイヤモンド社.

Polanyi, M.（1966）. *The Tacit Dimension*. London: U.K., Routledge & Kagan. 邦訳，マイケル・ポランニー（1980）『暗黙知の次元』佐藤敬三訳. 紀伊國屋書店.

Porter, M. E.（1980）. *Competitive Strategy: Techniques for Analyzing Industries and Competitors*, New York: Free Press. 邦訳，M・E・ポーター（1995）『［新訂］競争の戦略』土岐坤，中辻萬治，服部照夫訳. ダイヤモンド社.

Porter, M. E.（1985）. *Competitive Advantage: Creating and Sustaining Superior Performance*, New York: Free Press. 邦訳，M・E・ポーター（1985）『競争優位の戦略：いかに高業績を持続させるか』土岐坤，中辻萬治，小野寺武夫訳. ダイヤモンド社.

Pottruck, D. S., & Pearce, T.（2000）. *Clicks and Mortar: Passion-Driven Growth in an Internet-Driven World*, San Francisco: Jossey-Bass. 邦訳，デビッド・S．ポトラック，テリー ピアース（2000）『クリック＆モルタル』坂和敏訳. 翔泳社.

Raymond, E. S.（1999）. *The Cathedral and the Bazaar: Musings on Linux and Open Source by an Accidental Revolutionary*, Oreilly & Associates Inc. 邦訳，エリック・S・レイモンド（1999）『伽藍とバザール：オープンソース・ソフト Linux マニフェスト』山形浩生訳. 光芒社.

Rochet, J. C., & Tirole, J.（2003）. Platform competition in two-sided markets. *Journal of the European Economic Association*, 1（4）, 990–1029.

Robertson, D., & Allen, T. J.（1993）. CAD system use and engineering performance. *IEEE Transactions on Engineering Management*, 40（3）, 274–282.

Sage, A.P.（1991）*Decision Support Systems Engineering*, New York: John Wiley & Sons.

Schumpeter, J. A.（1934）. *The Theory of Economic Development: An Inquiry into Profits, Capital, Credit, Interest, and the Business Cycle*. Cambridge, MA: Harvard University Press. 邦訳，J・A・シュムペーター（1977）『経済発展の理論：企業者利潤・資本・信用・利子および景気の回転に関する一研究』塩野谷祐一，中山伊知郎，東畑清一訳. 岩波書店.

Scott Morton, M. S.（1971）. *Management Decision Systems: Computer-Based Support for Decision Making*. Cambridge: Mass Division of Research, Harvard University Press.

Simon, H. A.（1960）. *The New Science of Management Decision*. New York: Harper and Row. 邦訳，ハーバートA・サイモン（1979）『意思決定の科学』稲葉元吉，倉井武夫訳. 産業能率大学出版部.

Simon, H. A.（1969）. *The Sciences of the Artificial*, Cambridge, MA: the MIT Press. 邦訳，ハーバートA・サイモン（1987）『新版 システムの科学』稲葉元吉，吉原英樹訳. パーソナルメディア.

Smith, A.（1776）. *An Inquiry into the Nature and Causes of the Wealth of Nations*, London: U.K., W. Strahan and T. Cadell. 邦訳，アダム・スミス（2007）『国富論：国の豊かさの本質と原因についての研究』山岡洋一訳．日本経済新聞社出版局．

Shewhart, W. A.（1931）. *Economic Control of Quality of Manufactured Product*. New York: NY, D. Van Nostrand Company.

Sprague, R. H., & Carlson E. D.（1982）. *Building Effective Decision Support Systems*. Englewood Cliffs, N.J.: Prentice-Hall. 邦訳，R・H・スプレーグ，E・D・カールソン（1986）『意思決定支援システム DSS：実効的な構築と運営』倉谷好郎，土岐大介訳．東洋経済新報社．

Stolterman, E., & Fors, A. C.（2004）. Information Technology and the Good Life. In B. Kaplan et al.（Eds.）, *Information Systems Research: Relevant Theory and Informed Practice*（pp. 687-692）. London, UK: Kluwer Academic Publishers.

Tanenbaum, Andrew. S. & Steen Maarten. Van.（2007）. *Distributed Systems: Principle and Paradigms*（2nd Edition）, Pearson education. 邦訳，アンドリュー・S・タネンバウム，マールティン・ファン・スティーン（2009）『分散システム 第2版 原理とパラダイム』水野忠則，佐藤文明，鈴木健二，竹中友哉，西山智，峰野博史，宮西洋太郎訳．ピアソン・エデュケーション．

Taylor, F. W.（1911）. *The Principles of Scientific Management*. Harper & Brothers. 邦訳 フレデリック・W・テイラー（2009）『新訳：科学的管理法』有賀裕子訳．ダイヤモンド社．

Teece, D. J., Pisano, G., & Shuen, A.（1997）. Dynamic capabilities and strategic management. *Strategic Management Journal*, 18（7）, 509-533.

Turban, E.（1990）. *Decision Support and Expert Systems*（2nd edition）, New York: Macmillan.

Tushman, M. L., & Anderson, P.（1986）. Technological discontinuities and organizational environments. *Administrative Science Quarterly*, 31, 439-465.

Vise, D. A. & Malseed, M.（2005）. *The Google Story*, Random House Incorporated. 邦訳，デビッド・ヴァイス，マーク・マルシード（2006）『Google 誕生：ガレージで生まれたサーチ・モンスター』田村理香訳．イースト・プレス．

von Hippel, Eric. A.（1988）. *The Sources of Innovation*, Oxford, U.K., Oxford University Press. 邦訳，エリック・フォン・ヒッペル（1991）『イノベーションの源泉』榊原清則訳．ダイヤモンド社．

von Hippel, E.（2005）. *Democratizing Innovation*. MIT Press. 邦訳，エリック・フォン・ヒッペル（2005）『民主化するイノベーションの時代』サイコム・インターナショナル．ファーストプレス．

Williams J. R.（1994）. Strategy and the search for rents: The evolution of diversity among firms. In R. P. Rumelt, D. E. Schendel & D. J. Teece（Eds.）, *Fundamental Issues in Strategy*（pp. 229-246）. Boston, MA: Harvard Business School Press.

Williamson, E. O.（1975）. *Market and Hierarchies: Analysis and Antitrust Implications*. New York: NY, Free Press. 邦訳，オリバー・E・ウィリアムソン（1980）『市場と企業組織』浅沼萬里，岩崎晃訳．日本評論社．

Williamson, E. O.（1979）. Transaction-cost economics: the governance of contractual relations. *The Journal of Law and Economics*, 22（2）, 233-261.

Williamson, E. O.（1985）. *The Economic Institutions of Capitalism*, New York: NY, Free Press.

Wiseman, C.（1988）. *Strategic Information Systems*, Illinois: Richard D. Irwin Inc. 邦訳，チャー

参考文献

ルズ・ワイズマン（1989）『戦略的情報システム』土屋守章，辻新六訳．ダイヤモンド社．

Wozniak, S. & Smith G.（2006）．*Computer Geek to Cult Icon: How I Invented the Personal Computer, Co-founded Apple, and Had Fun Doing It*, W.W.Norton & Company, Inc. 邦訳，スティーブ・ウォズニアック，ジーナ・スミス（2008）『アップルを創った怪物：もうひとりの創業者，ウォズニアック自伝』井口耕二訳．ダイヤモンド社．

和文文献

相田洋，矢吹寿秀（1997）『コンピュータ地球網』6〈NHK スペシャル 新・電子立国〉．日本放送出版協会．

青島矢一（1998）「"日本型"製品開発プロセスとコンカレント・エンジニアリング：ボーイング 777 開発プロセスとの比較」『一橋論叢』第 120 巻，第 5 号，111-135．

青島矢一，加藤俊彦（2003）『競争戦略論』東洋経済新報社．

赤埴淳一（2006）「セマンティックウェブの意義」曽根原登・岸上順一・赤埴淳一（2006）『メタデータ技術とセマンティックウェブ』東京電機大学出版局，第四章所収．

淺羽茂（1995）『競争と協力の戦略：業界標準をめぐる企業行動』有斐閣．

淺羽茂（2001）「競争戦略論の展開」新宅純二郎，淺羽茂編『競争戦略のダイナミズム』（pp. 1-25）日本経済新聞社．

淺羽茂（2002）『日本企業の競争原理：同質的行動の実証分析』東洋経済新報社．

浅沼萬里（1997）『日本の企業組織：革新的適応のメカニズム』東洋経済新報社．

アサヒビール株式会社 120 年史編纂委員会編『アサヒビールの 120 年：その感動をわかちあう』アサヒビール株式会社．

網倉久永，新宅純二郎（2011）『経営戦略入門』日本経済新聞出版社．

阿保栄司（1998）『ロジスティクスの基礎』税務経理協会．

ERP 研究会（1997）『SAP 革命』日本能率協会マネジメントセンター．

飯島淳一（1993）『意思決定支援システムとエキスパートシステム』日科技連．

池尾恭一，井上哲浩（2008）『戦略的データマイニング：アスクルの事例で学ぶ』日経 BP 社．

生稲史彦，藤田英樹（2011）「ソフトウェアの開発スタイルの進化：ネットワーク上の公式組織」『赤門マネジメント・レビュー』10(4)，271-310．doi.org/10.14955/amr.100402

生稲史彦，藤田英樹（2012）「社会的な「学び」としてのイノベーション」『知識共創』第 2 号，III3-1-III3-10．

石井淳蔵（1983）『流通におけるパワーと対立』千倉書房．

石川温（2008）「グーグル vs アップル：ケータイ世界大戦」技術評論社．

伊丹敬之（2012）『経営戦略の論理　第 4 版：ダイナミック適合と不均衡ダイナミズム』日本経済新聞出版．

糸久正人，安本雅典（2018）「コンセンサス標準をめぐる企業行動：コンポーネント知識が標準アーキテクチャの導入に及ぼす影響」『組織科学』52(1)，32-44．

今井賢一，國領二郎編（1994）『プラットフォーム・ビジネス』情報通信総合研究所．

岩田一明（1987）『基礎研究・コンピュータ設計・製図：CAD/CAM の基礎』共立出版．

歌代豊（2010）「セブン-イレブンにおける情報システムの発展」『明日の IT 経営のための情報システム発展史・流通業編』経営情報学会・情報システム発展史特設研究部会編，専修大学出版局．

遠藤諭（1996）『計算機屋かく戦えり』アスキー出版局．

遠藤諭（2016）『新装版 計算機屋かく戦えり』アスキー出版局.

太田雅晴（1994）『生産情報システム』日科技連.

大野耐一（1978）『トヨタ生産方式』ダイヤモンド社.

岡本清（1973; 2000）『原価計算 六訂版』国元書房.

小川進（2000）『イノベーションの発生論理』千倉書房.

小川進，藤川佳則，堀口悟史（2011）「知識共創論：ユーザー・ベースの知識創造経営に向けて」『一橋ビジネスレビュー』Sum，40-52.

小倉昌男（1999）『小倉昌男 経営学』日経 BP.

小原正昭（2011a）「業界別情報システムの発展：製造業における情報システムの発展」経営情報学会・情報システム発展史特設研究部会編『明日の IT 経営のための情報システム発展史・総合業編』第 4 章所収，専修大学出版局.

小原正昭（2011b）「製造業における情報システムの発展」経営情報学会・情報システム発展史特設研究部会編『明日の IT 経営のための情報システム発展史・製造業編』第 2 章，専修大学出版局.

軽部大，武石彰，青島矢一（2007）「資源動員の正当化プロセスとしてのイノベーション：その予備的考察」IIR ワーキング・ペーパー WP#07-05，一橋大学イノベーション研究センター.

河島伸子（2009）『コンテンツ産業論 第 1 版：文化創造の経済・法・マネジメントー』ミネルヴァ書房.

河島伸子（2020）『コンテンツ産業論 第 2 版：文化創造の経済・法・マネジメントー』ミネルヴァ書房.

河島伸子，生稲史彦（2013）『変貌する日本のコンテンツ産業：創造性と多様性の模索』ミネルヴァ書房.

川邉信雄（2003）『セブン−イレブンの経営史：日本型情報企業への挑戦』有斐閣.

具承恒，藤本隆宏（2000）「自動車部品産業におけるデジタル技術の利用と製品開発：3 次元 CAD を中心に」CIRJE-J-27.

楠木建（1999）「組織能力と持続的な競争優位」一橋大学商学部経営学部門編『経営学概論』第 10 章，税務経理協会.

國領二郎（1995）『オープン・ネットワーク経営：企業戦略の新潮流』日本経済新聞社.

國領二郎（1999）『オープン・アーキテクチャ戦略』ダイヤモンド社.

近能善範，高井文子（2010）『コア・テキスト　イノベーション・マネジメント』新世社.

佐藤敬（2003）「情報システム」細野公男他編『情報社会を理解するためのキーワード：2』培風館. https://www.issj.net/is/02/index3.html

嶋正利（1987）『マイクロコンピュータの誕生：わが青春の 4004』岩波書店.

島田達巳，高原康彦（1993）『経営情報システム』日科技連.

城田真琴（2012）『ビッグデータの衝撃：巨大なデータが戦略を決める』東洋経済新報社.

清水洋（2001）「ヤマト運輸：競争とビジネスモデルの革新」『一橋ビジネスレビュー』49(1)，120-131.

新宅純二郎，柳川範之編著（2008）『フリーコピーの経済学』日本経済新聞社.

末松千尋（1995）『CALS の世界：競争優位の最終兵器』ダイヤモンド社.

鈴木安昭，関根孝，矢作敏行（1997）『マテリアル流通と商業』有斐閣.

セブン−イレブン・ジャパン編（1991）『セブン−イレブン・ジャパン：終わりなきイノベーショ

ン 1973-1991』セブン-イレブン・ジャパン.

高井文子（2018）『インターネット・ビジネスの競争戦略：オンライン証券の独自性の構築メ
　カニズムと模倣の二面性』有斐閣.

高桑宗右衛ヱ門（1995）『FA/CIM の経済性分析』中央経済社.

高橋輝男，ネオ・ロジスティクス共同研究会（1997）『ロジスティクス：理論と実践』白桃書房.

高橋伸夫編著（2000）『超企業・組織論』有斐閣.

高橋伸夫（1995; 2003; 2006; 2016）『経営の再生：戦略の時代・組織の時代［第 4 版］』有斐閣.

竹下亨（2010）「事例：オンラインシステムの先駆け　東京オリンピック情報システム」経営
　情報学会情報システム発展史特設研究部会編『明日の IT 経営のための情報システム発展
　史・総合編』第 10 章，専修大学出版局.

竹田陽子（2000）『プロダクト・リアライゼーション戦略：3 次元情報技術が製品開発組織に与
　える影響』白桃書房.

田中辰雄，山口真一（2015）『ソーシャルゲームのビジネスモデル』勁草書房.

立本博文（2017）『プラットフォーム企業のグローバル戦略』有斐閣.

出川通（2004）『技術経営の考え方：MOT と開発ベンチャーの現場から』光文社.

夏野剛（2011）『iPhone vs. アンドロイド：日本の最後の勝機を見逃すな！』アスキー新書.

日本生産性本部・日本電子計算開発協会共編（1968）『アメリカの MIS・訪米 MIS 使節団報告書』
　日本生産性本部.

沼上幹（2008）『わかりやすいマーケティング戦略［新版］』有斐閣.

根来龍之，木村誠（1999）『ネットビジネスの経営戦略』日科技連.

野島美保（2008）『人はなぜ形のないものを買うのか：仮想世界のビジネスモデル』NTT 出版.

野島美保（2013）「ゲーム業界におけるオンライン化とカジュアル化：ビデオゲームからソー
　シャルゲームまで」河島伸子，生稲史彦編著『変貌する日本のコンテンツ産業：創造性と
　多様性の模索』第 6 章，ミネルヴァ書房.

野中郁次郎（1990）『知識創造の経営：日本企業のエピステモロジー』日本経済新聞社.

延岡健太郎（1997）「新世代 CAD による製品開発の革新」『国民経済雑誌』第 176 巻，第 6 号，
　63-76.

服部基宏・國領二郎（2002）「デジタル財の市場構造と収益モデル」『日本学術振興会未来開拓
　学術研究推進事業「電子システム」プロジェクト・ディスカッションペーパー』，NO.95.

一橋大学イノベーション研究センター（2001）『イノベーション・マネジメント入門』日本経
　済新聞社.

一橋大学イノベーション研究センター（2017）『イノベーション・マネジメント入門［第 2 版］』
　日本経済新聞社.

藤田英樹，生稲史彦（2008）「Yahoo! 知恵袋 ケース・スタディ：Web サービスの開発におけ
　るユーザの組織化」『赤門マネジメント・レビュー』7(6)，303-338．doi.org/10.14955/amr.
　070601

藤本隆宏（1997）『生産システムの進化論：トヨタ自動車にみる組織能力と創発プロセス』有
　斐閣.

藤本隆宏（2001）『生産マネジメント入門：I　生産システム編』日本経済新聞社.

牧野武文（2010）『Google の正体』マイコミ新書.

松島克守（1987）『CIM 製造業の情報戦略：勝ち残りへの選択』工業調査会.

松林光男，原滋夫，新堀克美（2005）『図解　よくわかる BOM』工業調査会.

丸山雅祥（2011『経営の経済学：Business Economics』有斐閣.

宮澤弦，椎葉宏，片岡俊行，新上幸二，横山隆治，手嶋浩己，木暮祐一（2006）『Mobile2.0：ポスト2.0時代のケータイビジネス』インプレス.

村越稔弘（1994）「製配販協業の流通革新：ECRとは」『流通とシステム』No.81，43-51.

村越稔弘（1995）『ECRサプライチェイン革命』税経経理協会.

流通システム開発センター編（1997）『EDIの知識』日本経済新聞社.

安田雪（1997）『ネットワーク分析』新曜社.

矢作敏行（1994）『コンビニエンス・ストア・システムの革新性：Strategy & management』日本経済新聞社.

矢作敏行（1996）『現代流通：理論とケースで学ぶ』有斐閣アルマ.

矢作敏行，小川孔輔，吉田健二（1993）『生・販統合マーケティング・システム』白桃書房.

山倉健嗣（1993）『組織間関係：企業間ネットワークの変革に向けて』有斐閣.

山田英夫（1993）『競争優位の規格戦略：エレクトロニクス分野における規格の興亡』ダイヤモンド社.

ヤマト運輸株式会社社史編纂委員会編（1991）『ヤマト運輸70年史』ヤマト運輸株式会社.

ヤマトホールディングス株式会社編（2020）『ヤマトグループ100年史』ヤマトホールディングス株式会社.

和田充夫，恩蔵直人，三浦俊彦（2006）『マーケティング戦略［第3版］』有斐閣.

官公庁発行物，白書

経済産業省『平成26年商業統計調査』.
https://www.e-stat.go.jp/stat-search/files?page=1&toukei=00550020&tstat=000001023268

経済産業省 商務情報政策局 情報経済課『平成30年度　我が国におけるデータ駆動型社会に係る基盤整備報告書（電子商取引に関する市場調査）』.

総務省（2013）『安心してインターネットを使うために』2019年4月14日検索，
http://www.soumu.go.jp/main_sosiki/joho_tsusin/security/basic/risk/index.html

経済産業省（2018）『デジタルトランスフォーメーションを推進するためのガイドライン（DX推進ガイドライン）』Ver.1.0.
https://www.meti.go.jp/press/2018/12/20181212004/20181212004-1.pdf

総務省（2018）『平成30年版　情報通信白書』.
https://www.soumu.go.jp/johotsusintokei/whitepaper/h30.html

総務省（2019）『通信利用動向調査（世帯編）』.

内閣官房情報セキュリティセンター（2012）「東日本大震災における政府機関の情報システムに対する被害状況調査及び分析（最終報告書）」.

デジタルコンテンツ協会『デジタルコンテンツ白書』各年版.
http://www.dcaj.or.jp/project/dcwp/index.html

モバイル・コンテンツ・フォーラム「統計データ・ガイドライン」.
https://www.mcf.or.jp/statistics_guideline（2021年4月3日確認）

一般社団法人コンピュータエンタテインメント協会編『CESAゲーム白書』.
https://www.cesa.or.jp/survey/book/hakusho.html

視聴覚資料

NHK エンタープライズ（2007）『NHK スペシャル：グーグル革命の衝撃』.

Discovery Channel（2007）.「スティーヴ・ジョブズ（出演）アップル再生：iPod の挑戦」DVD, Happinet スティーヴ・ジョブズ（出演）（2007）ディスカバリーチャンネル アップル再生：iPod の挑戦［DVD］, Happinet スティーヴ・ジョブズ（出演）（2007）ディスカバリーチャンネル アップル再生：iPod の挑戦［DVD］, Happinet.

新聞雑誌記事ならびに WEB 連載記事

The Economist（2010）. "The data deluge" The Economist, Feb 27th 2010. Retrieved from https://www.economist.com/leaders/2010/02/25/the-data-deluge（2021 年 4 月 3 日確認）.

The Economist（2017）. "The world's most valuable resource is no longer oil, but data" The Economist, May 6th 2017. Retrieved from https://www.economist.com/weeklyedition/2017-05-06（2021 年 4 月 3 日確認）.

安達敏光（2018a）「データウェアハウスの中身と効用：第 2 回 データウェアハウスと単なるデータベースの違い」日本テラデータ株式会社 WEB サイト「データウェアハウス入門」https://www.teradata-jp.com/post/nyumon（2021 年 4 月 3 日確認）.

安達敏光（2018b）「データウェアハウスの中身と効用：第 3 回 明細データを持つことに意味がある」日本テラデータ株式会社 WEB サイト「データウェアハウス入門」https://www.teradata-jp.com/post/nyumon（2021 年 4 月 3 日確認）.

嶋正利（2007）「嶋正利の温故知新：世界初の CPU「4004」開発回顧録」Retrieved from https://xtech.nikkei.com/it/article/Watcher/20060224/230661/（2021 年 4 月 3 日確認）.

日経産業新聞（1988）「第 3 部 生産性信仰は不滅か（39）かんばん：電算機と二人三脚（進化論日本の経営）」1988 年 12 月 13 日, 32 ページ.

日経流通新聞（1999）「カート・サーモン・アソシエイツ若林学氏：SCM の可能性と課題（上）（流通論壇）」1999 年 3 月 9 日, 日経流通新聞, 23 ページ.

日経流通新聞（1998a）「平和堂, 連続自動補充プログラム, 日用品 6 社と導入：在庫や物流費低減」1998 年 5 月 21 日, 日経流通新聞, 2 ページ.

日経流通新聞（1998b）「第 1 部 流通が変わる（12）平和堂, 商品自動補充で売り場改革（動きだす戦略物流）」1998 年 7 月 9 日, 日経流通新聞, 6 ページ.

野島美保（2010）「ユーザーがお金を払いやすくなる仕掛け：アイテム課金が優れている理由」http://bizmakoto.jp/makoto/articles/1012/21/news002.html

野島美保（2011）「人間関係をデジタル化する：ソーシャルグラフから始まる Facebook の戦略」http://bizmakoto.jp/makoto/articles/1101/25/news006.html

山田憲晋（2011）「Mobage の大規模分析基盤とその活用」CEDEC2011 Retrieved from http://www.inside-games.jp/article/2011/09/06/51363.html（2021 年 4 月 3 日確認）

参考 WEB サイト

Axon, Samuel.（2010）. "Facebook's OpenGraph Personalizes the Web" Mashable Social Media. Retrieved from http://mashable.com/2010/04/21/facebook-open-graph/（2021 年 4 月 3 日確認）.

Berners-Lee, T.（1998）. Semantic web road map. Retrieved from https://www.w3.org/DesignIssues/Semantic.html（2021 年 4 月 3 日確認）.

Berners-Lee, T. & Robert, C.（1990）. "WorldWideWeb: Proposal for a HyperText Project", World Wide Web Consortium, Retrieved from http://www.w3.org/Proposal.（2021 年 4 月 3 日確認）.

Brin, S., & Page, L.（1998）. The anatomy of a large-scale hypertextual web search engine. http://infolab.stanford.edu/~backrub/google.html（2021 年 4 月 3 日確認）.

Dean, Jeffrey. and Ghemawat, Sanjay.（2004）. "MapReduce: Simplified Data Processing on Large Clusters," Google,Inc. Sixth Symposium on Operating System Design and Implementation, San Francisco, CA, Retrieved from http://research.google.com/archive/mapreduce.html（2021 年 4 月 3 日確認）.

Fitzpatrick, B.（2007）. Thoughts on the Social Graph. Retrieved from http://bradfitz.com/social-graph-problem/（2021 年 4 月 3 日確認）.

Fritz, Ben.（2007）. "Viacom sues YouTube, Google," Retrieved from https://variety.com/2007/biz/markets-festivals/viacom-sues-youtube-google-1117961054/（2021 年 4 月 3 日確認）.

O'Reilly, T.（2005）. "What is Web2.0" Retrieved from http://www.oreillynet.com/pub/a/oreilly/tim/news/2005/09/30/what-is-web-20.html（2021 年 4 月 3 日確認）.

大塚商会「QlikView（クリックビュー）による分析例・画面イメージ」 大塚商会 WEB サイト「ソリューション・製品」「BI（ビジネスインテリジェンス）／ ETL ツール」「製品比較」「QlikView（クリックビュー）」 https://www.otsuka-shokai.co.jp/products/dwh/bi-tool/qlikview/analytics/#no06（2021 年 4 月 3 日確認）.

日立製作所「Hadoop 等の大量データ分散処理技術の概要」 日立製作所 WEB サイト「ビッグデータ× AI（人工知能）」「特集記事」「おすすめコラム」 http://www.hitachi.co.jp/products/it/bigdata/column/column04.html（2021 年 4 月 3 日確認）.

楽天「楽天の歴史」Retrieved from https://corp.rakuten.co.jp/about/history.html（2021 年 4 月 3 日確認）. http://www.rakuten.co.jp/event/10th/history/tech/01_01.html

参考文献

索　引

312

企業・団体名など索引

事項索引

索
引

か　行

索
引

索
引

索
引

索
引

索
引

著者紹介

生稲　史彦（いくいね　ふみひこ）

（担当章：第 1 章・第 9 章・第 12 章・第 15 章）

1995 年　東京大学経済学部経済学科卒業
1998 年　東京大学大学院経済学研究科修士課程修了（経済学修士）
2003 年　東京大学大学院経済学研究科博士課程単位取得退学
2006 年　東京大学大学院経済学研究科より博士（経済学）を取得
2004 年　一橋大学イノベーション研究センター専任講師
2006 年　文京学院大学経営学部専任講師（2009 年 准教授）
2011 年　筑波大学システム情報系准教授
2020 年　中央大学ビジネススクール（戦略経営研究科）教授

主要著書・論文

『開発生産性のディレンマ：デジタル化時代のイノベーション・パターン』（有斐閣，2012 年）

『変貌する日本のコンテンツ産業：創造性と多様性の模索』（ミネルヴァ書房，2013 年，河島伸子と共編著）

Industrial Competitiveness and Design Evolution（Springer，2018 年，藤本隆宏と共編著）

「デジタルコンテンツの製品開発組織とそのパフォーマンス：ゲーム産業の事例から」（『赤門マネジメント・レビュー』vol. 1(1)，33-65，2002 年）

「ソフトウェアの開発スタイルの進化：ネットワーク上の公式組織」（『赤門マネジメント・レビュー』vol. 10(4)，271-310，2011 年，藤田英樹と共著）

高井　文子（たかい　あやこ）

（担当章：第 2 章・第 4 章・第 5 章・第 10 章・第 11 章）

1996 年　東京大学経済学部経営学科卒業
1997 年　東京大学経済学部経済学科卒業
1999 年　東京大学大学院経済学研究科修士課程修了（経済学修士）
2005 年　東京大学大学院経済学研究科博士課程単位取得退学
2008 年　東京大学大学院経済学研究科より博士（経済学）を取得
1999 年 4 月〜2005 年 3 月　株式会社三和総合研究所（現在は三菱 UFJ リサーチ＆コンサルティング株式会社）勤務
2005 年　東京理科大学経営学部専任講師
2005 年 9 月〜2007 年 3 月，2008 年 8 月〜2009 年 3 月　東京大学ものづくり経営研究センター特任研究員（兼務）
2009 年　東京理科大学経営学部准教授
2016 年　横浜国立大学大学院国際社会科学研究院准教授
2019 年　横浜国立大学大学院国際社会科学研究院教授

主要著書・論文

『インターネットビジネスの競争戦略』（有斐閣，2018 年）

『コア・テキスト イノベーション・マネジメント』（共著，新世社，2011 年）

「「支配的な通念」による競争と企業間相違形成：オンライン証券業界の事例」（『日本経営学会誌』vol. 16，2006 年）

「模倣・追随の二面性：日本のオンライン証券市場黎明期における企業間競争の実証的分析」（『組織科学』vol. 51(2)，46-57，2017 年）

野島　美保（のじま　みほ）

（担当章（野島・生稲）：第 3 章・第 6～8 章・第 13 章・第 14 章）

1995 年	東京大学経済学部経済学科卒業
1995 年	朝日監査法人（現 あずさ監査法人）入社
1999 年	東京大学大学院経済学研究科修士課程修了 （経済学修士）
2002 年	東京大学大学院経済学研究科博士課程単位取得退学
2005 年	東京大学大学院経済学研究科より博士（経済学）を取得
2002 年	成蹊大学経済学部専任講師
2005 年	成蹊大学経済学部助教授（2007 年 准教授）
2011 年	成蹊大学経済学部教授
2013 年	逝去

主要著書・論文

『人はなぜ形のないものを買うのか：仮想世界のビジネスモデル』（NTT 出版，2008 年）

『オンラインゲームビジネスの基礎知識：産業構造とビジネスモデル』（共著，コンピュータエンターテインメント協会，2006 年）

『フリーコピーの経済学：デジタル化とコンテンツビジネスの未来』（分担執筆，日本経済新聞社，2008 年）

「消費者向けインターネット・オークションのビジネス・モデルの分類：米国事例の統計分析」（『経営情報学会誌』vol. 9(2)，49-63，2000 年）

「コミュニティと企業戦略の適合モデル：オンライン・ゲーム産業の事例」（『赤門マネジメント・レビュー』vol. 1(7)，527-560，2002 年）

ライブラリ 経営学コア・テキスト=15

コア・テキスト経営情報論

2021 年 6 月 10 日 ⓒ   初 版 発 行
2024 年 3 月 10 日   初版第 2 刷発行

著 者	生稲史彦	発行者	森平敏孝
	高井文子	印刷者	加藤文男
	野島美保	製本者	小西惠介

【発行】   株式会社 新世社
〒151-0051 東京都渋谷区千駄ヶ谷 1 丁目 3 番 25 号
編集☎(03)5474-8818(代)   サイエンスビル

【発売】   株式会社 サイエンス社
〒151-0051 東京都渋谷区千駄ヶ谷 1 丁目 3 番 25 号
営業☎(03)5474-8500(代)   振替 00170-7-2387
FAX☎(03)5474-8900

印刷 加藤文明社   製本 ブックアート
《検印省略》

ISBN978-4-88384-331-2
PRINTED IN JAPAN

サイエンス社・新世社のホームページのご案内
https://www.saiensu.co.jp
ご意見・ご要望は
shin@saiensu.co.jp まで。